영어와 함께하는 일본어

저자 서정각 ⓒ2012

경남 함양 출생
경성대 영문과 졸업
방송대 일본학과 졸업
방송대 중문학과 졸업
경성대, 부경대, 부산외대에서 영어특강
현재 부산 과학기술대에서 강의 중
토익 980점, JLPT 1급, HSK 4급
경남 양산시 관광안내책자 Tour in Yangsan(梁山旅行)
영어, 일어 초판 지음

email : westontime@ymail.com

영어와 함께하는 일본어
Japanese in English

초판 인쇄 ｜ 2012년 2월 10일
초판 발행 ｜ 2012년 2월 15일

지은이 ｜ 서정각
펴낸이 ｜ 장종호
펴낸곳 ｜ 도서출판 사사연

등록번호 ｜ 제 10-1912호
등록일 ｜ 2000년 2월 8일
주소 ｜ 서울시 강서구 화곡동 958-15 303
전화 ｜ 010-4413-0870
팩스 ｜ 02-393-2511

인쇄 ｜ 성실인쇄
제본 ｜ 동심제책사
홈페이지 ｜ www.ssyeun.co.kr
이메일 ｜ ssyeun@ssyeun.co.kr

값 19,500원

ISBN 978-89-85153-99-7
＊잘못 만들어진 책은 바꿔 드립니다.

영어 와 함께하는 일본어

Japanese in English

jie
0515

쉽다!
빠르다!
정확하다!

서정각 지음

"일본어에 대한 막연한 두려움, 거부감을 말끔이 없애주는 한국최초의 Trilingual 외국어 교재"

도서출판 사사연

지은이의 말

21세기 - 지식, 정보화시대

새로운 천년을 맞이한게 엊그제 같은데 벌써 10년이 지났다. 해마다 신년을 맞아 많은 사람들이 결심하는 일들 가운데 올해는 외국어 공부를 제대로 해바야지 하는 게 꼭 들어 있다.

필자 세대만해도 중학교에 입학해서야 비로소 영어를 시작하는게 일반적이었지만 이제 세상이 많이 바뀌어 초등학교는 물론 유치원 다니는 꼬마들도 영어를 배우는 시대가 되어 중학교 가기 전에 이미 10년은 접하고 있는 현실이다. global 시대 global English가 되었다.

중학교 시절 漢文책에서 중국 唐代의 詩聖이라 불리는 杜甫(두보)왈 "男兒 得五車書"(남자는 모름지기 다섯 수레 분량의 책을 읽어야 한다.)라고 하는 문구를 보고 필자는 男兒 得五國語로 고쳐 일생을 살아가며 다섯 가지 외국어를 익혀야 하겠다고 결심하게 되었다.

스무살에 접어들 무렵 영어와 일본어를 정복할 수 있다면 얼마나 좋을까 생각하고 고민에 고민을 거듭하여 우선 영어를 먼저 정복하고 그 다음에 일본어를 하자고 다짐했다. 20代엔 오직 영어만을 고집하며 살았다. 20代 청춘을 영어공부에 정열을 불태우며 아낌없이 바쳤다. 삼십세에 들어설 즈음 Iraq와 미국 간에 Gulf전쟁이 발발했다. 전쟁상황을 CNN이 보도하여 NHK가 동시통역해서 내보내고 있었다. 방송을 알아듣기 위해 시작한 일본어를 본격적으로 하려고 방송대학교 일본어과도 다니고 JLPT, JPT시험에도 응시하여 관심을 지속했다. 그럭저럭 20년이 되었다. 만일 20세에 영어와 일본어를 동시에 공부할 수 있는 책이 있었더라면 그 동안의 시행착오를 상당히 줄일 수 있었을 거라 생각한다. 20代에 꿈에 그리던 책이 50을 바라보는 중년에 나올줄이야… 少年易老學難成 입니다.

◉ 외국어에 대한 끊임없는 관심

중학교에 입학하면 제2외국어를 시작하라

어떻게 하면 두 가지 언어를 잊어버리지 않고 지속할 수 있을까 하는 의문에 대한 해결책을 찾기 위해 부단히 고민하고 끝없이 노력해 왔다. 그 결과 중학과정의 영단어를 통해 제2외국어를 정복해 가는 방법이 지름길임을 확신하게 되었다. 두 가지 언어를 동시에 볼 수 있다니!…

쉬운예로 bank 하면 '은행' 이지만 '둑' 이라는 뜻이 있고, park하면 '공원' 이지만 동사로 쓰이면 '주차하다' 는 의미도 있지요. race하면 '경주' 이지만 '인종' 이라는 뜻도 가지고 있고, general하면 '일반적인' 이라는 형용사도 되고 '장군' 이라는 명사 뜻도 가지고 있지요. pretty

하면 '예쁘다' 라는 의미외에 '꽤, 상당히' 라는 부사의 뜻도 지니고 있지요. 이러한 단어들의 의미와 예문을 제2 외국어로 알 수 있다는게 얼마나 좋은 건지 학습해 가면서 진가를 인정하시 리라 믿어 의심치 않습니다.

⊙ 漢字 문화권에 사는 한국인에 맞는 학습법

주변에 대한 관심이 여러분을 변화시킵니다.

●필자는 부산 久瑞洞(구서동)에 살고 있습니다. 久는 오랠 '구' 자 입니다.
일본어로 お久し振りですね하면 "오래간만 이군요"라는 인사말 인데요,
중국어로 好久不見 Hǎo jiǔ bú jiàn이라고 久를 같이 쓰고 있지요.

●criticize는 영한사전에 '비난하다; 비평하다' 비판하다로 되어 있어 우리말로는 같은 '비' 이지만 漢字로는 非難하다;批評하다, 批判하다로 되어 있지요. 아마 처음 알게 되신 분들이 많 을 거라 생각합니다. 두가지 언어로 보는 즉시 차이를 느낍니다.

●소위 な형용사 중 同じ는 유일하게 바로 명사를 수식할 수 있는데요 영단어 중 항상 the를 수반하는 유일한 형용사 the same과 용법이 같습니다.

예) 波とは同じ釜の飯を食った. 그 와는 한솥밥을 먹었다.
영어로는 I lived under the same roof with him.
우리말은 같은 솥에서 지은 밥을 먹는 것에 비유하는데, 영어는 같은 지붕 아래
사는 것에 비유하고 있습니다. 어쨌거나 함께 생활하며 동고동락 했다는 뜻이지요.

●nearly는 부사로 '거의' 라는 뜻과 '하마터면' 이라는 뜻을 갖고 있습니다.
He was nearly hit by a car. 그는 하마터면 차에 치일 뻔 했다는 뜻이죠.
일본어로는 彼は危うく車に引かれるところだった.로 번역됩니다.
이처럼 우리의 주변에 대한 관심이 언어공부에 크게 도움이 되고 있습니다.

⊙ 제2 외국어의 중요성

세계에 영어가 가장 널리 퍼져있고 가장 많이 사용되고 있음에도 불구하고 왜 제2, 제3의 외 국어를 필요로 할까요? 필자가 간단한 예를 들어 답하겠습니다. 얼마 전 버스에서 금발의 청년 을 만났습니다. 프랑스인이었는데, 필자가 영어로 말을 걸었는데 그는 영어가 안된다며 불어

로 하자는 것 입니다. 하지만 저는 불어가 안되었죠. 어떤 다른 외국어를 할 줄 아느냐 물었더니 일본어가 가능하다는 것입니다. 그래서 우리 두사람은 일본어로 말을 주고 받았습니다(묘한 기분). 그는 파리에서 일본어를 3년 배웠더군요. 일본어의 힘을 새삼스럽게 확인하는 순간이었습니다. 미국에서는 800개 이상의 고교에서 일본어를 가르치고 있습니다. 세계인들이 한국어를 배우는 그 날이 빨리 오도록 노력해야 하겠습니다. 영어가 통하지 않는 인구가 곳곳에 있습니다. 네덜란드의 경우 자국어외에 영어, 프랑스어, 독일어를 9년간 의무교육으로 하고 있고 호주의 경우 자국어인 영어외에 중국어, 일본어, 한국어, 인도네시아어중 하나를 반드시 배우도록 하고 있습니다. 이처럼 스위스나 캐나다외에도 세계 각국에서 외국어 교육을 강화하고 있는 것은 global시대를 살아가는 현대인에게 필수라는 것을 말해줍니다. 자신을 upgrade하기 위해서도 반드시 거쳐야 하는 과정입니다.

영어는 기본, 제2 외국어는 필수 – 시대의 요청을 거부하지 마십시오.

◉ 이책의 특징과 100% 활용법

중학교 과정의 영단어를 통해 일본어를 학습할 수 있도록 대조방식을 취했다.

왼쪽 page에 영단어의 뜻과 예문을 싣고 오른쪽 page에 일본어와 우리말 해석을 달아 두었다. 영단어에 자신이 있으면 日本語를 위주로 학습해도 무방할 것이다.

● 회화체 문장과 짧고 기억하기 쉬운 예문을 통해 암기의 효과를 극대화 할 수 있다.

● 부담없는 학습량 – 하루 평균 10개 내외의 단어를 규칙적으로 꾸준히 학습한다.

● 속담, 격언, 명언은 물론 흔히 사용되는 약자등을 많이 활용하여 구성하였다.

● 모든 예문이 단문으로 끝나 한번 암기한 것은 영원히 기억을 유지할 수 있다.

◉ 당부의 말씀

① 하나 하나의 예문을 철저히 소화하라.

② 최소한 세번이상 소리내어 읽고 듣기를 반복하세요, 눈으로만 하지 마세요. 반드시 끝까지 고부하세요. 외국어는 중도에 포기하면 시간만 축내는 결과를 초래합니다.

③ Practice makes perfect. Slow but steady wins the race.

두 가지 속담을 명심하고 반복학습만이 여러분을 성공으로 이끌거라는 확신을 가지세요.

④ 때와 장소를 가리지 말고 최대한 외국어를 자주 그리고 많이 접하세요.

JPT, JLPT등 어떤 일본어 시험에도 자신있게 도전할 수 있는 힘이 생깁니다.

끝으로 이 책이 나올 수 있게 영단어 선정에 도움을 주신 우리나라 최고의 영어 참고서 저자

「이찬승」선생님께 깊은 감사의 말씀을 삼가 올리며 사사연 사장님과 편집부에 감사드립니다.
아울러 일본어 교육에 힘쓰시며 교정에 도움을 주신 이성훈, 박혜자 선생님 그리고 일본인으로
アルク出版社에 근무하셨고 연세대, 서강대 어학당에서 한국어를 공부하신 吉岡明子, 井上茂樹
부부 선생님, 후쿠오카에서 조선말 큰 사전으로 한국을 지켜보시는 東京外大 한국어과 출신의
堤千榮선생님 등 모든분께 진심으로 감사드립니다.

  이 책이 여러분의 실력을 다지는 데 조금이나마 보탬이 되길 바라며, 독자 한분 한분께 항상
건강과 행운이 함께하길 기원합니다.

Constant dropping wears away a stone.

雨垂れ 石を穿つ
낙숫물이 댓돌을 뚫는다.

April, 2011 서정각

영어 와 함께하는 일본어

쉽다! 빠르다! 정확하다!   jie 0515

Contents

청 춘 편

Japanese in English

영어 한권으로끝내기 일본어 jie 0515

Japanese in English

청 춘 편

pretty [príti]
형 예쁜, 귀여운 부 꽤, 상당히

EX Jane is a pretty girl.
It' s pretty hot today.

beautiful [bjúːtifəl]
형 아름다운

EX She is very beautiful.
Beautiful day, isn' t it?

tall [tɔːl]
형 키가 큰

EX That woman is tall.
How tall are you?

short [ʃɔːrt]
형 ①짧은 ②키가 작은 반 long/tall

EX Life is short.
She is short and pretty.

old [ould]
형 ①늙은 ②…살의

EX Who is that old woman?
The baby is five months old.
How old are you?

young [jʌŋ]
형 젊은, 나이 어린 반 old

EX Who' s that young man?
She is two years younger than I.

good [gud]
형 ①좋은 ②잘하는

EX That's a good idea!
He is good at swimming.

bad [bæd]
형 ①나쁜 ②(병 등이) 심한 반 good

EX He is a bad boy.
I have a bad cold.

happy [hǽpi]
형 행복한, 즐거운

EX You look happy.
(I wish you) a Happy New Year!

sad [sæd]
형 슬픈

EX Henry is reading a sad story.
Why are you looking so sad?

kind [kaind]
형 친절한 명 종류

EX You are very kind.
What kind of candy do you like best?

私の姿

形 きれいな, かわいらしい	ジェーンはきれいな少女だ。 제인은 예쁜 소녀이다.
副 かなり, 相当に	今日はかなり暑い。 오늘은 꽤 덥다.
形 美しい, きれいな	彼女はかなり美しい。 그녀는 매우 아름답다.
	いい天気でしょうね。 좋은 날씨군요, 안 그래요?
形 背が高い	あの女の人は背が高い。 저 여자는 키가 크다.
	背はどのくらいですか。 키가 얼마나 됩니까?
形 ① 短い ② 背が低い	人生は短い。 인생은 짧다.
	彼女は背が低くてかわいい。 그녀는 키가 작고 귀엽다.
形 ① 年取った ② ~歳の	あの年取った婦人は誰なの? 저 늙은 부인은 누구냐?
	赤ん坊は生後5か月だ。 아기는 생후 5개월이다.
	あなたはおいくつですか? 너는 몇 살이니?
形 若い, 年下の	あの若い男の人は誰なの? 저 젊은 남자는 누구냐?
	彼女は私より2歳年下だ。 그녀는 나보다 두 살 어리다.
形 ① 良い ② 上手な	それはよい考えだ! 그것 참 좋은 생각이다.
	彼は水泳が上手だ。 그는 수영을 잘한다.
形 ① 悪い ② (病気など)ひどい	彼は悪い少年だ。 그는 나쁜(불량) 소년이다.
	私はひどい風邪を引いた。 나는 심한 감기에 걸렸다.
形 幸福な, 楽しい	君は幸福そうに見える。 너는 행복해 보인다.
	明けましておめでとうございます。 새해 복 많이 받으세요.
形 悲しい	ヘンリーは悲しい話しを読んでいる。 헨리는 슬픈 이야기를 읽고 있다.
	何故そんなに悲しそうに見えるの? 왜 그렇게 슬퍼 보이니?
形 親切な, やさしい	とても親切ですね。 무척 친절하시군요.
名 種類	どんな種類のキャンディーが一番好きなの? 너는 어떤 종류의 사탕을 제일 좋아하니?

영어속의 일본어 jie 0515

Japanese in English

청 춘 편

eye [ai]
명 눈

EX The cat has blue eyes.
He has an eye for painting.

see [siː] 동 보다, 보이다
▷see-saw[sɔː]-seen[siːn]

EX We see with our eyes.
Can you see that tower?
See you later.

look [luk] 동 ① (눈여겨)보다,
바라보다(at) ② …하게 보이다.

EX Look at the black board.
You look very tired.

watch [wɑtʃ]
동 지켜보다 명 시계

EX Do you watch much TV?
My watch is 2 minutes fast[slow].

show [ʃou] 동 보여주다 명 쇼, 전시
▷show-~ed-~ed, shown

EX Show your tickets, please.
Let's go to the flower show.
Please show me the way to the airport.

ear [iər]
명 귀

EX A rabbit has long ears.
She has an ear for music.

hear [hiər] 동 듣다, 들리다
▷hear-heard[həːrd]-heard

EX We hear with our ears.
Grandfather cannot hear well.

listen [lísn] 동 (귀를 기울여) 듣다(to)
▷'t'가 발음되지 않음

EX He is listening to the radio.
Listen to me!

music [mjúːzik]
명 음악

EX What kind of music do you like?
She is a music teacher.

pop [pɑp]
형 대중적인 명 대중음악

EX I like pop music better than classical music.
a pop song / a pop singer

見て聴いて

名 目, 目つき, 視力	その猫の目は青い。 그 고양이의 눈은 파랗다. 彼は絵を見る目がある。 그는 그림을 보는 안목이 있다.
動 見る, 見える	私たちは目で見る。 우리는 눈으로 본다. 君はあの塔が見えるの? 너는 저 탑이 보이니? じゃ, またね。 또 보자(헤어질 때 인사)
動 ① (注意して)見る ② ~に見える	黒板に注目して下さい。 칠판에 주목해 주십시오. 君はとても疲れているようだ。 너는 매우 피곤해 보인다.
動 じっと見る, 見守る 名 時計, 腕時計	君はテレビをよく見るの? 너 TV 많이 보니? 私の時計は2分進んで(遅れて)いる。 내 시계는 2분 빠르다(늦다).
動 見せる, 教える, 案内する 名 ショー, 展示会	切符を見せて下さい。 표를 보여 주십시오. 花の展示会に行きましょう。 꽃 전시회에 갑시다. 空港へ行く道を教えて頂けませんか。 공항으로 가는 길을 가르쳐 주십시오.
名 耳	兎は耳が長い。 토끼는 귀가 길다. 彼女は音楽が分かる。 그녀는 음악을 들을 줄 안다.
動 聞く, 聞こえる	私たちは耳で聞く。 우리는 귀로 듣는다. おじいさんは耳がよく聞こえません。 할아버지는 잘 듣지 못하신다.
動 聞く, 耳を傾ける, 聴く, 耳を澄ませる	彼はラジオを聴いている。 그는 라디오를 듣고 있다. 私の言う事を聞きなさい。 내 말을 들으시오!
名 音楽	どんな音楽が好きなんですか? 어떤 종류의 음악을 좋아하니? 彼女は音楽の先生だ。 그녀는 음악 선생님이다.
形 大衆向きの 名 ポピュラー音楽	私は古典音楽よりポピュラー音楽の方がもっと好きだ。 나는 고전음악보다 대중음악을 더 좋아한다. ポップス, 流行歌 팝송, 유행가　流行歌の歌手 유행가 가수

03 전치사의 세계 1

at [æt]
전 ① (장소) …에서 ② (때, 가격) …에

EX I bought this pen at the store.
School begins at nine o' clock.

by [bai] 전 ① …의 옆에서
② (수단·방법) …에 의해서, …으로

EX The bed is by the window.
I go to school by bus.

for [fɔːr] 전 ① …을 위하여
② …을 향하여 ③ (기간) …동안

EX He buys flowers for his girl friend.
He took a bus for Seoul.
I learn English for an hour every day.

with [wið]
전 ① …와 함께 ② …으로

EX She walks with her dog.
H opened the door with a key.

about [əbáut]
전 ① …에 관하여 ② 약, 대략

EX He talks about his girl friend.
The train is about thirty meters long.

of [a(ɔ)v, əv]
전 ① …의 ② …중에서

EX Tom is a friend of hers.
Some of them were foreigners.

from [fra(ɔ)m, frəm]
전 …으로부터, …에서

EX He took a doughnut from the plate.
"Where are you from?"
"I am from Korea."

to [tu, tə] 전 ① (방향)…로, …쪽으로
② (도착점·시간) …까지

EX The car turned to the right.
He works from Monday to Friday.

before [bifɔ́ːr] 전 (장소·시간) …의
앞에 (부) 전에 접 …하기 전에

EX I wash my face before breakfast.
Haven' t I seen you somewhere before?
Wash your hands before you eat.

after [ǽftər] 전 (장소·시간) …의 뒤 [후]에
부 나중에 [접] …한 뒤에

EX After you, please.
You speak first, I will speak after.
We played after we did our homework.

off [ɔːf]
전 …에서 떨어져서 부 떨어져서

EX Keep off the grass.
The lake is 10miles off.

前置詞の世界 Ⅰ

前 ① (場所)~で ② (時間)~に	私は店でこのペンを買った。 나는 가게에서 이 펜을 샀다. 授業は9時に始まる。 수업은 9시에 시작한다.
前 ① ~の側に ② (手段, 方法)~で	ベッドは窓の側にある。 침대는 창문 옆에 있다. 私はバスで学校へ行く。 나는 버스로 학교에 간다.
前 ① ~の為に ② ~へ向かって ③ (期間)~の間	彼は恋人の為に花を買った。 그는 여자 친구를 위해 꽃을 산다. 彼はソウル行きのバスに乗った。 그는 서울행 버스를 탔다. 私は毎日一時間ずつ英語を習う。 나는 매일 1시간씩 영어를 배운다.
前 ① ~と一緒に ② (手段, 道具)~で	彼女は自分の犬と一緒に歩く。 그녀는 그녀의 개와 함께 걷는다. 彼は鍵で門を開けた。 그는 열쇠로 문을 열었다.
前 ~について 副 およそ, 約~, ~頃	彼は恋人について話す。 그는 그의 여자 친구에 관하여 이야기한다. その汽車の長さはおよそ 30メートルである。 그 기차의 길이는 약 30미터이다.
前 ① ~の ② ~の中で	トムは彼女の友達だ。 탐은 그녀의 친구이다. 彼らの中の何人かは外国人でした。 그들중 몇 사람은 외국인이었다.
前 ~から	彼は皿からドーナツを一つ取った。 그는 접시에서 도너츠를 하나 집었다. ご出身はどちらですか? 너는 어디서 왔니(출신이니)? 私は韓国の出身です。 한국에서 왔어(한국 출신이야).
前 ① (方向, 対象)~へ, ~に ② (目標, 期限)~まで	その自動車は右に曲がった。 그 자동차는 오른쪽으로 돌았다. 彼は月曜から金曜まで働く。 그는 월요일부터 금요일까지 일한다.
前 (場所, 時間)~の前に 副 以前に 接 ~する前に	私は朝ご飯の前に顔を洗う。 나는 아침식사 전에 세수를 한다. 以前にお目にかかったことはありませんか? 전에 만나 뵌 적이 있지 않나요? 食べる前に手を洗いなさい。 먹기 전에 손을 먼저 씻어라.
前 (場所, 時間)~の後に 副 後で 接 ~した後で	お先にどうぞ。 먼저 하세요(가세요, 타세요) 先に話して, 私は後で話す。 먼저 말해라, 나는 나중에 말하겠다. 私たちは宿題をした後で遊んだ。 우리는 숙제를 한 뒤에 놀았다.
前 ~から離れて 副 離れて	芝生に入るな。 잔디에서 떨어져 있으시오.(잔디에 들어가지 마시오.) 湖は１０マイル離れている。 호수는 10마일 떨어져 있다.

04 사람들

영어 최강자가 되는 알토란 영어 jie 0515

Japanese in English

청 춘 편

baby [béibi]
몡 (갓난) 아기 ▷복수형은 babies

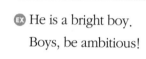
 A baby is crying.
a baby carriage / a baby-sitter

doll [dɑl]
몡 인형

 Sally is playing with a doll.
Let's play with dolls.

boy [bɔi]
몡 소년

 He is a bright boy.
Boys, be ambitious!

girl [gəːrl]
몡 소녀

 She is a kind girl.
Bill has a pretty girl friend.

child [tʃaild] 몡 어린이, 아이
▷복수형은 children[tʃíldrən]

 I'm no longer a child.
They have no children.

man [mæn] 몡 ① 사람 ② (성인) 남자
▷복수형은 men[men]

 Man cannot live by bread alone.
The little boy talks like a man.
All men are equal.

woman [wúmən] 몡 (성인) 여자, 여성
▷복수형은 women[wímin]

 Women usually live longer than men.

king [kiŋ]
몡 왕

 The king is wearing a crown.
Long live the king!

everybody [évribàdi]
때 모든 사람, 누구든지 ▷단수 취급함에 유의

 Everybody likes him.
= He is loved by everybody.

people [píːpl]
몡 사람들 ▷항상 복수 취급함

 People(=They) say it is true.
Many people went to see the game.

ひとびと
人々

名 赤ん坊, 赤ちゃん	赤ん坊が泣いている。 아기가 울고 있다. 乳母車 유모차　子守り, ベビーシッター。 아기 보는 사람.	

名 人形

サリーは人形で遊んでいる。 샐리는 인형을 가지고 놀고 있다.
人形を持って遊びましょう。 인형을 가지고 놀자.

名 少年, 男の子

彼は利口な男の子である。 그는 총명한 소년이다.
少年よ, 大志を抱け。 소년들이여, 야망을 가져라!

名 少女, 女の子

彼女は親切な女の子だ。 그녀는 친절한 소녀이다.
ビルには奇麗なガールフレンドがいる。 빌은 예쁜 여자 친구가 있다.

名 子供, 子

私はもう子供ではない。 난 더 이상 어린애가 아니다.
彼らはお子さんがいない。 그들에게는 아이가(자식이) 없다.

名 ① 人 ② 男

人はパンだけで生きるものではない。 사람은 빵만으로는 살 수 없다.
あの男の子は大人のように話す。 저 어린 소년은 어른처럼 말한다.
人間は皆平等である。 모든 사람은 평등하다.

名 女, 女性, 婦人

女性は一般的に男性よりも長生きする。 여성은 일반적으로 남성보다 오래 산다.

名 王, 国王

王は王冠を被っている。 왕은 왕관을 쓰고 있다.
王様が長生きされんことを。 국왕 만세!

代 だれでも, 皆, 皆

誰でも皆彼が好きです。 모든 사람이 그를 좋아한다.
彼は誰からも愛される。 그는 누구에게나 사랑 받는다.

名 人々, 国民, 民族

人々はそれが事実だと言う。 사람들은 그것이 사실이라고 말한다.
多くの人々がそのゲームを見に行った 많은 사람들이 그 경기를 보러 갔다.

05 사랑스런 미소

영어 알토영어 jie 0515

Japanese in English

청 춘 편

---

fine [fain]
형 ① 좋은, 훌륭한 ② (날씨가) 맑은

EX That's a fine excuse.
It is fine today.

---

nice [nais]
형 멋진, 좋은 (同) good

EX Have a nice day!
Nice to meet you.

---

favorite [féivərit]
형 가장 좋아하는

EX What's your favorite song?
Soccer is my favorite sport.

---

wonderful [wʌ́ndərful]
형 ① 훌륭한 ② 놀라운

EX We had a wonderful time.
The boy had a wonderful memory.

---

great [greit]
형 ① 큰, 대단한 ② 위대한, 훌륭한

EX Who lives in that great house?
Every mother is great.
That's great!

---

want [wɔːnt]
동 ① 원하다 ② … 하고 싶다

EX "What do you want?" - "I want this knife."
I want to be a doctor.
I want you to come earlier.

---

like [laik]
동 ① 좋아하다 ② …하고 싶다.

EX Most children like to play.
I would(should) like to see you again soon.

---

love [lʌv]
동 사랑하다, 좋아하다 명 사랑

EX They love each other.
Love is blind.
He fell in love with her.

---

smile [smail]
동 미소짓다, 웃다 명 미소

EX Mary is always smiling.
She came in with a smile.

愛らしい微笑み

形	① 素晴らしい, 立派な ②(天気)晴れた	それは本当に素晴らしい言い訳だな。 그것은 참 좋은 핑계구나. 今日は晴れたね。 오늘은 날씨가 맑다.
形	良い, 素敵な, 素晴らしい	(どうぞ)素晴らしい一日をお過ごしなさい。 멋진 하루를 보내세요! お目に掛かれて嬉しいです。(＝はじめまして)만나서 반갑습니다.
形	お気に入りの, 大好きな	一番好きな歌は何なの？ 가장 좋아하는 노래가 무엇이니? サッカーは私の一番好きなスポーツだ。 축구는 내가 가장 좋아하는 운동이다.
形	① 素晴らしい ② 不思議な, 驚くべき	私たちは素晴らしい時を過ごした。 우리는 아주 멋진 시간을 보냈다. 少年は不思議な記憶力を持っていた。 소년은 놀라운 기억력을 가지고 있었다.
形	① 大きい, 素晴らしい ② 偉大な, 立派な	あの大きな家には誰が住んでいるの? 저 큰 집에는 누가 살고 있니? お母さんは誰でも皆偉大な存在である。 모든 어머니는 위대하다. それは素晴らしい(それは凄い)。 굉장하군! (그것 참 근사하다.)
動	① 欲する, 欲しい ② ～したい	何が欲しいの? 私はこのナイフが欲しいんです。 "무엇을 원하니? 저는 이 칼을 원합니다." 私は医者になりたい。 나는 의사가 되고 싶다. もう少し早く来て欲しい。 좀 더 일찍 와 주기를 바란다.
動	① 好む, 好きだ ② ～したい(と思う)	大抵の子供は遊ぶのが好きだ。 대부분의 아이들은 놀기를 좋아한다. またすぐお目に掛かりたいんです。 곧 다시 뵙고 싶습니다.
動 名	愛する, ～が大好きだ 愛, 恋	彼らはお互いに愛し合っている。 그들은 서로 사랑한다. 恋は盲目(痘痕もエクボ)。(속담)사랑은 맹목적이다. 彼は彼女に恋をした。 그는 그녀와 사랑에 빠졌다.
動 名	微笑む, にっこり笑う 微笑み, 微笑	メアリーはいつも微笑んでいる。 메리는 언제나 미소짓고 있다. 彼女は微笑みながら入って来た。 그녀는 미소를 지으며 들어왔다.

06 시험지는 받았으나

영어단어쏙쏙 일본어 jie 0515

Japanese in English

청 춘 편

---

time [taim]
명 ① 시간, 때 ② 시각

EX Time is money.
"What time is it?" - "It's six o' clock."

---

begin [bigín] 통 시작하다, 시작되다
▷begin−began−begun

EX The baby began to cry.
The concert will begin soon.

---

know [nou] 통 알고 있다, 알다
▷know−knew−known

EX Do you know my father?
Know yourself.

---

easy [í:zi]
형 쉬운 (부) 쉽게

EX This book is easy to read.
Easy come, easy go.

---

sure [ʃuəɾ]
형 ① 틀림없는 ② 확신하는

EX His success is sure.
I am sure that he will come.

---

right [rait]
형 ① 옳은, 맞는 ② 오른쪽의
형 오른쪽 (반) left(왼쪽)

· **EX** You are right. That's right.
He raised his right hand.
Turn to the right at the next corner

---

well [wel]
부 잘, 능숙하게 형 건강한

EX He speaks English well.
He looks very well.

---

think [θiŋk] 통 생각하다
▷think − thought − thought

EX I think she is kind.
What do you think of Korean food?

---

maybe [méibi:]
부 아마, 어쩌면

EX "Will he come?" - "Maybe."
Maybe he's right.

---

wrong [rɔ:(ɔ)ŋ]
형 ① 틀린 ② 나쁜 (반) right (옳은)

EX You have the wrong number.
It is wrong to tell a lie.

---

06 答案用紙はもらったが

名 ① 時間, 時 ② 時刻 (複数形で)~回 ; ~倍	時は金なり 시간은 돈이다. 今何時ですか? ― 6時です。 지금 몇 시니? 6시입니다.
動 始める, 始まる	赤ちゃんが泣きはじめた。 갓난아기는 울기 시작했다. 音楽会はすぐ始まるでしょう。 음악회가 곧 시작될 것이다.
動 知っている, 分かる	君は私の父を知っているの? 너는 나의 아버지를 알고 있니? 自身を分かれ。(ソクラテスの話し) 너 자신을 알라.(소크라테스의 말)
形 易しい, 容易な 副 容易に	この本は読み易い。 이 책은 읽기 쉽다. 入りやすい物は出やすい。 쉽게 얻은 것은 쉽게 잃는다. 得やすいものは失いやすい。 부정한 재물은 오래가지 못한다.
形 ① 確かだ, 確信して ② もちろん	彼の成功は確かだ。 그의 성공은 틀림없다. 彼はきっと来ると思う。 나는 그가 올 것이라고 확신하고 있다.
形 ① 正しい ② 右の 名 右 反 left(左)	あなたの言う通りだ。そのとおりだ。 네가 옳다; 맞았습니다 / 그렇습니다; 좋습니다. 彼は右手を挙げた。 그는 오른손을 들었다. 次の角で右に曲がってください。 다음 모퉁이에서 오른쪽으로 도시오.
副 上手に, よく, 上手く 形 健康で, 元気な	彼は英語が上手い(彼は英語を上手に話します)。 그는 영어를 잘한다. 彼はとても元気そうだ。 그는 아주 건강해 보인다.
動 思う, 考える	彼女は親切だと思います。 나는 그녀가 친절하다고 생각한다. 韓国の料理をどう思いますか? 한국음식을 어떻게 생각하세요?
副 もしかすると, 多分, もしかしたら。	彼は来るかな? もしかするとね。 그가 올까? 아마 오겠지. もしかしたら彼の言う通りかもしれない。 어쩌면 그가 옳을 수도 있다.
形 ① 間違った ② 悪い	番号が違いますよ。 전화를 잘못 거셨어요. 嘘をつくのは悪いことだ。 거짓말하는 것은 나쁘다.

아침이 오면

Japanese in English

청 춘 편

---

morning [mɔ́ːrniŋ]
명 아침, 오전

(EX) One morning Mr. Parker saw a strange bird.
a morning glory

---

clock [klak]
명 탁상시계, 벽시계

(EX) Set the clock by the radio.
The clock has just struck ten.
an alarm clock / a cuckoo clock

---

wake [weik]
동 깨다, 깨우다 ▷wake-woke-woken

(EX) Wake up, Henry.
Please wake me up at six.
a wakeup call

---

bright [brait]
형 ① 밝은, 빛나는 ② 영리한 부 밝게

(EX) The moon is very bright tonight.
The bright boy knew the answer.
The sun is shining bright.

---

wash [waʃ]
동 씻다

(EX) We wash our hands before we eat.
Where can I wash my hands?
a washing machine

---

news [njuːz]
명 뉴스, 소식

(EX) Have you heard the latest news?
foreign news / home news
No news is good news.

---

newspaper [njúːzpèipər]
명 신문, 신문지

(EX) a morning newspaper / an evening newspaper
I read the newspaper before breakfast.
Have you read today's newspaper?

---

breakfast [brékfəst]
명 아침밥 ▷발음에 유의

(EX) I have breakfast at seven.
What do you have for breakfast?

---

hurry [hə́ːri]
동 서두르다 명 서두름

(EX) We'll have to hurry or we'll be late.
There is no hurry.
What's the hurry?

朝になったら

名 朝, 午前中
ある朝, パーカー先生は変な鳥を見た。 어느 날 아침 파커 선생님은 이상한 새를 보았다.
朝顔(朝咲いてゆうべ散ってしまう) (식물) 나팔꽃(아침에 피었다가 저녁에 지고 마는)

名 時計, 置き時計, 掛け時計
時計をラジオに合わせなさい。 시계를 라디오 시보에 맞춰라.
時計が今10時を打った。 시계가 방금 10시를 쳤다.
目覚まし時計 자명종 시계　カッコウ時計 뻐꾸기 시계

動 目が覚める, 起こす
ヘンリ‐起きなさい！ 헨리야, 일어나라.
6時に起こしてください。 6시에 나를 깨워주세요.
モーニング コール 모닝콜(깨워주는 전화 서비스)

形 ① 明るい, 輝いている
② 利口な, 頭のいい
副 明るく, きらきらと
今夜は月がとても明るい。 오늘밤은 달이 무척 밝다.
その利口な少年は答えが分かった 。 그 영리한 소년은 답을 알았다.
太陽が明るく輝いている。 태양이 밝게 빛나고 있다.

動 洗う, 洗濯する
私たちは食事の前に手を洗う。 우리는 식사 전에 손을 씻는다.
お手洗いはどこですか? 화장실이 어디입니까?(어디서 손을 씻을 수 있습니까?)
洗濯機 세탁기

名 ニュース, 知らせ, 便り
最近のニュースを聞いたの? 최근 소식을 들었니?
海外ニュース 해외뉴스　国内ニュース 국내뉴스
便りがないのは良い知らせ。 (속담) 무소식이 희소식이다.

名 新聞, 新聞紙
朝刊 조간신문　夕刊 석간신문
私は朝食の前に新聞を読む。 나는 아침 식사 전에 신문을 읽는다.
今日の新聞を読みましたか? 당신은 오늘 신문을 읽었습니까?

名 朝食, 朝ご飯
私は7時に朝ご飯を食べる。 나는 7시에 아침밥을 먹는다.
あなたは朝食に何を召し上がりますか? 당신은 아침으로 무엇을 드십니까?

動 急ぐ, 急いで行く
名 急ぎ
急がないと遅れるだろう。 서둘러야지 안 그러면 늦겠어.
急ぐ必要はない。 서두를 필요가 없다.
何をそんなに急いでいるんですか? 무엇 때문에 그리 서두르는가?

우리 가족

father [fáːðər]
명 아버지 ; 신부

EX He is the father of two children.
Catholic fathers / the Holy Father

mother [mʌ́ðər]
명 어머니 ; 모국의

EX I'll help you, mother.
mother country / mother tongue

grandfather [grǽndfàːðər]
명 할아버지

EX My grandfather is seventy years old.

grandmother [grǽndmàðər]
명 할머니

EX Grandmother sings very well.

brother [brʌ́ðər]
명 형제, 형, 남동생

EX I have two brothers.
a big brother (= an elder brother)
a little [younger] brother

sister [sístər]
명 자매, 언니, 여동생

EX "Do you have any sisters?" -
"I have two sisters."

son [sʌn]
명 아들

EX Mr. and Mrs. Kim have two sons.
Like father, like son.

daughter [dɔ́ːtər]
명 딸

EX Sally is Mary's daughter.
one's eldest (youngest) daughter

uncle [ʌ́ŋkl]
명 아저씨, 숙부, 삼촌

EX He has an uncle in Busan.
Good morning, Uncle John.

aunt [aːnt]
명 아주머니, 숙모, 이모, 고모

EX Aunt Jane is my father's sister.
I have no aunt.

cousin [kʌ́zən]
명 사촌 ▷발음 · 철자에 유의

EX Children of first cousins are called second cousin.
My cousin swims well.

영어단어 잘 외우기 위한 일본어 jie 0515

Japanese in English

청 춘 편

私の家族

わたし　かぞく

名 父, 父親, お父さん
ちち ちちおや とう
神父
しんぷ

彼は二人の子供の父親です。 그는 두 아이의 아버지이다.
かれ ふたり こども ちちおや
カトリックの神父達 카톨릭 신부들　ローマ教皇 로마 교황(=the Pope)
しんぷたち きょうこう

名 母, 母親, お母さん
はは ははおや かあ

お母さん, 私が手伝います。 어머니 제가 도와 드릴께요.
かあ わたし てつだ
母国 모국　母国語 모국어
ぼこく ぼこくご

名 祖父, おじいさん
そふ

祖父は70歳です。 나의 할아버지는 70세이다.
そふ さい

名 祖母, おばあさん
そぼ

祖母は歌がとてもうまい。 할머니는 노래를 아주 잘 부르신다.
そぼ うた

名 兄弟, 兄, 弟
きょうだい あに おとうと

僕には兄弟が二人いる。 내게는 남자 형제가 둘 있다.
ぼく きょうだい ふたり
兄 형　弟 남동생
あに おとうと

名 姉妹, 姉, 妹
しまい あね いもうと

姉妹がいるの? 女の兄弟が二人います。 너는 자매가 있니? 나는 자매가 둘 있다.
しまい おんな きょうだい ふたり

名 息子, 息子さん
むすこ むすこ

金さん夫婦には息子さんが二人いる。 김씨 부부는 아들이 둘 있다.
きん ふうふ むすこ ふたり
この親にしてこの子あり。 그 아버지에 그 아들.(부전자전)
おや こ

名 娘, 娘さん, お嬢さん
むすめ むすめ じょう

サリーはメアリーの娘だ。 셀리는 메리의 딸이다.
むすめ
長女(末娘) 장녀(막내딸)
ちょうじょ すえむすめ

名 おじ, 叔父, 伯父
しゅくふ はくふ

彼は, 釜山におじさんが一人いらっしゃる。 그는 부산에 아저씨가 한 분 계신다.
かれ プサン ひとり
ジョンおじさん, おはようございます。 안녕하세요, 존 아저씨.

名 おば, 叔母, 伯母
しゅくぼ はくぼ

ジェーンおばは父の妹です。 제인 고모는 아버지의 누이동생이다.
ちち いもうと
私はおばがいない。 나는 숙모가 없다.
わたし

名 いとこ

いとこの子供どうしは又いとこと呼ばれる。 사촌의 자녀는 육촌이라고 부른다.
こども また よ
私のいとこは水泳が上手だ。 내 사촌은 수영을 잘 한다.
わたし すいえい じょうず

09 이야기할 때 자주 쓰는 말들

영어회화 일본어 jie 0515

한국에서 배우는

Japanese in English

청 춘 편

really [rí(ː)əli]
🔹 정말로, 참으로

EX He is really a good friend.
"I'm going to London next month."
- "Oh, really?"

very [véri]
🔹 매우, 대단히

EX The horse runs very fast.
Thank you very much.

just [dʒʌst]
🔹 ① 꼭, 바로 ② 단지 🔸 공평한, 올바른

EX My grandfather is just seventy.
She just smiled at me.
Our teacher is always just to us.

only [óunli]
🔹 오직, 단지 🔸 유일한, 단 하나의

EX I came to see only you.
She loves her only son very much.

almost [ɔ́ːlmoust]
🔹 거의

EX It is almost five o'clock.
Almost all the boys went there.

other [ʌ́ðər]
🔸 ① 다른 ② 또 하나의
🔹 ① 또 하나 ② 다른 사람[물건]

EX Let's go some other day.
Use the other hand.
I have two pens ; one is black,
and the other is blue.   Be kind to others.

else [els]
🔹 ① 그 밖에, 달리 ② 그렇지 않으면

EX I have something else to tell you.
Hurry up, or else you will be late.

also [ɔ́ːlsou]
🔹 …도 또한, 역시 ▷대개 문장 중간에 옴

EX Tom likes music. I also like it.
Tom can swim. I also can swim.

too [tuː] 🔹 ① …도 또한
② 너무 …한 ▷대개 문장 끝에 옴

EX My husband likes swimming, and I do, too.
It is too hot today.

again [əgén, əgéin]
🔹 다시, 또

EX See you again.
I want to see her once again.

話す時によく使う言葉

副 本当に, 実に	彼は本当にいい友達だ。그는 정말로 좋은 친구이다. "来月ロンドンに行きます。""난 다음 달에 런던에 갈 작정이야." "えっ, 本当?" "어머, 정말이니?"
副 非常に, 大変, とても	その馬は非常に速く走る。그 말은 매우 빨리 달린다. どうもありがとう。대단히 감사합니다(정말 고맙습니다).
副 ① 丁度, たった今 ②ただ〜だけ 形 公正な, 公平な, もっともな	祖父は丁度70歳である。할아버지는 꼭 70세이다. 彼女は私に, ただ微笑んだだけだった。그녀는 나에게 미소를 지었을 뿐이었다. 先生はいつも私たちに対して公平だ。선생님은 언제나 우리에게 공평하시다.
副 ただ〜だけ ; ほんの 形 唯一の, ただ一つの	私はただ, あなただけに会いに来た。나는 오직 너만을 보러왔다. 彼女は一人息子を非常に愛してる。그녀는 외아들을 몹시 사랑한다.
副 ほとんど, ほぼ, そろそろ	そろそろ5時だ。거의 5시다. ほとんどすべての少年達がそこへ行った。거의 모든 소년들이 거기에 갔다.
形 ① ほかの ② もう一方の 代 ① もう一つ ② ほかの人(物), 他人	いつかほかの日に行こう。언젠가 다른 날에 가자. もう一方の手を使いなさい。또 한 손을 사용해라. ペンを二本持っているが一本は黒色でもう一本は青色だ。 나는 펜을 두 자루 가지고 있는데, 한 자루는 검정색이고 또 한 자루는 파랑색이다. 他人には親切にしなさい。다른 사람들에게 친절해라.
副 ① そのほかに, 別に ② さもないと	そのほかにも話す事がある。그 밖에 또 할 말이 있다. 急ぎなさい, さもないと遅れますよ。서둘러라, 그렇지 않으면 늦을 것이다.
副 〜も(また)	トムは音楽が好きだ。私もそれが好きだ。탐은 음악을 좋아한다. 나도 또한 음악을 좋아한다. トムは水泳が出来る。私も出来る。탐은 수영을 할 수 있다. 나도 또한 수영할 수 있다.
副 ① 〜も(また), そのうえ ② あまりにも〜すぎる	夫は水泳が好きですし, 私も好きです。남편은 수영을 좋아하는데, 나도 또한 좋아한다. 今日はあまりにも暑すぎる。오늘은 너무 덥다.
副 また, 再び, もう一度	又お会いしましょう。또 만나자, 잘가. 私は彼女をもう一度見たい。나는 그녀를 한번 더 보고 싶다.

10 접속사와 의문사

and [ænd]
접 그리고, …와

EX Tom and I are good friends.
You and I / small and pretty
Hurry up, and you will catch the bus.

but [bʌt]
접 그러나, 그렇지만

EX John is tall but Mary is shirt.
This house is small but clean.

or [ɔ:r]
접 또는, 혹은

EX Is Mary tall or short?
Answer yes or no.

when [ʰwen]
부 언제

EX "When do you sleep?"
- "I sleep at night."

where [ʰwɛər]
부 어디에, 어디서

EX "Where is the clock?"
- "It is on the desk."

who [hu:]
대 누구

EX "Who is the woman?"
- "She is Tom' s mother."

whose [hu:z]
대 누구의 ▷who의 소유격

EX Whose book is this?
Whose is this car?

what [ʰwɑt]
대 무엇, 어떤 것 형 무슨, 어떤

EX "What is it?" - "It is a watch."
What day of the week is it today?

why [ʰwai]
부 왜, 어째서

EX "Why do you like summer?"
- "Because I can swim."

how [hau]
부 ① 어떻게 ② 얼마나

EX "How did you come here?" - "I came by bus."
"How old are you?" - "I am thirteen."

영어와 친해지는 필순영어 jie 0515

Japanese in English

청 춘 편

10　接続詞と疑問詞
せつぞくし　　　ぎもんし

接	~と…, そして (命令文の後で)そうすれば	トムと私は大の仲良し(親友)です。 탐과 나는 좋은 친구사이이다. 君と僕 너와 나　小さくて可愛い 작고 귀여운 急ぎなさい, そうすればバスに乗れます。 서둘러라 그러면 버스를 탈 것이다.
接	しかし, ~が, けれども, でも	ジョンは背が高いがメアリーは低い。 존은 키가 크지만 메리는 키가 작다. この家は小さいがきれいだ。 이 집은 작지만 깨끗하다.
接	~または…, それとも, 或は	メアリーは背が高いの, それとも低いの? 메리는 키가 크니 아니면 작니? イエスかノーで答えなさい。 예, 아니오로 대답하시오.
副 接	いつ ~する時	いつ寝るの? 夜寝るわ(夜寝るよ)。 언제 잠을 자니? 밤에 잠을 자.
副	どこに, どこで, 何処へ	時計は何処にあるの? それは机の上にある。 탁상시계는 어디에 있니? 그것은 책상 위에 있어.
代	誰, どなた	あの女の人は誰なの? 그 여자는 누구니? 彼女はトムのお母さんだよ。 그녀는 탐의 어머니셔.
代	誰の, どなたの	これは誰の本ですか? 이것은 누구의 책입니까? この車は誰のですか? 이 차는 누구의 것입니까?
代 形	何~, 何, どちら 何の, どんな	それは何ですか? それは時計だ。 그것은 무엇이니? 그것은 시계야. 今日は何曜日ですか? 오늘은 무슨 요일입니까?
副	何故, どうして	なぜ夏が好きなの? 왜 여름을 좋아하니? 泳げるからさ。 수영할 수 있기 때문이야.
副	① どのようにして, 　どんなふうに, どうやって。 ② どのくらい, 何~, いくら	どうやってここまで来たの? バスで。 어떻게 여기에 왔니? 버스로 왔어. おいくつなの? — 13歳だよ(わ)。 너는 몇 살이니? 열세살이야.

11 오후가 되면

영어속에 녹아있는 일본어 jie 0515

Japanese in English ······ 청춘편

noon [nuːn]
형 정오

EX It is past noon.
We started a little past noon.

hungry [hʌ́ŋgri]
형 배고픈, 굶주린

EX He is always hungry when he gets home from school.

lunch [lʌntʃ]
명 점심밥

EX Let's have lunch.
He had sandwiches for lunch.

afternoon [æ̀ftərnúːn]
명 오후

EX We have four classes in the morning and two in the afternoon.
this(tomorrow) afternoon
on Sunday afternoon

evening [íːvniŋ]
명 저녁

EX My father usually comes home about six in the evening.
Please come this evening.

supper [sʌ́pər]
명 저녁밥

EX Do your homework before supper.
After supper I watch television.

dark [daːrk]
형 ① 어두운 ② 검은 반 light(밝은)

EX It is getting dark. It is too dark to read.
She has dark eyes.

light [lait]
명 ① 빛 ② 불빛, 등불 형 ① 밝은 ② 가벼운

EX The sun gives light.
I saw a light in the distance.
It's getting light. This box is very light.

night [nait]
명 밤 반 day(낮)

EX He phoned me last night.
Good night!

sleep [sliːp]
동 자다 명 잠 ▷sleep-slept[slept]-slept

EX I sleep about eight hours a day.
I had a good sleep last night.
Did you sleep well last night?

午後になれば

名 正午, 真昼	正午が過ぎた。 정오가 지났다. 私たちは正午が少し過ぎて出発した。 우리는 정오가 조금 지나서 출발했다.
形 空腹の, 腹のすいている, 飢えた, ひもじそうな	彼は学校から帰って来るといつも腹が空いている。 그는 학교에서 돌아오면 항상 배가 고프다.
名 昼食, 昼ご飯, お昼, ランチ	昼食を食べよう。 점심 먹자. 彼はお昼にサンドイッチを食べた。 그는 점심으로 샌드위치를 먹었다.
名 午後	私達は午前4時間, 午後2時間の授業がある。 우리는 오전 4시간, 오후에 2시간 수업이 있다. 今日(明日)の午後 오늘(내일) 오후 日曜日の午後 일요일 오후
名 夕方, 晩, 夜, 夕べ	お父さんは大抵夕方6時頃家へ帰って来る。 아버지는 대개 저녁 6시경에 집에 오신다. 今晩おいで下さい。 오늘밤 와주세요.
名 夕食, 夜食	夕食の前に宿題をやりなさい。 저녁 식사 전에 숙제를 해라. 夕食の後私はテレビを見る。 저녁 식사 후 나는 텔레비전을 본다.
形 ① 暗い ② 黒い 反 light(明るい)	暗くなっている。 어두워지고 있다. 暗すぎて本が読めない。 너무 어두워서 책을 읽을 수가 없다. 彼女の瞳は黒い。 그녀는 눈이 검은 색이다.
名 ① 光 ② 明かり, 灯火 形 ① 明るい ② 軽い	太陽は我々に光を与えてくれる。 태양은 빛을 준다. 遠くに明かりが見えた。 멀리 불빛이 보였다. 日が明るくなっている。 날이 점점 밝아(환해)지고 있다. この箱はとても軽い。 이 상자는 매우 가볍다.
名 夜, 晩 反 day (昼間)	彼は夕べ私に電話した。 그는 어젯밤 나에게 전화했다. おやすみなさい。 안녕히 주무세요!
動 眠る, 寝る 名 眠り, 睡眠	私は一日に約8時間眠ります。 나는 하루에 약 8시간 잔다. 僕昨夜ぐっすり寝ました。 나는 어젯밤 잠을 잘 잤다(푹 잤다). 昨夜はよく眠れたの? 지난 밤 잘 잤니?

12 재미있는 이야기

word [wəːrd]
명 단어, 말

EX How do you spell that word?
He left us without a word.

story [stɔ́ːri]
명 이야기 ; 소설 ▷복수형은 stories

EX Father told us a ghost story.
a short story / a love story

say [sei]
동 말하다 ▷say–said[sed]–said

EX What did you say?
The letter says that he is sick.

talk [tɔːk]
동 이야기하다 ▷'l' 이 발음되지 않음에 유의

EX May I talk to you?
He talked to us about the history of his country.

tell [tel]
동 말하다, 알리다 ▷tell–told[tould]–told

EX Please don't tell anyone.
He told me the news.

speak [spiːk] 동 ①말하다 ②연설하다
▷speak–spoke–spoken

EX He spoke in English.
He spoke on "Democracy."

interesting [íntəristiŋ]
형 재미있는, 흥미있는

EX He told me an interesting story.

funny [fʌ́ni]
형 우스운, 재미있는 ▷fun 명 재미, 즐거움

EX What's so funny?
He is a very funny fellow.
Have fun! (=Enjoy yourself)

together [təgéðər]
부 함께, 같이

EX We sometimes go for a walk together.
They live together in that house.

everyone [évriwʌ̀n]
대 모든 사람, 누구나 다 (同) everybody

EX That picture is known to everyone.
Everyone knows him very well.

enjoy [endʒɔ́i]
동 즐기다

EX He enjoys meeting people.

영어가 저절로 외워지는 영단어 jie 0515

Japanese in English

청 춘 편

面白い話

名 語, 単語, 言葉	その単語の綴りは何ですか？ 그 단어는 철자가 어떻게 되니? 彼は一言なしに我々を離れた。 그는 한마디 말도 없이 우리를 떠났다.
名 話, 物語；小説	お父さんは私たちに怪談を話してくださった。 아버지는 우리에게 귀신 이야기를 해 주셨다. 短編小説 단편소설 恋物語 연애소설
動 言う：書いてある	何と言ったのですか？ 뭐라고 말했니？ 手紙には彼が病気だと書いてあります。 그 편지에는 그가 아프다고 쓰여 있다.
動 話す, 喋る	貴方に話しても宜しいですか？ 당신에게 얘기를 해도 될까요？ 彼は自分の国の歴史について話した。 그는 우리에게 자기 나라의 역사에 관해서 이야기했다.
動 話す, 言う：知らせる, 教える	誰にも言わないでください。 제발 아무에게도 말하지 마세요. 彼はその便りを私に知らせてくれた。 그가 그 소식을 내게 알려 주었다.
動 ① 話す ② 演説する	彼は英語で話した。 그는 영어로 말했다. 彼は民主主義について演説した。 그는 민주주의에 관하여 연설했다.
形 面白い, 興味深い	彼は私に面白い話をしてくれた。 그는 나에게 재미있는 이야기를 해주었다.
形 可笑しい, 可笑しな, 面白い fun 名 面白さ, 楽しさ	何がそんなに可笑しいんだ。 무엇이 그렇게 우습니？ 彼はとても面白い奴だ。 그는 매우 재미있는 녀석이다. 楽しんでいらっしゃい。 재미있게 놀아라!
副 一緒に, 共に	我々は時々一緒に散歩に行く。 우리는 때때로 함께 산책하러 간다. 彼らはあの家に一緒に住む。 그들은 저 집에 함께 산다.
代 誰でも, 皆, みんな	あの絵は皆に知られている。 저 그림은 모든 사람에게 알려져 있다. みんな彼をよく知っている。 누구나 다 그를 아주 잘 알고 있다.
動 楽しむ, 楽しんでいる	彼は人に会う事を楽しむ。 그는 사람들 만나는 것을 즐긴다.

13 학교 갈 때 챙기는 것들

thing [θiŋ]
몡 물건, 것

EX What are the things in your bag?
a living thing
I have a lot of things to do today.

need [niːd]
통 필요로 하다 몡 필요

EX He needs money.
There is no need to worry.

book [buk]
몡 책

EX He is reading a book in the library.
a picture book / a reference book

notebook [nóutbúk]
몡 공책, 노트

EX Write these words in your notebook.

page [peidʒ]
몡 (책 등의) 쪽, 페이지

EX Open your book to page 23.
Turn the page(over).

pen [pen]
몡 펜

EX a ballpoint pen / a fountain pen
The pen is mightier than the sword.

ink [iŋk]
몡 잉크

EX May I write in red ink?
Please write in ink, not in pencil.

pencil [pénsəl]
몡 연필

EX Helen is drawing with a pencil.
a pencil case / a colored pencil

bag [bæg]
몡 가방

EX She has a shopping bag in her hand.
a sleeping bag / a traveling bag

sketchbook [skétʃbùk]
몡 스케치북

EX Is this your sketchbook?
I presented him a sketchbook.

13 学校に行く時準備するもの

名 物, 事
君の鞄にある物は何なの? 네 가방에 있는 물건은 무엇이니?
生物, 生き物。 생물, 살아 있는 것
私は今日する事が沢山ある。 나는 오늘 할 일이 많다.

動 必要だ, 必要とする, 要る
彼はお金が必要だ。 그는 돈이 필요하다.
名 必要
心配する必要はない。 걱정할 필요 없다.

名 本, 書物, 書籍
彼は図書館で本を読んでいる。 그는 도서관에서 책을 읽고 있다.
絵本 그림 책 参考書 참고서

名 ノート, 手帳
この単語をノートに書きなさい。 이 단어들을 공책에 적으시오.

名 (本などの)ページ
23ページを開けなさい。 네 책 23쪽을 펴라.
ページを捲りなさい。 그 페이지를 넘겨라.

名 ペン
ボールペン 볼펜 万年筆 만년필
ペンは剣よりも強し。(文は武よりも強し) 문(文)은 무(武)보다 강하다.

名 インク
赤インクで書いてもいいですか? 붉은 잉크로 써도 좋습니까?
鉛筆で書かないでペン書きにしてください。 연필로 쓰지 말고 잉크로 쓰세요.

名 鉛筆
ヘレンは鉛筆で絵を書いている。 헬렌은 연필로 그림을 그리고 있다.
鉛筆入れ 연필통 色鉛筆 색연필

名 袋, 鞄, バッグ
彼女は手に買い物袋を持っている。 그녀는 손에 쇼핑백을 들고 있다.
寝袋 침낭 旅行カバン 여행 가방

名 スケッチブック, 写生帳
これが君のスケッチブックなの? 이것이 너의 스케치북이냐?
私は彼にスケッチブックをプレゼントした。 나는 그에게 스케치북을 선물했다.

14 걷고 뛰고 서고

영어 속에 우리말 영단어 jie 0515

Japanese in English

청 춘 편

go [gou]
통 가다, 나아가다 ▷go–went[went]–gone

I go to school by bus.
How is your work going along?

come [kʌm]
통 오다, 가다 ▷come–came[keim]–come

🔵 Come this way, please.
I'm coming.

walk [wɔːk] 통 걷다 명 걷기, 산책
▷ 'l'이 발음되지 않음에 유의

🔵 We walked three miles today.
Dick takes a walk every morning.

run [rʌn]
통 달리다 ▷run–ran[ræn]–run

🔵 I ran to the school this morning.
Walk, don't run!

sit [sit]
통 앉다 ▷sit–sat[sæt]–sat

🔵 Sit down, please. Sit up, children!
I sat up till twelve last night.

stand [stænd] 통 서다, 서있다
반 sit ▷stand–stood[stud]–stood

🔵 Stand up, please! Stand still.
He is standing by the window.

jump [dʒʌmp]
통 뛰어 오르다, 뛰다 명 점프, 도약

🔵 I jumped into the moving train.
broad (long) jump / high jump

turn [təːrn]
반 ① 돌다, 돌리다 ② …로 변하다, …로 되다

🔵 The earth turns round the sun.
We turned the corner to the left.
The snow turned to rain.

fall [fɔːl] 통 떨어지다, 쓰러지다
명 가을 ▷fall–fell–fallen

🔵 Leaves are falling to the ground.
The fall is the best season for hiking.

stop [stɑp] 통 멈추다, 중지하다
명 정지 ▷stop–stopped–stopped

🔵 The car stopped at the crossing.
a bus stop / a nonstop train

14 歩いて，跳ねて，立って

動 行く，進む	私はバスで学校へ行く。 나는 버스로 학교에 간다. 仕事はどう進んでいるの？ 일이 어떻게 되어가고 있니?
動 来る，やってくる	こちらへ来てください。 이쪽으로 오십시오. 今行きます。 지금 갑니다.
動 歩く，歩いていく 名 散歩	私たちは今日3マイルを歩いた。 우리는 오늘 3마일을 걸었다. ディックは毎朝散歩する。 딕은 매일 아침 산책한다.
動 走る，(川が)流れる	私は今朝学校まで走った。 나는 오늘 아침 학교까지 달려갔다. 走らないで歩きなさい！ 뛰지 말고 걸어라!
動 座る，腰を掛ける	座ってください。 앉으세요. どうぞお掛け下さい。 여러분, 똑바로 앉으세요. 私は昨夜12時まで起きていた。 나는 어젯밤 12시까지 자지 않고 일어나 있었다.
動 立つ，立っている	立ってください。 일어서시오. じっと立っていなさい。 가만히 서 있어라. 彼は窓の側に立っている。 그는 창문 옆에 서 있다.
動 跳び上がる，跳ぶ 名 ジャンプ，跳躍	私は走っている列車に跳び乗った。 나는 움직이는 기차에 뛰어올랐다. 幅跳び 넓이(멀리)뛰기 高跳び 높이뛰기
動 ① 回る，回す，曲がる ② 変わる，変える，~になる	地球は太陽の周りを回っている。 지구는 태양의 주위를 돈다. 私たちは角を曲がって左に行った。 우리는 모퉁이를 돌아 왼편으로 갔다. 雪は雨に変わった。 눈은 비로 바뀌었다(변했다).
動 落ちる，降る，倒れる 名 秋，(複数形で)滝	木の葉が地面に落ちている。 나뭇잎들이 땅에 떨어지고 있다. 秋はハイキングに一番よい季節だ。 가을은 하이킹하기에 가장 좋은 계절이다.
動 止まる，止める，停止する 名 停止，中止	その車は交差点で止まった。 그 차는 교차로에서 멈춰 섰다. バス停留所 버스 정류장 直行列車 직행 열차

15

내 마음은

영어 한 권으로 끝내기 일본어 jie 0515

Japanese in English

청춘편

mind [maind]
명 마음, 정신 통 ① 주의하다 ② 꺼리다

EX He has a stong mind.
Mind your manners at the party.
Do you mind my smoking?

worry [wə́ːri] 통 걱정하다, 걱정시키다
▷ worry–worried–worried

EX Don't worry about such a thing.
Don't worry your mother.

sorry [sɔ́(ː)ri]
형 미안하게 여기는, 유감스럽게 여기는

EX "I'm sorry I'm late." - "That's all right."
We are sorry we can't come to the party.

excuse [ikskjúːz]
통 용서하다

EX Please excuse me for being careless.
"Excuse me."

let [let]
통 (사역) …하게 하다, …시키다

EX Let me use your telephone.
Please let me do it.

please [pliːz]
통 ① 기쁘게 하다, 만족시키다 ② (부사적) 제발

EX The news pleased him very much.
It is difficult to please everybody.
Please come in.

help [help]
통 돕다 명 도움

EX He helps his father on the farm.
May(Can) I help you?
I need some help.

thank [θæŋk]
통 감사하다 명 감사

EX Thank you very much for your help.
We thanked him for the ride.
I don't know how to express my thanks.

welcome [wélkəm]
통 환영하다 명 환영 형 환영받는

EX She welcomed her guests at the front door.
We were given a warm welcome.
You are always welcome at my home.

15　私の心は

名 心, 精神	彼は強い精神力の持ち主だ。 그는 강한 정신의 소유자이다.
動 ① 気をつける, 注意する	パーティーでは行儀に注意しなさい。 파티에서는 예절에 주의해라.
② 嫌がる	タバコを吸ってもいいですか? 담배를 피워도 되겠습니까?
動 心配する, 気にする, 悩む	そんなことは心配するな! 그런 일은 걱정하지 마라!
心配させる, 悩ませる	お母さんを心配させるな! 어머니를 걱정시키지 마라.
形 済まなく思って, 気の毒に思って, 残念に思って	遅れてごめんなさい。 늦어서 미안합니다. 大丈夫です。 괜찮습니다.
	残念ながらそのパーティーには出られません。 파티에 갈 수 없어 유감입니다.
動 許す	私の不注意を許してください。 제 부주의를 용서해 주십시오.
名 言い訳	すみません, ちょっと失礼します。ごめんなさい。 실례합니다, 미안(죄송)합니다.
動 ～させる	電話を使わせてください。 당신 전화를 쓰게 해 주세요.
(Let's形)～しましょう	私にそれをさせてください。 저에게 그것을 시켜주세요.
動 喜ばせる, 満足させる	その知らせは彼をたいへん喜ばせた。 그 소식은 그를 대단히 기쁘게 했다.
副 どうぞ	全ての人を満足させるのは難しい。 모든 사람을 만족시키기는 어렵다.
	どうぞお入り下さい。 들어오십시오.
動 助ける, 手伝う	彼は農場でお父さんを手伝っている。 그는 농장에서 아버지를 돕는다.
名 助け, 手伝い	何を差し上げましょうか。何かご用でしょうか。 도와 드릴까요?
	私を手伝って欲しい。 나는 도움이 필요하다.
動 感謝する, 礼を言う	手伝ってくださってどうもありがとう。 도와주셔서 대단히 감사합니다.
名 感謝, お礼	私達は彼に車に乗せてくれた礼を言った。 우리는 태워 준 것에 대해 그에게 감사했다.
	どんなに感謝しているか言い表わせません。 나는 고마움을 어떻게 표현해야 할지 모르겠다.
動 歓迎する	彼女は玄関でお客さんを歓迎した。 그녀는 현관에서 손님을 기꺼이 맞이했다.
名 歓迎	我々は温かく迎えられた。 우리는 따뜻한 환영을 받았다.
形 歓迎される	我が家はいつもあなたを歓迎します。 우리 집에서는 당신을 언제나 환영합니다.

영어속에숨겨진 일본어 jie 0515

Japanese in English

청 춘 편

in [in] 동 ① (장소) …의 안에, …에서
② (시간) …동안에, …이 지나면

> EX He is in his room now.
> It is very warm in spring.
> I'll be back in a minute.

on [ɔn]
전 ① (위치) …의 위에 ② (날짜) …에

> EX The book is on the table.
> They go to America on the 12th of April.

into [intu]
전 ① (동작) …의 안으로 ② (변화) …으로

> EX They jump into the swimming pool.
> Heat turns ice into water.

out [aut]
전 (~of) …의 밖으로 (부) 밖에

> EX They went out of the room.
> He is out. / Get out!

over [óuvər]
전 ① …의 위에 ② …을 넘어서
③ …이상 (부) 끝나서

> EX The sky is over our heads.
> They went over the hill.
> He spent over ten dollars.
> Winter is over.

under [ʌndər]
전 ① …의 밑에 ② …이하의 반 over

> EX She sits under the tree.
> Children under thirteen can not see this film.

up [ʌp]
부 위로 전 …의 위로

> EX The bird flew up from the water.
> The cat climbs up the tree.

down [daun]
부 아래로 전 …의 아래쪽으로 반 up

> EX Time is up. Put your pens down.
> He ran down the stairs.

around [əráund]
전 …의 주위에 부 둘레에, 뺑 둘러

> EX We sat around the fire.
> People gathered around.
> Look around.

behind [biháind]
전 …의 뒤에 부 뒤에, 뒤떨어져

> EX He is behind the door.
> He left me behind.

16 前置詞の世界 Ⅱ

前 ①(場所) ~の中に(で)	彼は今自分の部屋の中に居る。 그는 지금 자기 방안에 있다.	
②(時間) …に, ~経てば	春は天気がとても暖かい。 봄에는 날씨가 아주 따뜻하다.	
	すぐに戻ります。 잠시 후에 돌아오겠다.	

前 ①(位置) …の上に	その本はテーブルの上にある。 그 책은 탁자 위에 있다.
②(日・曜日) ~に	彼らは4月12日にアメリカへ行く。 그들은 4월 12일에 미국에 간다.

前 (動作)(外から) ~の中へ(に)	彼らはプールの中へ跳び込む。 그들은 수영장 안으로 뛰어든다.
(変化)…に	熱は氷を水に変える。 열은 얼음을 물로 변화시킨다.

前 (~of)(中から)…の外へ	彼らは部屋の外へ出た。 그들은 방 밖으로 나갔다.
副 外へ(に)	彼は外出中である。 그는 외출중이다. 出ていけ！나가!

前 ① ~の上に ② …を越えて	空は私達の頭の上にある。 하늘은 우리의 머리위에 있다.
③ …以上	彼らは丘を越えて行った。 그들은 언덕을 넘어갔다.
副 終わって	彼は10ドル以上を使った。 그는 10달러 이상을 썼다.
	冬が終わった。 겨울이 끝났다.

前 ① …の下に(へ)	彼女は木の下に座っている。 그녀는 나무의 밑에 앉아 있다.
② …以下の, ~未満の	13才未満の子供はこの映画を見られない。 13세 이하의 어린이들은 이 영화를 볼 수 없다.
副 上へ(に), 上の方へ(に)	鳥が水面から上へ飛び上がった。 새가 수면에서 위로 날아 올랐다.
前 ~を上がって	猫は木に登る。 고양이가 나무 위로 기어 올라간다.

副 下へ(に), 下の方へ(に)	時間切れです。ペンを置きなさい。 시간이 됐다. 펜을 내려놓아라.
前 ~を下って	彼は階段を駆け降りた。 그는 계단을 뛰어 내려왔다.

前 ~の周りに	私達は火を囲んで座った。 우리는 불 주위에 둘러 앉았다.
副 周りに, ぐるりと回って	人々が周りに集まった。 사람들이 주위에 모였다.
	周りを見回しなさい。 주위를 둘러 보아라.

前 ~の後ろに	彼は門の後ろにいる。 그는 문 뒤에 있다.
副 後ろに, 遅れて	彼は私を残して行ってしまった。 그는 나를 두고 가버렸다.

17 봄 그리고 여름

spring [spriŋ]
몡 봄 图 튀다, 뛰어오르다
▷spring–sprang[–ræŋ]–sprung[–rʌŋ]

EX Spring has come. It is spring now.
The dog suddenly sprang at me.
Don't spring over the fence.

warm [wəːrm]
혱 따뜻한

EX It was a warm spring afternoon.
Warm up before swimming.

picnic [píknik]
몡 소풍, 피크닉

EX We'll go on a picnic on Sunday.

summer [sʌ́mər]
몡 여름

EX I'm going to Cheju this summer.

hot [hat]
혱 더운, 뜨거운 ; 매운

EX Summer is the hottest season of the year.
I like hot tea.
This pepper is hot.

sea [siː]
몡 바다

EX The whale lives in the sea.
In summer we go to the sea.

pool [puːl]
몡 ① 웅덩이 ② 수영장

EX He jumped over the pool of muddy water.
The water of this swimming pool is dirty.

swim [swim] 图 수영하다, 헤엄치다
▷swimming 몡 수영, 헤엄
▷swim–swam–swum

EX Let's go swimming. (=Let's go for a swim)
She is poor at swimming.

vacation [veikéiʃən]
몡 방학, 휴가

EX They spent their vacation by the sea.
Bill in on vacation.

rain [rein] 몡 비 图 비가 오다
▷ 동사로 쓰일 때는 it을 주어로 함

EX It looks like rain.
It is raining.

春そして夏

名 春	春が来た。 봄이 왔다.　今は春だ。 지금은 봄이다.
動 跳ねる, 跳ね上がる	犬が急に私に飛び掛かった。 개가 갑자기 나에게 뛰어 올랐다(덤벼 들었다).
	フェンスを飛び越えるな。 울타리를 뛰어 넘지 마라.
形 暖かい	ある暖かい春の午後だった。 어느 따뜻한 봄날 오후였다.
	水泳の前に準備運動をしなさい。 수영하기 전에 준비운동을 해라.
名 遠足, ピクニック	私達は日曜日にピクニックに行く。 우리는 일요일에 소풍을 갈 것이다.
名 夏	私は今年の夏, 済州島へ行く。 나는 올 여름에 제주에 갈 것이다.
形 暑い, 熱い, 辛い	夏は一年の中で一番暑い季節だ。 여름은 연중 가장 더운 계절이다.
	私は熱いお茶が好きだ。 나는 뜨거운 차를 좋아한다.
	この胡椒は辛い。 이 후추는 맵다.
名 海	鯨は海に住む。 고래는 바다에 살고 있다.
	夏に私達は海に行きます。 여름에 우리는 바닷가에 갑니다.
名 ① 水溜まり　② プール	彼は泥の水溜まりを飛び越えた。 그는 진흙탕 물웅덩이를 뛰어 넘었다.
	このプールの水は汚い。 이 수영장의 물은 더럽다.
動 水泳する, 泳ぐ	泳ぎに行こう。 수영하러 가자.
名 水泳, 泳ぎ	彼女は水泳が下手だ。 그녀는 수영에 서툴다.
名 休み, 休暇	彼らは海で休みを過ごした。 그들은 방학을 바닷가에서 보냈다.
	ビルは休暇中だ。 빌은 휴가 중이다.
名 雨, 降雨	雨が降りそうだ。 비가 올 것 같다.
動 雨が降る	雨が降っている。 비가 오고 있다.

18 배울 때는 열심히

영어와 함께 마법처럼 읽히는 일본어 jie 0515

Japanese in English

청춘편

class [klæs]
몡 ① 학급 ② 수업

> EX He is the tallest in our class.
> We have a math class today.

teach [tiːtʃ]
동 가르치다 ▷teach–taught–taught

> EX Mr. John teaches history.

learn [ləːrn]
동 배우다

> EX Mary is learning how to drive.

lesson [lésən]
몡 ① (교과서의)과 ② 수업 ③ 교훈

> EX Lesson four is very easy.
> The class is having a lesson.
> What is the lesson of this story?

read [riːd]
동 읽다 ▷read–read[red]–read[red]

> EX Helen is reading a newspaper.
> The book is widely read by young people.

write [rait]
동 쓰다 ▷write–wrote–written

> EX Write your name here.
> Helen is writing a letter.

call [kɔːl]
동 부르다

> EX He called my name.
> They call him John.

name [neim]
몡 이름 동 …라고 이름을 붙이다

> EX May I ask your name?
> They named the baby Betty.

ask [æsk]
동 ① 묻다 ② 요청하다

> EX He asked about my sister.
> He asked me to come.

question [kwéstʃən]
몡 질문, 물음 ; 문제

> EX May I ask you a question?
> It's a question of time.
> question mark

学ぶ時は熱心に

名	① クラス	彼はうちのクラスで一番背が高い。 그는 우리 반에서 제일 키가 크다.
	② 授業	今日は数学の授業がある。 오늘 수학 수업이 있다.
動	教える	ジョン先生は歴史を教えている。 존 선생님은 역사를 가르친다.
動	学ぶ, 習う, 覚える	メアリーは運転の仕方を習っている。 메리는 운전하는 법을 배우고 있다.
名	①(教科書の)課	第4課はとても易しい。 제 4과는 아주 쉽다.
	② 授業	そのクラスは今授業中だ。 그 학급은 수업 중이다.
	③ 教訓	この物語の教訓は何ですか? 이 이야기의 교훈은 무엇이니?
動	読む, 読書する	ヘレンは新聞を読んでいる。 헬렌은 신문을 읽고 있다.
		その本は若い人々に広く読まれている。 그 책은 젊은 사람들에게 널리 읽히고 있다.
動	書く, 手紙を書く	ここに名前を書きなさい。 여기에 네 이름을 써라.
		ヘレンは手紙を書いている。 헬렌은 편지를 쓰고 있다.
動	呼ぶ, 電話を掛ける	彼は私の名前を呼んだ。 그는 내 이름을 불렀다.
		彼らは彼をジョンと呼ぶ。 그들은 그를 존이라고 부른다.
名	名前	お名前は何ですか? 당신의 이름은 무엇입니까?
動	~と名付ける	彼らはその赤ちゃんをベティと名づけた。 그들은 그 아기에게 베티라고 이름 붙였다.
動	① 尋ねる	彼は妹について尋ねた。 그는 내 여동생에 관해 물었다.
	② 頼む, 求める	彼は私に来るように言った。 그는 내게 와줄 것을 요청했다.
名	質問, 問い, 問題	先生, 質問一つしてもいいですか? 당신께 질문을 하나 해도 될까요?
		それは時間の問題だ。 그것은 시간문제다.
		疑問符(?) クエスチョンマーク 물음표

영어 숙어 암기박사 jie 0515

Japanese in English

청춘편

can [kæn]
조 ① …을 할 수 있다. ② …해도 좋다

EX I can read a book.
You can go home now.

will [wil]
조 …을 할 것이다, …일 것이다

EX I will read the book.
It will be nice tomorrow.

this [ðis] 대 이것 형 이, 이쪽의
▷복수형은 these [ði:z]

EX This is a desk.
This bag is mine.

that [ðæt]
대 저것 형 저, 그 ▷복수형은 those[ðouz]

EX That is a book.
That bicycle is yours.

here [hiər]
부 여기에, 여기서

EX Please sit here.
The game will be held here.

there [ðɛər]
부 거기에, 거기서

EX Please stand there.
Do not move from there.

then [ðen]
부 ① 그때에, 그 당시 ② 그리고나서 ③ 그러면

EX I was young then.
First came Tom, and then Jim.
Then why did you go there?

so [sou]
부 ① 그렇게, 그와 같이 ② 몹시 접 그래서

EX Jane told me so.
I am so tired.
I am tired, so I want to sleep.

something [sʌ́mθiŋ]
대 (긍정문) 무엇인가, 어떤 것

EX I have something new.
Give me something to drink.

anything [éniθíŋ]
대 ① (의문·조건문) 무엇인가
② (부정문) 아무 것도 ③ (긍정문) 어느 것이라도

EX Do you have anything to say?
If anything happens, please call Tom.
I don't have anything new.
You may take anything you want.

19 助動詞と重要な指示語

助 ① ~事ができる, 可能だ ② …してもよい	私は本が読める。 나는 책을 읽을 수 있다. あなたはもう家へ行ってもよい。 너는 이제 집에 가도 좋다.
助 …するつもりだ ~するだろう, ~でしょう	私は本を読むつもりです。 나는 책을 읽을 것이다. 明日は(天気が)晴れるでしょう。 내일은 날씨가 갤 것이다.
代 これは(が), この人は, これを 形 この, 今の, 現在の	これは机です。 이것은 책상이다. このカバンは私のです。 이 가방은 내 것이다.
代 あれは(が), それは 形 あの, その 副 それほど	あれは本です。 저것은 책이다. あの自転車は君のだ。 저 자전거는 네 것이다.
副 ここに, ここで, ここへ	ここに座って下さい。 여기에 앉으세요. ゲームはここで開かれるだろう。 경기는 여기서 열릴 것이다.
副 そこに, そこで, そこへ	そこに立って下さい。 거기에 서시오. そこで動くな。 거기서 움직이지 말아라.
副 ① その時, そのころ ② それから ③ それでは	私はその時幼かった。 나는 그때에 어렸다. 初めにトムが来て, それからジムが来た。 처음에 탐이 오고, 그리고나서 짐이 왔다. それでは君は何故そこへいったの? 그러면 왜 너는 거기에 갔니?
副 ① そんなに, そのように ② とても 接 それで, だから	ジェーンは私にそのように言った。 제인은 나에게 그렇게 말했다. 私はとても疲れた。 나는 몹시(대단히) 지쳤다. 疲れているので眠りたい。 나는 피곤하다. 그래서 자고 싶다.
代 (肯定文) 何か, ある物(事)	私はある新しい物を持っている。 나는 무엇인가 새로운 것이 있다. 何か飲み物を下さい。 무엇인가 마실 것 좀 주세요.
代 (疑問, 条件文) 何か (否定文) 何も (肯定分) 何でも	何か話したいことがあるの? 뭔가 할 말이 있니? 何か起こったらトムを呼びなさい。 무슨 일이 생기면 탐을 부르시오. 私は何も新しい物がない。 나는 아무것도 새로운 것이 없다. 何でも好きな物を取っていいよ。 원하는 것은 어느 것이라도 가져도 좋아.

20 학교를 둘러보면

school [skuːl]
명 ① 학교 ② (관사 없이) 수업

EX Which school do you go to?
  We have no school today.

classroom [klǽsrùːm]
명 교실

EX Our classroom is on the second floor.

bell [bel]
명 종, 벨

EX The bell is ringing.
  I rang the bell twice.

teacher [tíːtʃər]
명 선생님, 교사

EX She is our English teacher.

student [stjúːdənt]
명 학생

EX I am a middle school student.
  a high school (an elementary school)student

blackboard [blǽkbɔ̀ːrd]
명 칠판

EX Ben is drawing on the blackboard.

chalk [tʃɔːk]
명 분필 ▷'l' 이 발음되지 않음에 유의

EX Write your name on the blackboard with chalk.
  a piece of chalk / two pieces of chalk

desk [desk]
명 책상

EX There are books on the desk.
  Jake is working at his desk.

chair [tʃɛər]
명 의자

EX Please sit down on this chair.

library [láibrəri]
명 도서관

EX Our school has a large library.

window [wíndou]
명 창문

EX Please open(shut) the window.
  He closed all the windows.
  a ticket window

学校を回ってみたら

名	① 学校 ②(冠詞なしで) 授業	君はどの学校に通っているの? 너는 어느 학교에 다니니? 今日は授業がない。 오늘은 수업이 없다.
名	教室	私たちの教室は2階にある。 우리 교실은 2층에 있다.
名	鐘, ベル	鐘が鳴っている。 종이 울리고 있다. 私はベルを2回鳴らした。 나는 벨을 두 번 울렸다.
名	先生, 教師	彼女はうちの英語の先生だ。 그녀는 우리 영어 선생님이다.
名	学生, 生徒	私は中学生です。 나는 중학생이다. 高校生 고교생 小学生 초등학생
名	黒板	ベンは黒板に絵を描いている。 벤은 칠판에 그림을 그리고 있다.
名	チョーク, 白墨	チョークで名前を黒板に書きなさい。 분필로 네 이름을 칠판에 써라. チョーク1本 분필 한 자루 チョーク2本 분필 두 자루
名	机	机の上に本がある。 책상 위에 책이 있다. ジェイクは机で仕事をしている。 제이크는 책상에서 일하고 있다.
名	椅子	この椅子にお掛け下さい。 이 의자에 앉으십시오.
名	図書館(室)	うちの学校には大きい図書館がある。 우리 학교에는 큰 도서관이 있다.
名	窓, 窓ガラス	窓を開けて(閉めて)下さい。 창문을 열어(닫아) 주시오. 彼は全ての窓を閉めた。 그는 모든 창문을 닫았다. 窓口(切符売り場) 매표창구

21 하늘에는

영어회화학습은 일본어 jie 0515

Japanese in English

청 춘 편

sky [skai]
몡 하늘

EX The sky is high and clear.
I' d like to see a blue sky.

high [hai]
혱 높은 (부)높이

EX How high is this building?
A plane is flying high in the sky.

sun [sʌn]
몡 해, 태양 ▷son(아들)과 발음이 같음

EX The sun is rising(shining).
sunrise / sunset / sunshine

moon [muːn]
몡 달

EX Last night there was a full moon.
We walked together under the moon.

star [staːr]
몡 별 ; 인기 배우

EX Stars are twinkling in the night sky.
She is a famous movie star.

bird [bəːrd]
몡 새

EX The birds are flying in the sky.
Birds of a feather flock together.

plane [plein]
몡 비행기

EX What time does the plane arrive?

god [gad]
몡 ① 신 ② (G-) 하느님

EX Cupid is the god of love.
Do you believe in God?

goddess [gádis]
몡 여신

EX Aphrodite is the goddess of love.

Mars [maːrz]
몡 화성

EX There seems to be no life on Mars.

空には

名 空	空は高くて晴れた。 하늘은 높고 맑다.	
	私は青空が見たい。 나는 푸른 하늘을 보고 싶다.	
形 高い	この建物の高さはどのくらいですか。 이 건물은 높이가 얼마입니까?	
副 高く	飛行機が空高く飛んでいる。 비행기가 하늘 높이 날고 있다.	
名 火, 太陽	太陽が昇って(光って)いる。 해가 떠오르고(빛나고) 있다.	
	日の出 일출 日の入り 일몰 日光 햇빛	
名 月	昨夜は満月だった。 어젯밤은 보름달이었다.	
	私達は月の光の下で一緒に歩いた。 우리는 달빛 아래서 함께 걸었다.	
名 星, スター	星が夜空にキラキラ瞬いている。 별들이 밤하늘에 반짝이고 있다.	
	彼女は有名な映画スターだ。 그녀는 유명한 영화배우이다.	
名 鳥	鳥が空を飛んでいる。 새들이 하늘을 날고 있다.	
	類は友を呼ぶ。 깃이 같은 새들끼리 모인다(유유상종)	
名 飛行機	何時に飛行機が着くの? 몇 시에 비행기가 도착하니?	
名 ① 神	キューピットは恋愛の神だ。 큐핏은 사랑의 신이다.	
②(G-)キリスト教の神	あなたは神の存在を信じているの? 너는 하느님을 믿느냐?	
名 女神	アフロディテは愛の女神だ。 아프로디테는 사랑의 여신이다.	
名 火星	火星には生物体がなさそうだ。 화성에는 생물체가 없는 것 같다.	

22 시장보기

supermarket [sjúːpərmàrkit]
명 슈퍼마켓

EX He is running a supermarket.

---

store [stɔːr] 명 가게, 상점
▷ 영국에서는 주로 shop이라고 함

EX Mary went into the store.
a department store / a book store

---

sell [sel]
동 팔다, 팔리다 ▷sell-sold[sould]-sold

EX That store sells flowers.
The book sells well.
a best seller

---

buy [bai]
동 사다 반 sell ▷buy-bought-bought

EX Mary buys food at the supermarket.
I bought it for ten dollars.

---

pick [pik]
동 ① (꽃 등을) 꺾다 ② 고르다 ③ 줍다

EX She picked flowers in the field.
I picked the date for the party.
He picked up coins.

---

same [seim]
형 같은

EX Helen and I go to the same school.
Don't make the same mistake again.

---

different [dífərənt]
형 다른, 차이가 나는 반 same

EX Man is different from other animals.

---

money [mʌ́ni]
명 돈, 금전

EX He made a lot of money.
Money cannot buy happiness.

---

dollar [dálər]
명 달러 ▷미국 · 캐나다 등의 화폐 단위

EX Could you lend me ten dollars?
He bought the book for three dollars.

---

spend [spend]
동 ① (돈을) 쓰다, 소비하다 ② (시간을) 보내다
▷spend-spent[spent]-spent

EX She spent a lot of money on clothes.
How did you spend the vacation?

買い物

名 スーパーマーケット	彼はスーパーを経営している。 그는 슈퍼마켓을 운영한다.
名 店, 商店	メアリーは店の中へ入った。 메리는 가게 안으로 들어갔다. 百貨店, デパート 백화점　本屋, 書店 서점
名 売る, 売れる	あの店では花を売っている。 저 가게에서는 꽃을 팔고 있다. その本はよく売れる。 그 책은 잘 팔린다. ベストセラー 베스트셀러
名 買う, 購入する	メアリーはスーパーで食品を買う。 메리는 슈퍼마켓에서 식품을 산다. 私はそれを10ドルで買った。 나는 그것을 10달러에 샀다.
名 ①(花などを)摘む ② 選ぶ　③ 拾う	彼女は野原で花を摘んだ。 그녀는 들에서 꽃을 꺾었다. 私はパーティーの日を選んだ。 나는 파티 날짜를 골랐다. 彼はコインを拾った。 그는 동전을 주웠다.
形 同じ, 同一の	ヘレンと私は同じ学校へ通う。 헬렌과 나는 같은 학교에 다닌다. 二度と同じ間違いをするな。 다시는 같은 실수를 하지 말아라.
形 違った, 異なった, 別の	人間は他の動物とは違う。 인간은 다른 동물들과 다르다.
名 金, 金銭	彼は沢山の金儲けをした。 그는 많은 돈을 벌었다. 金で幸福を買う事が出来ない。 돈으로 행복을 살수는 없다.
名 ドル	10ドル貸してくれる？ 10달러 빌려 줄 수 있겠니? 彼はその本を3ドルで買った。 그는 그 책을 3달러에 샀다.
動 ①(金を)使う, 費やす ②(時間を)過ごす	彼女は服に沢山の金を使った。 그녀는 옷에 많은 돈을 소비했다. 君は休みをどう過ごしたの？ 너는 휴가를 어떻게 보냈니?

23 많고 적음

영어를 친구처럼 읽는 영어 jie 0515

Japanese in English

청춘편

number [nʌ́mbər]
명 ① 숫자 ② 번호

EX The number of boys in our class is fifty.
What's your telephone number?

every [évri] 형 ① 모든 ② 매…, …마다
▷뒤에 오는 명사는 항상 단수형

EX Every student has to take the exam.
He goes to the library every Sunday.

all [ɔːl]
형 모든, 전부의

EX All the students like holidays.
We ate all the cake.

lot [lat]
명 (수·양이) 많음 ▷a lot of 많은

EX There are a lot of birds in the tree.
He has a lot of money.

full [ful]
형 가득 찬 ; 완전한

EX The theater was full of people.
a full base / a full moon

many [méni]
형 (수를 나타내어) 많은, 다수의

EX How many sisters do you have?
He has many brothers.

much [mʌtʃ]
형 많은, 다량의 부 ① 매우 ② 훨씬

EX Much snow has fallen.
I was much surprised at the news.
He is much taller than she.

more [mɔːr] 형 더 많은 부 더욱
▷many, much의 비교급

EX More people came than before.
He studied more diligently than any other boy.

some [sʌm]
형 ① 약간의, 얼마간의 ② 어떤
대 ① 약간 ② 어떤 사람[것]들

EX Drink some milk. / Some fish can fly.
Have some of this cake.
I don't like it, but some do.

any [éni] 형 대 ① (부정문) 아무것도
② (의문문·조건문) 얼마간의
③ (긍정문) 무엇이든

EX I don't have any brothers and sisters.
If you need any help, tell me.
I have many pencils. Take any you like.

little [lítl] 형 ① 작은 ② 거의 없는
③ (a~) 약간의, 조금있는
▷②, ③의 뜻은 양을 나타낼 때만 쓰임.

EX The cat is little.
We had little rain last month.
I have a little money.

23 多い，少ない

名	① 数　② 番号	我がクラスの男子生徒の数は50人である。 우리 학급의 남학생 수는 50명이다. 電話番号は何番ですか。 전화번호가 몇 번입니까?
形	① どの~も皆，あらゆる，凡ての ② 毎~，…毎に	どの学生も皆その試験を受けなければならない。 모든 학생은 그 시험을 치러야 한다. 彼は日曜日毎に図書館へ行く。 그는 일요일마다 도서관에 간다.
形	全ての，全部の，あらゆる	全ての学生は休みが好きだ。 모든 학생들은 휴일을 좋아한다. 私達はケーキを全部食べた。 우리는 케이크를 전부 먹었다.
名	沢山，多数，多量	その木には沢山の鳥がいる。 그 나무에는 많은 새들이 있다. 彼は沢山のお金を持っている。 그는 돈을 많이 가지고 있다.
形	一杯の，満ちた	劇場は人でいっぱいだった。 극장은 만원이었다. 満塁 (야구)만루　満月 보름달
形	沢山の，多くの，多数の	姉妹は何人ですか? 자매가 몇 입니까? 彼は兄弟が多い。 그는 형제가 많다.
形 副	多量の，沢山の ① 大変　② ずっと	多量の雪が降った。 많은 눈이 내렸다. 私はその知らせに大変驚いた。 나는 그 소식을 듣고 매우 놀랐다. 彼は彼女よりずっと背が高い。 그는 그녀보다 훨씬 키가 크다.
形 副	より多くの，もっと多くの もっと	前よりもっと多くの人々が来た。 전보다 더 많은 사람들이 왔다. 彼は他のどの男の子よりもっと熱心に勉強した。 그는 어떤 소년보다 더욱 열심히 공부했다.
形 代	いくつかの，いくらかの：ある いくらか： ある人たち(物)	ミルクを少し飲みなさい。 ある魚は飛べる。 このケーキを少し食べて見て。 이 케이크 좀 먹어보아라. 私はそれが好きではないが好きな人もいる。 나는 그것을 싫어하지만 어떤 사람들은 (그것을) 좋아한다.
形	(代) (否定文) 少しも，何も (疑問，条件文) いくつかの (肯定文) どんな~も	私は兄弟姉妹が誰もいません。 나는 형제 자매가 아무도 없습니다. 手伝いが必要なら私に言いなさい。 도움이 필요하면 나에게 말해라. 私には多くの鉛筆があるわ。 どれでも好きな物を持って行きなさい。
形	① 小さい ② ほとんどない ③(a~)少量の，少しの	あの猫は小さい。 저 고양이는 작다. 先月は雨がほとんど降らなかった。 지난 달에는 비가 거의 오지 않았다. 私はお金が少しある。 나는 돈이 조금 있다.

24 가을 그리고 겨울

autumn [ɔ́:təm]
명 가을 (同) fall ▷ 발음 · 철자에 유의

EX I like autumn best.
Autumn rains are cold.

cool [kuːl]
형 시원한, 선선한 반 warm

EX It is cool in summer here.
It' s getting cool.

farmer [fáːrmər]
명 농부

EX These days farmers use machines.

apple [ǽpl]
명 사과

EX I eat an apple every day.

winter [wíntər]
명 겨울

EX Winter is the last season of the year.
Last winter we went skating.

cold [kould]
형 추운, 차가운 반 hot

EX It is very cold today.
The water was icy cold.

snow [snou]
명 눈 동 눈이 오다

EX Look! The snow is falling.
It snowed all day yesterday.

ice [ais]
명 얼음

EX Give me some ice.
The lake is covered with ice.

coat [kout]
명 외투, 코트

EX Put on (Take off) your coat, please.
Teacher took off his coat.

season [síːzən]
명 계절, 철

EX There are four seasons in a year.
Spring is the best season for fishing.

秋そして冬

名 **秋**	私は秋が一番好きだ。 나는 가을을 제일 좋아한다. 秋の雨は冷たい。 가을비는 차다.	
形 **涼しい, 冷たい**	ここは夏涼しい。 여기는 여름에 시원하다. 涼しくなっている。 선선해지고 있다.	
名 **農夫, 農民**	近頃の農夫達は機械を使う。 요즘 농부들은 기계를 사용한다.	
名 **りんご**	私は毎日りんごを食べる。 나는 매일 사과를 먹는다.	
名 **冬**	冬は一年の最後の季節である。 겨울은 1년의 마지막 계절이다. 去年の冬私達はスキーに行った。 지난 겨울 우리는 스키 타러 갔다.	
形 **寒い, 冷たい**	今日はとても寒い。 오늘은 매우 춥다. 水は氷のように冷たかった。 물은 얼음처럼 찼다.	
名 **雪** 動 **雪が降る**	ご覧(ほら)！雪が降っています。 저것 봐! 눈이 온다. 昨日は一日中雪が降った。 어제는 하루 종일 눈이 내렸다.	
名 **氷**	氷を下さい。 얼음 좀 주세요. その湖は氷で覆われている。 그 호수는 얼음으로 덮여 있다.	
名 **外套, コート, 上着**	コートを着(脱ぎ)なさい。 외투를 입으(벗으)세요. 先生はコートを脱いだ。 선생님은 코트를 벗으셨다.	
名 **季節, シーズン**	一年には四季がある。 1년에는 사계절이 있다. 春は釣に最適の季節です。 봄이 제일 좋은 낚시철이다.	

주고 받기

send [send]
동 보내다 ▷ send-sent-sent

(EX) She sent me a present.
I'll send her flowers.

letter [létər]
명 ① 편지 ② 문자, 글자

(EX) The letter was written in English.
a capital letter / a small letter
the Chinese letter / the Korean letter

dear [diər]
형 친애하는, 사랑스러운

(EX) Dear Ann,
What a dear little kitten!

get [get] 동 ① 얻다, 받다 ② …하게 되다
▷get-got[gat]-got, gotten

(EX) I got a letter today.
How did you get to know her?

have [hæv]
동 ① 가지고 있다 ② 먹다 ▷have-had-had

(EX) Bill and Ben have two cats.
I have had enough.

give [giv]
동 주다 ▷give-gave[geiv]-given

(EX) Give me ice cream, Mom.
He gave her the doll.

take [teik]
동 ① (손에) 잡다 ② 가지고 가다 ③ 받다, 얻다
▷take-took[tuk]-taken[téikən]

(EX) Dad took me by the hand.
Take your umbrella with you.
I took her present.
She took the first prize.

bring [briŋ] 동 가져오다, 데려오다
▷bring-brought-brought

(EX) Bring me some water.(=Bring some water to me)
Who has brought him here?

find [faind] 동 찾다, 발견하다
▷find-found[faund]-found

(EX) Can you find your way home?
She found a bill on the street.

pass [pæs]
동 ① 지나가다, 통과하다 ② 넘겨주다, 건네주다

(EX) We passed the police station.
Pass me the salt, please.

授受（あげる，もらう）

じゅじゅ

動 送る，出す
おく　だ

彼女は私にプレゼントを送ってくれた。 그녀는 내게 선물을 보냈다.
かのじょ　わたし　　　　　　　　　　　　おく

私は彼女に花を送るつもりだ。 나는 그녀에게 꽃을 보낼 것이다.
わたし　かのじょ　はな　おく

名 ① 手紙
てがみ

② 文字，字
もじ　じ

その手紙は英語で書かれていた。 그 편지는 영어로 쓰여졌다.
てがみ　えいご　か

大文字 대문자　小文字 소문자　漢字 한자　ハングル 한글
おおもじ　　　　こもじ　　　　かんじ

形 親愛な 可愛い
しんあい　かわい

親愛なるアン，친애하는 앤,
しんあい

何て可愛い子猫なんだろう。 얼마나 귀여운 새끼 고양이인가!
なん　かわい　こねこ

動 ① 得る，受け取る
え　う　と

② …になる

私は今日手紙を受け取った。 나는 오늘 편지를 받았다.
わたし　きょう　てがみ　う　と

どうして彼女を知るようになったの？ 어떻게 그녀와 알게 되었니?
かのじょ　し

動 ① 持っている
も

② 食べる
た

ビルとベンは猫二匹を持っている。 빌과 벤은 고양이 두 마리를 가지고 있다.
ねこにひき　も

もう十分頂きました。 충분히 먹었습니다.
じゅうぶんいただ

動 与える，下さる，
あた　くだ

（会などを）開く
かい　ひら

お母さん，アイスクリームを下さい。 엄마, 아이스크림 주세요.
かあ　くだ

彼は彼女に人形を与えた。 그는 그녀에게 인형을 주었다.
かれ　かのじょ　にんぎょう　あた

動 ①（手に）取る
て　と

② 持っていく
も

③ 受け取る
う　と

父は私の手を取った。 아빠는 내 손을 잡았다.
ちち　わたし　て　と

傘を持って行きなさい。 우산을 가지고 가거라.
かさ　も　い

私は彼女のプレゼントを受け取った。 나는 그녀의 선물을 받았다.
わたし　かのじょ　う　と

彼女は一等賞を取った。 그녀는 일등상을 탔다.
かのじょ　いっとうしょう　と

動 持ってくる，
も

連れてくる
つ

水を持ってきて下さい。 물 좀 가져와
みず　も　くだ

誰が彼をここに連れて来たの？ 누가 그를 여기에 데리고 왔니?
だれ　かれ　つ　き

動 見つける，
み

発見する
はっけん

家に帰る道を見つけられるの？ 집에 가는 길을 찾을 수 있겠니?
いえ　かえ　みち　み

彼女は通りで紙幣を発見した。 그녀는 길에서 지폐를 발견했다.
かのじょ　とお　しへい　はっけん

動 ① 通る，通り過ぎる
とお　とお　す

② 手渡す，渡す，回す
てわた　わた　まわ

私達は警察署の前を通り過ぎた。 우리는 경찰서 앞을 지나갔다.
わたしたち　けいさつしょ　まえ　とお　す

塩を取って下さい。 소금 좀 건네 주세요.
しお　と　くだ

26 색깔 모음

color [kʌ́lər]
몡 색깔

ᴱˣ I like bright colors.
Everything we see has color.

white [ʰwait]
혱 흰 몡 흰색 ; 백인

ᴱˣ My grandfather has white hair.
The nurse is dressed in white.
She is a white.

black [blæk]
혱 검은 몡 검정 ; 흑인

ᴱˣ He likes a black cat.
She was dressed in black.
He is a black.

green [griːn]
혱 녹색의 몡 녹색, 초록

ᴱˣ The sky is blue and the trees are green.
The room was decorated in light greens.

red [red]
혱 빨간 몡 빨강

ᴱˣ She likes red roses.
The girl in red is my friend.

blue [bluː]
혱 파란 몡 파랑

ᴱˣ How blue the sky is!
Red and blue make violet.

brown [braun]
혱 갈색의 몡 갈색

ᴱˣ My sister has brown hair.
Many horses are brown.

yellow [jélou]
혱 노란 몡 노랑

ᴱˣ Yellow tulips are in bloom.
Yellow is her favorite color.

orange [ɔ́(ː)rindʒ]
몡 ① 오렌지 ② 오렌지색 혱 오렌지색의

ᴱˣ Americans like oranges.
Henry has light orange socks.

gray [grei]
혱 회색의 몡 회색 ▷영국에서는 grey로 씀

ᴱˣ Min-ho is wearing a gray jacket.
Mr. Kite was dressed in gray.

色集め
いろあつめ

名 色, 色彩 いろ しきさい	私は明るい色が好きだ。 나는 밝은 색을 좋아한다。 わたし あか いろ す 我々の見るあらゆる物は色を持っている。 우리가 보는 모든 사물은 색을 갖고 있다。 われわれ み もの いろ も	

名 色, 色彩
私は明るい色が好きだ。 나는 밝은 색을 좋아한다.
我々の見るあらゆる物は色を持っている。 우리가 보는 모든 사물은 색을 갖고 있다.

形 白い
名 白, 白人
御祖父さんは白髪だ。 할아버지는 백발이시다.
その看護婦は白い服を着ている。 그 간호사는 흰 옷을 입고 있다.
彼女は白人だ。 그녀는 백인이다.

形 黒い
名 黒, 黒人
彼は黒い猫が好きだ。 그는 검은 고양이를 좋아한다.
彼女は黒い服を着ていた。 그녀는 검정색 옷을 입고 있었다.
彼は黒人だ。 그는 흑인이다.

形 緑(色)の
名 緑(色)
空は青く, 木々は青々としている。 하늘은 파랗고, 나무들은 푸르다.
その部屋は明るい緑で飾られていった。 그 방은 밝은 녹색으로 치장되어 있었다.

形 赤い
名 赤
彼女は赤いバラが好きだ。 그녀는 빨간 장미를 좋아한다.
赤い服を着ている少女が私の友だちだ。 빨간 옷을 입은 소녀가 내 친구다.

形 青い
名 青
空は何て青いんだろう。 하늘이 아주 파랗다.
赤と青を混ぜると紫色になる。 빨강과 파랑을 섞으면 보라색이 된다.

形 茶色の
名 茶色
妹の髪の毛は茶色だ。 내 동생의 머리카락은 갈색이다.
多くの馬が茶色だ。 많은 말들이 갈색이다.

形 黄色の
名 黄色
黄色いチューリップが咲いている。 노란 튤립이 피어 있다.
黄色は彼女が最も好きな色だ。 노랑은 그녀가 가장 좋아하는 색이다.

形 オレンジ, オレンジ色
名 オレンジの, オレンジ色の
アメリカ人はオレンジが好きだ。 미국 사람들은 오렌지를 좋아한다.
ヘンリーは薄いオレンジ色の靴下を持っている。 헨리는 엷은 오렌지색 양말을 갖고 있다.

形 灰色の
名 灰色
ミンホは灰色の上着を着ている。 민호는 회색 상의를 입고 있다.
カイトさんは灰色の服を着ていた。 카이트씨는 회색 옷을 입고 있었다.

27 약속시간을 엄수하자

영어와 함께하는 알뜰영어 jie 0515

Japanese in English

청
춘
편

near [niər]
부 가까이 형 가까운 전 …의 가까이에

EX They live quite near.
My school is quite near.
His house is near the school.

far [faːr]
부 멀리 형 먼 반 near

EX The moon is far away.
Let's walk : It's not far.

early [ə́ːrli]
형 이른, 초기의 부 일찍

EX The flower blooms in early spring.
Ben gets up early in the morning.

late [leit]
형 ① 늦은 ② 최근의 부 늦게 반 early

EX We had a late supper.
What's the late news?
We arrived an hour late.

wait [weit]
동 기다리다(for)

EX I have been waiting for a girl like you.
Who are you waiting for?

meet [miːt]
동 만나다 ▷meet–met[met]–met

EX He met Mr. Brown in Tokyo.
Let's meet there tomorrow.

glad [glæd]
형 반가운, 기쁜

EX I am glad to see you.
We heard the glad news.

always [ɔ́ːlweiz]
부 항상, 언제나

EX My mother always gets up early.

usually [júːʒuəli]
부 대개, 보통

EX We usually go out on Sundays.

often [ɔ́(ː)fən]
부 자주, 종종, 빈번히

EX He is often late for school.

goodby(e) [gùdbái]
감 안녕!, 잘 가세요! 명 작별인사

EX Good-by, everybody.
He said his good-bye, and left.

約束を守ろう

副 近くに(へ)	彼らはとても近くに住んでいる。 그들은 아주 가까이 살고 있다.	
形 近い　前 ~の近くに	私の学校はとても近い。 우리 학교는 아주 가까이 있다.	
	彼の家は学校の近くにある。 그의 집은 학교 가까이에 있다.	

副 遠くに(へ)	月は遠くに離れている。 달은 멀리 떨어져 있다.
形 遠い	歩いて行きましょう。そこは遠くないですよ。 걸어서 갑시다. 거긴 멀지 않아요.

形 早い, 早めの	その花は早い春に咲く。 그 꽃은 이른봄에 핀다.
副 早く, 早めに	ベンは朝早く起きる。 벤은 아침 일찍 일어난다.

形 ① 遅い, 遅れた	私達は夕食を遅く取った。 우리는 늦은 저녁을 먹었다.
② 最近の	最近のニュースは何ですか? 최근 소식은 무엇입니까?
副 遅く, 遅れて	私達は1時間遅く着いた。 우리는 한시간 늦게 도착했다.

動 待つ	あなたのような少女を待っていました。 당신 같은 소녀를 기다려 왔습니다.
	あなたは誰を待っているんですか? 당신은 누구를 기다리고 있습니까?

動 会う, 出迎える	彼は東京でブラウンさんに会った。 그는 동경에서 브라운씨를 만났다.
	明日あそこで会いましょう。 내일 거기서 만납시다.

形 嬉しい, 喜ばしい	お目に掛かれて嬉しい。 만나서 반갑다.
	我々はその嬉しい知らせを聞いた。 우리는 그 기쁜 소식을 들었다.

副 いつも, 常に	わたしの母はいつも早く起きる。 나의 어머니는 항상 일찍 일어나신다.

副 大抵, 普通(は)	私達は日曜日に大抵外へ出掛ける。 우리는 일요일에 대개 밖으로 나간다.

副 しばしば, よく, たびたび	彼はよく学校に遅刻する。 그는 학교에 자주 늦는다.

感 さようなら, ごきげんよう	皆さん, さようなら。 여러분, 안녕히 계십시오.
名 別れの挨拶	彼は別れの挨拶をして立ち去った。 그는 작별 인사를 하고 떠났다.

28 우리 몸에 있는 것들

head [hed]
명 ① 머리 ② 우두머리

EX She has a flower on her head.
He is the head of our school.

hair [hɛər]
명 머리카락

EX Her blond hair was as soft as silk.

face [feis]
명 얼굴

EX Wash your face.
What a lovely face!

mouth [mauθ]
명 입 ; 입구 ▷복수형은 mouths[mauðz]

EX The man has a big mouth.
Open your mouth. / Shut your mouth!

nose [nouz]
명 코

EX Henry has a red nose.
The dog has a good nose.

neck [nek]
명 목

EX A giraffe has a long neck.

arm [ɑːrm]
명 팔

EX Gorillas have long arms.
They are walking arm in arm.

hand [hænd]
명 손

EX His hands are very big.
the left hand / the right hand

foot [fut]
명 발 ▷복수형은 feet[fiːt]

EX What size are your feet?
He goes to school on foot.

leg [leg]
명 다리

EX Henry is skating on one leg.
Nancy crossed her legs.

knee [niː]
명 무릎 ▷'k'가 발음되지 않음에 유의

EX She kicked him on the knee.
He fell on his knees.

私たちの体にあるもの

名	① 頭　② 頭, 長	彼女は頭に花を差している。 그녀는 머리에 꽃을 꽂고 있다. 彼はうちの学校の校長です。 그는 우리 학교 교장이시다.
名	髪の毛, 毛	彼女の金髪は絹のように柔らかだった。 그녀의 금발 머리카락은 비단처럼 부드러웠다.
名	顔	顔を洗いなさい。 얼굴을 씻어라. 何て可愛い顔なんだろう。 얼마나 사랑스런 얼굴인가!
名	口、出入り口	あの人一の口は大きい。 그 사람의 입은 크다. 口を開けなさい。 입을 벌려라 黙れ。 입 다물어!
名	鼻	ヘンリの鼻は赤い。 헨리의 코는 빨갛다. 犬には鋭い鼻がある。 개는 냄새를 잘 맡는다(후각이 뛰어나다).
名	首	キリンには長い首がある。 기린은 긴 목을 갖고 있다.
名	腕	ゴリラの腕は長い。 고릴라는 긴 팔을 갖고 있다. 彼らは腕を組んで歩いている。 그들은 팔짱을 끼고 걷고 있다.
名	手	彼の手はとても大きい。 그의 손은 매우 크다. 左手 왼손　右手 오른손
名	足	足はどのサイズなの? 네 발의 치수는 어떻게 되니? 彼は歩いて学校に通う。 그는 걸어서 학교에 간다.
名	脚	ヘンリ一は片脚でスケートをしている。 헨리는 한쪽 다리로 스케이트를 타고 있다. ナンシ一は脚を組んだ。 낸시는 다리를 포갰다.
名	膝	彼女は彼の膝を蹴った。 그녀는 그의 무릎을 걷어찼다. 彼は膝まずいた。 그는 무릎을 꿇었다.

29 내 고향 마을에는

영어 한자마디 jie 0515

Japanese in English

청춘편

country [kʌ́ntri]
명 ① 나라 ② (the ~) 시골

EX What countries have you visited?
My parents live in the country.

hometown [hóumtáun]
명 고향

EX My hometown is Busan City.
Where is your hometown?

station [steiʃən]
명 역, 정거장

EX Seoul station / a railroad station
This train stops at every station.
a police station / a fire station

town [taun]
명 읍, 시, 도회지

EX They live in a small town.

field [fiːld]
명 들판, 밭

EX The cows are in the field.
He is working in the field.

fruit [fruːt]
명 과일 ▷철자에 유의

EX Would you like some fruit for dessert?
I like fruit very much.

yard [jaːrd]
명 뜰, 마당

EX The children are playing in the back yard.
a front yard / a back yard

dog [dɔːg]
명 개

EX The dog is chasing a rabbit.
A barking dog seldom bites.

cat [kæt]
명 고양이

EX Lucy keeps three cats.

chicken [tʃíkin]
명 ① 병아리 ② 닭(고기)

EX Mary is feeding her chickens.
They had chicken for dinner.

私の故郷には
わたし ふるさと

名 ① 国^{くに}　　　　　　どんな国^{くに}に行^いって見^みましたか。어느 나라를 가 봤습니까?
② (the~) 田舎^{いなか}　僕^{ぼく}の親^{おや}は田舎^{いなか}に住^すんでいる。 나의 부모님은 시골에 살고 계신다.

名 故郷^{ふるさと}, 故郷^{こきょう}　私^{わたし}のふるさとは釜山^{プサン}です。 내 고향은 부산이다.
　　　　　　　　あなたの故郷^{こきょう}は何処^{どこ}なの? 네 고향은 어디니?

名 駅^{えき}, (官庁などの)署^{しょ}, 局^{きょく}　ソウル駅^{えき} 서울역　鉄道^{てつどう}の駅^{えき} 철도역
　　　　　　　　この列車^{れっしゃ}はどの駅^{えき}も皆止^{みなと}まる。이 기차는 모든 정거장에 선다.
　　　　　　　　警察署^{けいさつしょ} 경찰서　消防署^{しょうぼうしょ} 소방서

名 町^{まち}, 都会^{とかい}　彼^{かれ}らは小^{ちい}さな町^{まち}に住^すんでいる。 그들은 작은 읍에 살고 있다.

名 野原^{のはら}, 畑^{はたけ}　乳牛^{にゅうぎゅう}が野原^{のはら}にいる。 젖소들이 들판에 있다.
　　　　　　　　彼^{かれ}は畑^{はたけ}で働^{はたら}いている。 그는 밭에서 일하고 있다.

名 果物^{くだもの}　デザートに果物^{くだもの}を召^めし上^あがりますか。 후식으로 과일 좀 드시겠어요?
　　　　　私^{わたし}は果物^{くだもの}がとても好^すきだ。 나는 과일을 매우 좋아한다.

名 庭^{にわ}, 中庭^{なかにわ}　子供達^{こどもたち}は裏庭^{うらにわ}で遊^{あそ}んでいる。 아이들은 뒷마당에서 놀고 있다.
　　　　　　　　前庭^{まえにわ} 앞마당, 안뜰　裏庭^{うらにわ} 뒷마당, 뒤뜰

名 犬^{いぬ}　犬^{いぬ}が兎^{うさぎ}を追^おっている。개가 토끼를 쫓고 있다.
　　　　吠^ほえる犬^{いぬ}はめったに噛^かみ付^つかない。 짖는 개는 좀처럼 물지 않는다.

名 猫^{ねこ}　ルーシーは猫^{ねこ}3匹^{びき}を飼^かっている。 루시는 고양이 세 마리를 기르고 있다.

名 ① 鶏^{にわとり}, ひよこ　メアリーはひよこに餌^{えさ}をやっている。 메리는 병아리들에게 모이를 주고 있다.
② 鶏^{にわとり}(肉^{にく})　彼^{かれ}らは夕食^{ゆうしょく}に鶏肉^{とりにく}を食^たべた。 그들은 저녁 식사로 닭고기를 먹었다.

30 우리의 자연환경

world [wəːrld]
몡 세계, 세상

EX We live in a changing world.
You know nothing of the world.

mountain [mauntin]
몡 산

EX This is a high mountain.
The mountain is covered with snow.

tree [triː]
몡 나무

EX Look at that big tree.
Some trees are green in winter.

flower [fláuər]
몡 꽃, 화초

EX She likes flowers very much.
She put flowers in the vase.

plant [plænt]
몡 식물 몽 (나무 등을) 심다

EX Many plants bloom in spring.
He is planting a tree in the garden.

animal [ǽniməl]
몡 동물, 짐승

EX He saw a lot of animals at the zoo.
a wild animal / a domestic animal

river [rivər]
몡 강

EX John is fishing in the river.

water [wɔ́ːtər]
몡 물

EX Give me a glass of water.
She spent money like water.

fish [fiʃ]
몡 ① 물고기 ② 생선 ▷단수 · 복수가 같은 형태

EX There are lots of fish in this river.
I like fish better than meat.

영어 속에 살아있는 일본어 jie 0515

Japanese in English

청 춘 편

30 私たちの自然環境

名 世界, 世の中	我々は変化する世界に住んでいる。 우리는 변화하는 세계에 살고 있다. あなたは世の中の事を知らないですね。 당신은 세상 물정에 어둡군요.
名 山	この山は高い。 이것은 높은 산이다. その山は雪で覆われている。 그 산은 눈으로 덮혀 있다.
名 木	あの大きい木を見て。 저 큰 나무를 보아라. ある木は冬にも青い。 어떤 나무들은 겨울에도 푸르다.
名 花, 草花	彼女は花がとても好きだ。 그녀는 꽃을 매우 좋아한다. 彼女は花瓶に花を差した。 그녀는 꽃병에 꽃을 꽂았다.
名 植物, 草木 動 (木などを) 植える	多くの植物が春に花を咲かせる。 많은 식물이 봄에 꽃을 피운다. 彼は庭に木を植えている。 그는 정원에 나무를 심고 있다.
名 動物, 獣	彼は動物園で多くの動物を見た。 그는 동물원에서 많은 동물을 봤다. 野生動物 야생동물　家畜；ペット 가축, 애완동물
名 川, 河	ジョンは川で釣をしている。 존은 강에서 낚시하고 있다.
名 水	水を一杯いただけますか。 물 한잔 주세요. 彼女はお金を湯水のように使った。 그녀는 돈을 물 쓰듯 썼다.
名 魚 動 釣をする	この川には魚が多い。 이 강에는 물고기가 많다. 私は肉よりも魚の方が好きです。 나는 고기보다 생선을 더 좋아한다.

31 우리 집을 공개합니다

house [haus]
명 집, 가옥

🄴🅇 Frank lives in a big house.
Do you live in a house or an apartment?

live [liv]
동 살다, 살고 있다.

🄴🅇 Where do you live?
Robert is living in Seoul.

wall [wɔːl]
명 ① 벽 ② 담

🄴🅇 Hang the picture on the wall.
The cats are on the wall.

garden [gáːrdn]
명 정원, 뜰

🄴🅇 She grows flowers in her garden.

kitchen [kítʃin]
명 부엌

🄴🅇 Ben is cooking in the kitchen.

bedroom [bédrù(ː)m]
명 침실

🄴🅇 I share a bedroom with my brother.

bath [bæθ]
명 ① 목욕 ② 욕조(bathtub)

🄴🅇 I take a bath every day.
The bathtub is full of water.
a sun bath / public baths

bathroom [bǽθrù(ː)m]
명 ① 욕실 ② 화장실

🄴🅇 Where is the bathroom?
Can you clean the bathroom, please?

upstairs [ʌ́pstɛ́ərz]
부 위층에, 위층으로 형 위층의, 2층의

🄴🅇 My bedroom is upstairs.
He is in the upstairs room.

downstairs [dáunstɛ́ərz]
부 아래층에, 아래층으로
형 아래층의 반 upstairs

🄴🅇 She came downstairs.
The downstairs rooms are dark.

31 私の家を公開します

名 家, 家屋	フランクは大きい家に住んでいる。 프랭크는 큰 집에 살고 있다.
	一戸建てに住んでいますか, それともマンションに住んでいますか。 주택에 삽니까, 아파트에 삽니까?
動 住む, 住んでいる	あなたは何処に住んでいるの? 너는 어디에 사니?
	ロバートはソウルに住んでいる。 로버트는 서울에 살고 있다.
名 ① 壁	その絵を壁に掛けなさい。 그 그림을 벽에 걸어라.
② 塀	塀の上に猫たちがいる。 고양이들은 담 위에 있다.
名 庭, 庭園	彼女は庭で花を栽培する。 그녀는 정원에 꽃을 가꾼다.
名 台所, キッチン	ベンは台所で料理をしている。 벤은 부엌에서 요리를 하고 있다.
名 寝室, ベットルーム	私は寝室を弟と一緒に使っている。 나는 침실을 동생과 같이 쓴다.
名 ① 入浴, 風呂	私は毎日お風呂に入る。 나는 매일 목욕한다.
② 浴槽, 湯船	湯船に水がいっぱいだ。 욕조에 물이 가득 차 있다.
	日光浴 일광욕 銭湯 대중목욕탕
名 ① 浴室, 風呂場	トイレは何処ですか? 욕실(화장실)이 어디죠?
② 手洗い, トイレ	風呂場を掃除して下さいませんか? 욕실을 청소해 줄 수 있겠니?
副 階上へ(に), 2階へ(に)	私の寝室は2階にある。 내 침실은 위층에(2층에) 있다.
形 2階の, 階上の	彼は2階の部屋にいる。 그는 2층 방에 있다.
副 階下へ(で), 1階へ(で)	彼女は階下へ降りた。 그녀는 아래층으로 내려왔다.
形 階下の	階下の部屋は暗い。 아래층 방들은 어둡다.

32　승자가 되려면

영어 한가지에 십분 의 틈틈이 jie 0515

Japanese in English

청 춘 편

---

sport [spɔːrt]

명 운동, 스포츠

EX Baseball is a popular sport in Korea.
What sports do you like?

---

game [geim]

명 경기, 게임

EX We watched the football game on TV.
He likes to play computer games.

---

team [tiːm]

명 팀

EX Our baseball team won the game.

---

player [pléiər]

명 ① 선수 ② 연주자

EX She is a famous tennis player.
Mary is a famous violin player.

---

swimmer [swímər]

명 수영 선수, 수영하는 사람

EX Ben is a famous swimmer.
He is a good swimmer.

---

ball [bɔːl]

명 공, 볼

EX She threw a tennis ball.
Let's play ball.

---

practice [præktis]

명 연습 동 연습하다

EX Practice makes perfect.
She practices the guitar every day.

---

win [win]

동 이기다, 승리하다 ▷win–won[wʌn]–won

EX Which team will win?
Sam won the race.

---

winner [wínər]

명 승리자 ② 수상자

EX Who was the winner?
He is a Nobel Prize winner.

Olympic [oulímpik]

형 올림픽 경기의 명 (the ～s) 올림픽 경기대회

EX The Olympic Games are held every four years.
the Summer (Winter) Olympics

---

32 勝利者(しょうりしゃ)になるためには

名 運動(うんどう), スポーツ	野球(やきゅう)は韓国(かんこく)で人気(にんき)のあるスポーツだ。 야구는 한국에서 인기있는 스포츠다. どんなスポーツが好(す)きですか? 어떤 스포츠를 좋아합니까?
名 競技(きょうぎ), ゲーム, 試合(しあい)	テレビでそのフットボールゲームを見(み)た。 우리는 그 축구 경기를 TV로 보았다. 彼(かれ)はコンピューターゲームが好(す)きだ。 그는 컴퓨터 게임을 좋아한다.
名 チーム, 組(くみ)	うちの野球(やきゅう)チームがゲームで勝(か)った。 우리 야구팀이 경기에서 이겼다.
名 ① 競技者(きょうぎしゃ), 選手(せんしゅ) ② 演奏者(えんそうしゃ), 俳優(はいゆう)	彼女(かのじょ)は有名(ゆうめい)なテニス選手(せんしゅ)だ。 그녀는 유명한 테니스 선수이다. メアリーは名高(なだか)いバイオリン演奏者(えんそうしゃ)だ。 메리는 유명한 바이올린 연주자이다.
名 水泳選手(すいえいせんしゅ), 泳(およ)ぐ人(ひと), 泳(およ)ぎ手(て)	ベンは有名(ゆうめい)な水泳選手(すいえいせんしゅ)だ。 벤은 유명한 수영 선수이다. 彼(かれ)は泳(およ)ぎの上手(じょうず)な人(ひと)だ。 그는 수영을 잘한다.
名 ボール, 球(きゅう), 玉(たま)	彼女(かのじょ)はテニスボールを投(な)げた。 그녀는 테니스공을 던졌다. (野球(やきゅう))ゲームを始(はじ)めましょう。 (야구) 경기를 시작합시다.
名 練習(れんしゅう), 実行(じっこう) 動 練習(れんしゅう)する	習(なら)うより慣(な)れろ。 [뭐니뭐니해도] 연습이 제일이다. 彼女(かのじょ)は毎日(まいにち)ギターを練習(れんしゅう)する。 그녀는 매일 기타를 연습한다.
動 勝(か)つ, 勝利(しょうり)を得(え)る	どのチームが勝(か)つだろう? 어느 팀이 이길까요? サムが競走(きょうそう)で勝(か)った。 샘이 경주에서 이겼다.
名 ① 勝利者(しょうりしゃ) ② 受賞者(じゅしょうしゃ)	誰(だれ)が勝利者(しょうりしゃ)なの? 누가 우승을 했니? 彼(かれ)はノーベル賞(しょう)の受賞者(じゅしょうしゃ)である。 그는 노벨상 수상자이다.
形 オリンピック競技(きょうぎ)の 名 (the~s)オリンピック大会(たいかい)	オリンピック競技(きょうぎ)は4年毎(ねんごと)に開(ひら)かれる。 올림픽 경기는 4년마다 개최된다. 夏季(かき)(冬季(とうき))オリンピック 하계(동계) 올림픽 경기대회

33

제 방이랍니다

room [ru(ː)m]
명 방

(EX) Whose room is this?
a living room / a dining room

door [dɔːr]
명 문

(EX) Open(Shut) the door.

bed [bed]
명 침대, 잠자리

(EX) A baby is sleeping in the small bed.
Henry went to bed late yesterday.

calendar [kǽlindər]
명 달력, 캘린더 ▷철자에 유의

(EX) A small calendar is standing on the desk.
the solar calendar / the lunar calendar

picture [píktʃər]
명 ① 그림 ② 사진

(EX) She looks as pretty as a picture.
He took a picture of her.

piano [piǽnou]
명 피아노

(EX) Peter can play the piano.

computer [kəmpjúːtər]
명 컴퓨터

(EX) Bill is working on a computer.

album [ǽlbəm]
명 사진첩, 앨범

(EX) Is this your album?
Show me your stamp album.

put [put]
동 놓다, 두다 ▷put-put-put

(EX) She put plates on the table.
Did you put your toys on the shelf?

camera [kǽmərə]
명 사진기, 카메라

(EX) I took her picture with this camera.

box [baks]
명 상자, 박스

(EX) Father gave me a box of candies.
a match box / a police box

33 私の部屋です

名 部屋
これは誰の部屋なの? 이것은 누구의 방이니?
居間, 茶の間 거실 · 食堂 식당

名 戸, ドア
ドアを開け(閉め)なさい。문을 여시오(닫으시오).

名 ベッド, 寝台
赤ちゃんが小さなベッドで寝ている。아기가 작은 침대에서 자고 있다.
ヘンリーは昨日遅く床に就いた。헨리는 어제 늦게 잠자리에 들었다.

名 暦, カレンダー
小さなカレンダーが机の上にある。작은 달력이 책상 위에 있다.
太陽暦 양력 太陰暦 음력

名 ① 絵
彼女は絵のようにきれいだ。그녀는 그림처럼 예뻐 보인다.
② 写真
彼は彼女の写真を撮った。그는 그녀의 사진을 찍었다.

名 ピアノ
ピーターはピアノを弾くことが出来る。피터는 피아노를 칠 수 있다.(칠 줄 안다)

名 コンピューター
ビルはコンピューターで仕事をしている。빌은 컴퓨터에서 작업하고 있다.

名 写真帳, アルバム
これがあなたのアルバムなの? 이것은 너의 사진첩이니?
君の切手帳を見せて下さい。너의 우표첩을 보여다오.

名 置く, 載せる, 入れる
彼女はお皿をテーブルの上に置いた。그녀는 접시를 테이블 위에 놓았다.
おもちゃを棚の上に載せたの? 장난감을 선반 위에 두었니?

名 カメラ, 写真機
私はこのカメラで彼女の写真を撮った。나는 이 카메라로 그녀의 사진을 찍었다.

名 箱, ボックス
お父さんは私にキャンディーを一箱くれた。아버지는 내게 사탕을 한 상자 주셨다.
マッチ箱 성냥갑 交番 파출소

신나는 파티

party [pάːrti]
명 파티, 모임

EX Mary is giving(having) a party.
a garden party / a tea party
a farewell party / a welcome party

birthday [bə́ːrθdèi]
명 생일

EX Happy birthday to you!
Please come to my birthday party.

Christmas [krísməs]
명 성탄절, 크리스마스

EX "Merry Christmas!" - "The same to you!"

card [kaːrd]
명 카드, 명함

EX I sent lots of Christmas cards to my friends.
a postcard / a business card

friend [frend]
명 친구

EX Sam and Mary are friends.
A friend in need is a friend indeed.

visit [vízit]
(동) 방문하다 명 방문

EX He visited his friend yesterday.
This is my second visit to London.

present [préznt]
명 ① 선물 ② 현재 형 출석한, 참석한

EX Henry gave me a present.
Everything is OK at present.
She was present at the meeting.

dinner [dínər]
명 ① 정찬, 만찬 ② 저녁식사

EX We were at dinner then.
Dinner is ready.

cake [keik]
명 케이크

EX Mom made a birthday cake for me.
Mary cuts the cake.
a wedding cake

candle [kǽndl]
명 양초, 촛불

EX A candle is burning on the table.
He blew out the candle.

楽しいパーティー

名 **パーティー, 会**	メアリーはパーティーを開いている。 메리는 파티를 열고 있다. 園遊会 가든파티　お茶の会 다과회 送別会 송별회　歓迎会 환영회
名 **誕生日**	お誕生日おめでとう！ 생일을 축하한다! 私の誕生パーティーに来て下さい。 저의 생일파티에 와 주세요.
名 **クリスマス**	クリスマスおめでとう！ 즐거운 성탄절 되세요! あなたもね！ 당신도요!
名 **カード, 名刺**	私は友だちに沢山のクリスマスカードを送った。 나는 친구들에게 많은 크리스마스카드를 보냈다. 葉書 우편엽서　名刺 명함
名 **友人, 友だち**	サムとメアリーは友だちである。 샘과 메리는 친구이다. まさかの時の友こそ真の友。 어려울 때 친구가 진정한 친구다.
動 **訪問する** 名 **訪問**	彼は昨日友だちを訪問した。 그는 어제 친구를 방문했다. ロンドンを訪れるのはこれが2度目です。 이번이 나의 두 번째 런던 방문이다.
名 ① **贈り物, プレゼント** ② **現在** 形 **出席している**	ヘンリーは私にプレゼントをくれた。 헨리는 나에게 선물을 주었다. 現在, 万事オーケーだ(万事上手く行っている。) 현재 모든 일이 순조롭게 되어가고 있다. 彼女はその会に出席していた。 그녀는 모임에 참석했다.
名 ① **ディナー** ② **夕食, 夕飯, 晩御飯**	私達はその時夕食を食べていた。 우리는 그때 정찬을 먹고 있었다. 夕食の用意が出来た。 저녁식사가 준비되었다.
名 **ケーキ, お菓子**	お母さんはバースデーケーキを作って下さった。 어머니는 내 생일 케이크를 만들어 주셨다. メアリーはケーキを切る。 메리는 케이크를 자른다. ウェディングケーキ 결혼 케이크
名 **蝋燭**	テーブルの上で蝋燭が燃えている。 식탁 위에서 양초가 타고 있다. 彼は蝋燭を吹き消した。 그는 촛불을 불어서 껐다.

35 이리 보고 저리 보니

영어 당하게배우는 일본어 jie 0515

Japanese in English

(청)(춘)(편)

big [big]
형 큰

EX The elephant is big.
He eats a big hamburger.
a big man / big news

large [laːⁱrdʒ]
형 큰

EX Canada is a very large country.
Her family is large. (=She has a large family.)

small [smɔːl]
형 작은 반 big, large

EX She lives in a small village.

long [lɔ(ː)ŋ]
형 (길이가) 긴 반 short (짧은)

EX She has beautiful long hair.
How long is this bridge?

top [tɑp]
명 꼭대기, 정상

EX I went up to the top of the hill.

middle [mídl]
형 가운데의, 중간의 명 가운데

EX This is the middle finger.
He arrived in the middle of the night.
a middle class / a middle school

front [frʌnt]
명 앞, 정면 형 정면의 반 back (뒤)

EX We painted the front of the house.
I entered the front door.

back [bæk]
명 ① 뒤 ② 등 부 뒤에, 되돌아서

EX There is a pond at the back of the house.
He carried her on his back.
Stand back, please.
The librarian put the book back.

side [said]
명 ① 쪽, 면 ② 옆

EX His house is on the south side of the river.
Come and sit by my side.

left [left]
명 왼쪽 형 왼쪽의 반 right

EX Turn to the left.   Keep to the left
He is left-handed.

line [lain]
명 선, 줄

EX Draw two lines on the paper.
Stand in a line.

あっち見てこっち見ると

形 大きい, 重要な	象は体が大きい。 코끼리는 몸집이 크다. 彼は大きいハンバーガーを食べる。 그는 큰 햄버거를 먹는다. 偉い人 중요한 인물　重要なニュース 중대한 뉴스
形 大きい, 広い	カナダはとても大きい国だ。 캐나다는 매우 큰 나라이다. 彼女の家は大家族だ。 그녀의 가족은 대가족이다.
形 小さい	彼女は小さい村に住んでいる。 그녀는 작은 마을에 살고 있다.
形 長い 反 short(短い)	彼女は美しくて長い髪をしています。 그녀는 아름다운 긴 머리카락을 가지고 있다. この橋の長さはどのくらいですか。 이 다리는 길이가 얼마나 됩니까?
名 てっぺん, 頂上	私は丘のてっぺんまで登った。 나는 언덕 꼭대기까지 올라갔다.
形 真ん中の, 中央の 名 真ん中, 中央	これが中指だ。 이것이 가운데 손가락이다. 彼は真夜中に着いた。 그는 한밤중에 도착했다. 中流階級 중산층　中学校 중학교 (=ミドルスクール)
名 前, 正面 形 前の, 正面の, 表の	私達は家の正面をペンキで塗った。 우리는 집 앞면을 페인트칠했다. 私は正面玄関に入った。 나는 정면 현관문으로 들어갔다.
名 ① 後ろ ② 背中 副 後ろへ, 元へ	家の後ろに池がある。 집 뒤에 연못이 있다. 彼は彼女を背負って行った。 그는 그녀를 등에 업고 갔다. 後ろに下がって下さい。 뒤에 서 주세요. (뒤로 물러서시오.) 司書は本を元へ戻した。 도서관 직원은 책을(원상태로) 꽂아 두었다.
名 ① 側, 面 ② 側面, そば, わき	彼の家は川の南側にある。 그의 집은 강의 남쪽에 있다. こちらに来て私のそばに座りなさい。 와서 내 옆에 앉아라.
名 左　形 左の	左に曲がって下さい。 왼쪽으로 도시오. 左側通行 좌측통행　彼は左手だ。 그는 왼손잡이다.
名 線, 列	紙に線を二つ引きなさい。 종이에 선을 두 개 그어라. 一列に並んで下さい。 한 줄로 서시오.

36 주말엔 뭘 하지?

weekend [wíːkend]
명 주말

ⓔ Yuri spent the weekend at the seaside.
What are you going to do this weekend?

holiday [hάlədèi]
명 ① 휴일 ② (~s) 휴가

ⓔ Sunday is a holiday.
The summer holidays are over.

idea [aidí(ː)ə]
명 생각, 아이디어, 착상

ⓔ I have a good idea.
He is a man of idea.

weather [wéðər]
명 날씨

ⓔ How is the weather today?
I don't like bad weather.

outside [áutsáid]
명 바깥쪽 부 밖에 전 …의 밖에

ⓔ She locked the door from the outside.
Put these flowers outside.
Play outside the house.

movie [mú(ː)vi]
명 영화

ⓔ Let's go to the movies tonight.

park [paːrk]
명 공원 동 주차시키다

ⓔ I took him to the park.
Henry is parking his car.

zoo [zuː]
명 동물원

ⓔ My family went to the zoo last week.
We saw giraffes, zebras and so on in the zoo.

lion [láiən]
명 사자

ⓔ The lion is called the king of all animals.
The lion is roaring.

study [stʌ́di]
동 공부하다 명 공부, 연구

ⓔ He always studies with me.
He likes sports better than study.

hard [haːrd]
형 ① 어려운 ② 딱딱한 부 열심히

ⓔ This homework is hard to do.
He likes a hard bed.
He studied English hard.

36 週末には何する？

名 週末	ユリは週末を海辺で過ごした。 유리는 주말을 해안에서 보냈다.
	今度の週末に何をするつもりなの？ 이번 주말에 무엇을 할 거니?
名 ① 休日，休み	日曜日は休みの日だ。 일요일은 휴일이다.
② (~s)休暇	夏休みは終わった。 여름휴가는 끝났다.
名 考え，思い付き，着想，	私によい考えがある。 나에게 좋은 생각이 있다.
アイディア	彼はアイディアマンだ。 그는 아이디어가 풍부한 사람이다.
名 天気，天候	今日の天気はどうですか。 오늘 날씨는 어떻습니까?
	天気が悪いのは好きじゃない。 나는 궂은 날씨는 싫다.
名 外側	彼女は外側から鍵を掛けた。 그녀는 바깥쪽에서 문을 잠갔다.
副 外に	この花を外に置いて。 이 꽃들을 밖에 놔두어라.
前 …の外に	家の外で遊びなさい。 집밖에서 놀아라.
名 映画	今夜映画を見に行こう。 오늘 밤 영화 보러 가자.
名 公園	私は彼を公園に連れて行った。 나는 그를 공원에 데리고 갔다.
動 駐車する	ヘンリーは車を駐車している。 헨리는 차를 주차시키고 있다.
名 動物園	先週うちの家族は動物園に行った。 지난주에 우리 가족은 동물원에 갔다.
	私達は動物園でキリンや縞馬などを見た。 우리는 동물원에서 기린과 얼룩말 따위를 보았다.
名 ライオン，獅子	ライオンは動物の王と呼ばれる。 사자는 모든 동물의 왕이라고 불린다.
	ライオンが吠えている。 사자가 포효하고 있다.
動 勉強する	彼はいつも私と一緒に勉強する。 그는 언제나 나와 함께 공부한다.
名 勉強，研究	彼は勉強よりスポーツの方が好きだ。 그는 공부보다 스포츠를 더 좋아한다.
形 ① 難しい，困難な	この宿題はやりにくい。 이 숙제는 하기 어렵다.
② 固い，堅い，硬い	彼は硬いベッドが好きだ。 그는 딱딱한 침대를 좋아한다.
副 一生懸命に，熱心に	彼は英語を一生懸命に勉強した。 그는 영어를 열심히 공부했다.

37 우리 학교 운동장에서는

play [plei]
통 ① 놀다, …을 하며 놀다 ② (악기를) 연주하다

EX The children are playing outside.
Can you play the piano?

playground [pléigràund]
명 운동장, 놀이터

EX This is the playground of our school.
There is nobody in the playground.

soccer [sάkər]
명 축구, 사커

EX They are playing soccer.

football [fútbɔ̀ːl]
명 (미식) 축구, 풋볼

EX Americans like football very much.

kick [kik]
통 (공 등을) 차다

EX Sam kicked the ball.
The boy kicked the dog.

baseball [béisbɔ̀ːl]
명 야구

EX I want to be a baseball player.
Baseball is very popular in Korea.

glove [glʌv]
명 ① 장갑 ② (야구 · 권투의) 글러브

EX Put on (Take off) your gloves.
I need a pair of new gloves.

basketball [bǽskitbɔ̀ːl]
명 농구

EX We played basketball after school.
NBA : National Basketball Association

tennis [ténis]
명 정구, 테니스

EX Let's play tennis this afternoon.

score [skɔːr]
명 득점 통 득점하다

EX The score was 73 to 61.
Our team scored first.

我^わが校^{こう}の運動場^{うんどうじょう}では

動 ① 遊^{あそ}ぶ	子供達^{こどもたち}が外^{そと}で遊^{あそ}んでいる。 아이들이 밖에서 놀고 있다.
② (楽器^{がっき}を)演奏^{えんそう}する	あなたはピアノが弾^ひけるの? 너는 피아노를 연주할 줄 아니?
名 運動場^{うんどうじょう}, 遊^{あそ}び場^ば	ここがうちの学校^{がっこう}の運動場^{うんどうじょう}だ。 여기가 우리 학교 운동장이다. 運動場^{うんどうじょう}には誰^{だれ}もいない。 운동장에는 아무도 없다.
名 サッカー	彼^{かれ}らはサッカーをしている。 그들은 축구를 하고 있다.
名 フットボール	アメリカ人^{じん}はフットボールが好^すきだ。 미국인들은 축구를 매우 좋아한다.
動 (ボールなどを)蹴^ける	サムがボールを蹴^けった。 샘이 공을 찼다. その少年^{しょうねん}は犬^{いぬ}を蹴飛^{けと}ばした。 그 소년은 개를 걷어찼다.
名 野球^{やきゅう}, ベースボール	私^{わたし}は野球選手^{やきゅうせんしゅ}になりたい。 나는 야구 선수가 되고 싶다. 韓国^{かんこく}で野球^{やきゅう}は大変^{たいへん}人気^{にんき}がある。 한국에서 야구는 매우 인기 있다.
名 ① 手袋^{てぶくろ}	手袋^{てぶくろ}をはめなさい 。(外^{はず}しなさい) 장갑을 끼어라. (벗어라)
② (野球^{やきゅう}などの)グローブ	私^{わたし}は新^{あたら}しい手袋一組^{てぶくろひとくみ}が必要^{ひつよう}だ。 나는 새 장갑이 필요하다.
名 バスケットボール	私達^{わたしたち}は放課後^{ほうかご}バスケットボールをした。 우리는 방과 후에 농구를 했다. 全米^{ぜんべい}バスケットボール協会^{きょうかい} (미국)전국 농구협회
名 テニス, 庭球^{ていきゅう}	今日^{きょう}の午後^{ごご}テニスをやろう。 오늘 오후 테니스를 칩시다.
名 得点^{とくてん}	得点^{とくてん}は73対^{たい}61だった。 득점은 73대 61이었다.
動 得点^{とくてん}する, 点^{てん}を取^とる	うちのチームが先^{さき}に点^{てん}を取^とった。 우리 팀이 먼저 득점했다.

38 흘러가는 시간

yesterday [jéstərdèi]
명 부 어제

 Yesterday was Saturday.
I came here yesterday.
the day before yesterday.

today [tədéi]
명 부 오늘

 Today is Tommy's birthday.
It is cloudy today.

tomorrow [təmárou]
명 부 내일 ▷철자에 유의

 Please come tomorrow afternoon.
See you tomorrow.
the day after tomorrow

last [læst]
형 ① 최후의 ② 지난, 이전의 부 최후로
동 지속하다 (반) first

 It was the last time she saw him.
Where did you go last Sunday?
When did you see him last?
The movie lasted three hours.

now [nau]
명 부 지금

 Now is the time to study.
What time is it now?

next [nekst]
형 다음의 부 다음에

 When does the next bus start?
When shall we meet next?

once [wʌns]
부 ① 한 번, 1회 ② 옛날에, 이전에

 I've met her only once.
Once there lived an old woman.

fast [fæst]
형 빠른 (부) 빨리 반 slow

 'KTX' is a very fast train.
Don't speak so fast.

quickly [kwíkli]
부 빨리, 급히 반 slowly(천천히)

 Run away quickly!
Go home quickly.

soon [suːn]
부 ① 곧, 머지 않아 ② 빨리, 일찍

 It will be dark soon.
He came as soon as possible.

流れる時間（時は流れる）

| 名 副 昨日（きのう） | 昨日（きのう）は土曜日（どようび）だった。 어제는 토요일이었다.
私（わたし）は昨日（きのう）ここに来（き）た。 나는 어제 여기에 왔다. 一昨日（おととい） 그저께 |

| 名 今日（きょう） | 今日（きょう）はトミ―の誕生日（たんじょうび）だ。 오늘은 토미의 생일이다.
今日（きょう）は曇（くも）りだ。 오늘은 날씨가 흐리다. |

| 名 明日（あした），あす | あすの午後（ごご）来（き）て下（くだ）さい。 내일 오후에 와주세요.
じゃ，また明日（あした）。 내일 보자. 明後日（あさって） 모레 |

| 形 ① 最後（さいご）の
② この前（まえ）の
副 最後（さいご）に
動 続（つづ）く | それが彼女（かのじょ）が彼（かれ）を見（み）た最後（さいご）だった。 그것이 그녀가 그를 본 마지막이었다.
先週（せんしゅう）の日曜日（にちようび）に何処（どこ）へ行（い）ったの? 지난 일요일 어디에 갔었니?
彼（かれ）を最後（さいご）に見（み）たのはいつなの? 그를 마지막으로 본 것이 언제니?
その映画（えいが）は3時間（じかん）続（つづ）いた。 그 영화는 세 시간 동안 계속되었다. |

| 名 副 今（いま），もう | 今（いま）こそ勉強（べんきょう）する時間（じかん）だ。 지금은 공부할 시간이다.
今（いま）何時（なんじ）ですか? 지금 몇 시니? |

| 形 次（つぎ）の，隣（となり）の
副 次（つぎ）に | 次（つぎ）のバスはいつ出発（しゅっぱつ）しますか? 다음 버스는 언제 출발합니까?
次（つぎ）にいつお会（あ）いしましょうか? 다음에 언제 만날까요? |

| 副 ① 一度（いちど），一回（いっかい）
② かつて，以前（いぜん），昔（むかし） | 私（わたし）はただ一度（いちど）彼女（かのじょ）に会（あ）った事（こと）がある。 나는 그녀를 단 한번 만난 적이 있다.
昔（むかし）一人（ひとり）の老婆（ろうば）が住（す）んでいた。 옛날에 한 노파가 살았다. |

| 形 速（はや）い
副 速（はや）く | KTXはとても速（はや）い列車（れっしゃ）だ。 KTX는 매우 빠른 기차이다.
そんなに速（はや）く話（はな）すな。 그렇게 빨리 말하지 마라. |

| 副 速（はや）く，急（いそ）いで | 速（はや）く逃（に）げて! 빨리 달아나!
急（いそ）いで家（いえ）へ帰（かえ）れ。 속히 집에 가라. |

| 副 ① 間（ま）もなく，直（す）ぐに
② 早（はや）く，早（はや）めに | 間（ま）もなく暗（くら）くなるだろう。 곧 어두워질 것이다.
彼（かれ）は出来（でき）るだけ早（はや）く来（き）た。 그는 가능한 빨리 왔다. |

39

항상 함께하는 가족들

family [fǽmili]
몡 가족
EX My family are all very well.

parent [pέ(ː)ərənt]
몡 ① 아버지 또는 어머니 ② (~s) 부모
EX He lives with his parents.

grandparent [grǽndpὲərənt]
몡 ① 할아버지 또는 할머니 ② (~s) 조부모
EX I'm going to visit my grandparents this summer vacation.

dad [dæd]
몡 (구어) 아빠 ▷daddy(어린이 말) 아빠
EX I love my dad.
Daddy came back home early.

mom [mam]
몡 (구어) 엄마 ▷mommy (어린이 말) 엄마
EX I miss my mom a lot.
Can I speak to your mommy?

husband [hʌ́zbənd]
몡 남편
EX A good husband makes a good wife.

wife [waif]
몡 아내
EX Will you be my wife?

day [dei]
몡 ① 날, 하루 ② 낮 밴 night(밤)
EX He came on a rainy day.
A day has twenty-four hours.
Days are getting shorter.

week [wiːk]
몡 주, 1주일
EX A week has seven days.
What day of the week is it today?

month [mʌnθ]
몡 달, 1개월
EX "What day of the month is it today?"
- "It's August 22."

year [jiər]
몡 ① 해, 1년 ② 나이, 살
EX We had little rain this year.
She is thirteen years old.

いつも一緒の家族

| 名 家族 | 私の家族は皆とても元気だ。 나의 가족은 모두 아주 건강하다. |

| 名 ① 親(父または母)
② (~s)両親, 父母 | 彼は両親と一緒に住んでいる。 그는 부모님과 함께 살고 있다. |

| 名 ① 祖父または祖母
② (~s)祖父母 | 今度の夏休みに祖父母に会いに行くつもりだ。
나는 이번 여름 방학에 우리 조부모님을 뵈러 갈 예정이다. |

| 名 お父さん, パパ | 私はパパを愛します。 나는 아빠를 사랑한다.
お父ちゃんは早く帰りました。 아빠는 일찍 돌아오셨다. |

| 名 お母さん, ママ | 私はママがとても恋しい。 나는 엄마를 매우 그리워한다.
君のお母さんと話す事が出来るかな? 너의 엄마와 얘기할 수 있을까? |

| 名 夫, ご主人 | 良い夫が良い妻を作る。 훌륭한 남편이 좋은 아내를 만든다. |

| 名 妻, 奥さん | 私の妻になって下さいませんか? 내 아내가 되어 주겠소? |

| 名 ① 日, 一日 ② 昼間
反 night(夜) | 彼は雨の日に来た。 그는 비오는 날에 왔다.
一日は24時間である。 하루는 24시간이다.
日がだんだん短くなっている。 낮이 점점 짧아지고 있다. |

| 名 週, 一週間 | 一週間は七日です。 일주일은 7일이다.
今日は何曜日ですか? 오늘은 무슨 요일입니까? |

| 名 月, 一か月 | 今日は何月何日ですか? 오늘은 몇 월 며칠입니까?
8月22日です。 8월 22일입니다. |

| 名 ① 年, 一年
② 歳 | 今年は雨が少なかった。 올해는 비가 적게 왔다.
彼女は13歳だ。 그녀는 13살이다. |

영어속에 살아숨쉬는 일본어 jie 0515

Japanese in English

청춘편

food [fuːd]
몡 음식, 먹을 것

EX "What kind of food do you like?"
-" I like Chinese food."

eat [iːt]
통 먹다 ▷eat–ate[eit]–eaten

EX We eat dinner at seven o' clock.
Where shall we eat?

table [téibl]
몡 식탁, 테이블, 탁자

EX Clear the table, please.
He was at table when I visited.

dish [diʃ]
몡 접시

EX Mother put dishes on the table.
I will wash the dishes, Mom.

spoon [spuːn]
몡 숟가락, 스푼

EX I ate ice cream with a spoon.

fork [fɔːrk]
몡 포크

EX Jim ate steak with a knife and fork.

drink [driŋk] 통 마시다 몡 마실 것, 음료
▷drink–drank–drunk

EX Sam drinks a glass of milk every morning.
Give me a cold drink, please.

glass [glæs]
몡 ① 유리 ② 유리잔 ③ (~es) 안경

EX The ball broke the glass.
Give me a glass of water, please.
I wear glasses.

cup [kʌp]
몡 (커피 · 홍차 등의) 찻잔

EX She took a cup of coffee.

mug [mʌg]
몡 (손잡이가 달린) 원통형 찻잔, 컵

EX He drank a mug of beer.

食べ物を食べるには

名 食物, 食料(品), 食べ物	どんな食べ物がお好きですか？ 어떤 음식을 좋아합니까? 中華料理が好きです。 중국요리를 좋아합니다.
動 食べる, 食事をする	我々は7時に夕御飯を食べる。 우리는 일곱시에 저녁을 먹는다. どこで食事をしようか？ 어디서 먹을까?
名 食卓, テーブル	食卓を片付けてください。 식탁을 치워주세요. 私が訪れたとき, 彼は食事中だった。 내가 방문했을 때 그는 식사 중이었다.
名 皿, 料理	お母さんは食卓の上に皿を置いた。 어머니는 식탁위에 접시들을 놓았다. お母さん, 食器は私が洗います。 엄마, 제가 설거지를 할께요.
名 匙, スプーン	私はスプーンでアイスクリームを食べた。 나는 숟가락으로 아이스크림을 먹었다.
名 フォーク	ジムはナイフとフォークでステーキを食べた。 짐은 나이프와 포크로 스테이크를 먹었다.
動 飲む 名 飲み物,飲料	サムは毎朝牛乳を飲む。 샘은 매일 아침 우유를 마신다. 冷たい飲み物を下さい。 차가운 마실 것 좀 주세요.
名 ① ガラス ② コップ ③ (~es)眼鏡	ボールがガラスを割った。 공이 유리를 깼다. コップ一杯の水を下さい。 물 한 잔 주세요. 私は眼鏡を掛けています。 나는 안경을 쓴다.
名 茶碗, カップ	彼女はコーヒーを一杯飲んだ。 그녀는 커피 한 잔을 마셨다.
名 (円筒形)コップ	彼はビールを一杯飲んだ。 그는 맥주 한 잔을 마셨다.

41 일하는 사람들

영어단어 일본어 jie 0515

Japanese in English

청 춘 편

work [wəːrk]
동 ① 일하다 ② 공부하다 명 ① 일 ② 공부
- Ben is working hard in the garden.
- Minho worked very hard.
- I have a lot of work to do.

make [meik]
동 ① 만들다 ② …을 ~하게 하다
▷make–made[meid]–made
- Can you make a paper plane?
- The spring shower makes the grass grow.
- What made her so sad?

try [trai]
동 시도하다, …해 보다
- If you don't succeed, try again.
- Let me try.

busy [bízi]
형 ① 바쁜 ② (전화가) 통화중인
- Jane is a busy person.
- The line is busy.

doctor [dάktər]
명 ① 의사 ② 박사
- Go and see the doctor.
- He is a Doctor of Philosophy.

policeman [pəlíːsmən]
명 경찰관, 순경 ▷복수형은 policemen
- We sent for a policeman.

baker [béikər]
명 빵 굽는 사람, 빵집 주인
- The baker works late.
- The baker likes to ride on a bicycle.

sing [siŋ]
동 노래하다 ▷sing–sang–sung
- The people are singing.
- Let's sing together.

singer [síŋər]
명 가수, 노래하는 사람 ▷'ng' 발음에 유의
- She was a famous singer.

song [sɔ(ː)ŋ]
명 노래
- She was so happy that she sang a song.

働く人たち
(はたら) (ひと)

動 ① 働く(はたら) ② 勉強する(べんきょう) 名 ① 仕事(しごと) ② 勉強(べんきょう)	ベンは庭で一生懸命働いている。(にわ)(いっしょうけんめいはたら) 벤이 정원에서 열심히 일하고 있다. ミンホはとても熱心に勉強した。(ねっしん)(べんきょう) 민호는 대단히 열심히 공부했다. 私はすること(勉強)が沢山ある。(わたし)(べんきょう)(たくさん) 나는 해야 할 일이(공부가) 많다.
動 ① 作る(つく) ② …を~(さ)せる	君は紙飛行機が作れるの？(きみ)(かみひこうき)(つく) 너는 종이 비행기를 만들 수 있니? 春雨は草を育たせる。(はるさめ)(くさ)(そだ) 봄비는 풀을 자라게 한다. 何故彼女はそんなに悲しんだの？(なぜ)(かのじょ)(かな) 무엇이 그녀를 그렇게 슬프게 했지?
動 試みる, やってみる(こころ)	成功しないならもう一度やってごらん。(せいこう)(いちど) 성공하지 못하면 다시 시도해 보아라. 私がやってみます。(わたし) 제가 해보겠습니다.
形 ① 忙しい；賑やかな(いそが)(にぎ) ② (電話)話し中の(でんわ)(はな)(ちゅう)	ジェーンは忙しい人だ。(いそが)(ひと) 제인은 바쁜 사람이다. (電話が)話し中である。(でんわ)(はな)(ちゅう) 전화가 통화중이다.
動 ① 医者(いしゃ) ② 博士(はかせ)	医者に行って診てもらいなさい。(いしゃ)(い)(み) 의사에게 가서 진찰받으시오. 彼は哲学博士だ。(かれ)(てつがくはかせ) 그는 철학 박사이다.
動 警官, 巡査, おまわりさん(けいかん)(じゅんさ)	私達は警察官を呼びにやった。(わたしたち)(けいさつかん)(よ) 우리는 경찰관을 부르러 보냈다.
動 パン屋(や)	そのパン屋は遅くまでやっている。(や)(おそ) 그 빵집 주인은 늦게까지 일한다. そのパン屋は自転車に乗るのが好きだ。(や)(じてんしゃ)(の)(す) 그 빵장수는 자전거 타기를 좋아한다.
動 歌う(うた)	人々が歌っている。(ひとびと)(うた) 사람들이 노래를 부르고 있다. 一緒に歌を歌おう。(いっしょ)(うた)(うた) 함께 노래를 부르자.
名 歌手, 歌う人(かしゅ)(うた)(ひと)	彼女は有名な歌手だった。(かのじょ)(ゆうめい)(かしゅ) 그녀는 유명한 가수였다.
名 歌(うた)	彼女は幸せなので歌を歌った。(かのじょ)(しあわ)(うた)(うた) 그녀는 너무 행복해서 노래를 불렀다.

42 나그네의 여정

ticket [tíkit]
몡 표, 승차권, 입장권

EX Give me a ticket for Seoul, please.
Mary showed her ticket.

start [staːrt]
됨 ① 출발하다 ② 시작하다 (同) begin (시작하다)

EX We start at eight o' clock.
It started to snow. (=It started snowing)

new [njuː]
혱 새로운 (반) old (오래된)

EX Ben has a new car.

course [kɔːrs]
몡 ① 진로, 경로 ② (학습) 과정, 강좌

EX The ship was 200 miles off course.
She finished her high school course.

way [wei]
몡 ① 길 ② 방법

EX Please show me the way to the city hall.
This is the best way to learn English.

place [pleis]
몡 장소, 곳

EX We found a good place for swimming.
One cannot be in two places at once.

tired [taiərd]
혱 피곤한, 지친

EX You look tired, what' s the matter?

hotel [houtél]
몡 호텔 ▷강세에 유의

EX We stayed at a hotel in Seoul.

key [kiː]
몡 열쇠

EX Tommy is going to open the door with the key.
Did you find the key?

stay [stei]
됨 머무르다, 묵다

EX He stayed at home all day yesterday.
Can you stay for lunch?

영어와 함께하는 일본어 jie 0515 Japanese in English 청춘편

42 旅人の旅程
たびびと　りょてい

名 切符, 乗車券, 入場券 きっぷ じょうしゃけん にゅうじょうけん	ソウル行きの切符を1枚下さい。 서울행 표를 한 장 주세요. メアリーは彼女の切符を見せた。 메리는 그녀의 표를 보여주었다.
動 ① 出発する しゅっぱつ ② 始まる, 始める はじ はじ	私達は8時に出発する。 우리는 8시에 출발한다. 雪が降り始めた。 눈이 내리기 시작했다.
形 新しい (反)old 古い あたら はん ふる	ベンは新しい車を持っている。 벤은 새 차를 가지고 있다.
名 ① 進路, コース しんろ ② 課程, 講座 かてい こうざ	その船は進路から200マイル離れた。 그 배는 진로에서 200마일 벗어났다. 彼女は高校の課程を終えた。 그녀는 고등학교 과정을 마쳤다.
名 ① 道 みち ② 方法 ほうほう	市役所へ行く道を教えてください。 시청으로 가는 길을 가르쳐 주세요. これが英語を学ぶのに一番良い方法だ。 이것이 영어를 배우는 가장 좋은 방법이다.
名 場所, 位置, 地位 ばしょ いち ちい	水泳に適した場所を見つけた。 우리는 수영하기에 좋은 장소를 발견했다. 人は同時に二つの所にいられない。 사람은 동시에 두 곳에 있을 수 없다.
形 疲れた, くたびれた, つか 飽きた あ	疲れた顔をしていますよ, どうしたんですか? 피곤해 보이는구나, 무슨 일이니?
	私達はソウルのホテルに泊まった。 우리는 서울의 한 호텔에 묵었다.
名 鍵, 秘訣 かぎ ひけつ	トミーが鍵でドアを開けようとしている。 토미가 열쇠로 문을 열려고 한다. 鍵を見つけたの? 열쇠를 찾았니?
動 滞在する, とどまる たいざい 泊まる, 泊める と と	彼はきのう一日中家にいた。 그는 어제 종일 집에 있었다. お昼御飯を食べて行って下さい。 있다가 점심 먹고 가세요.

43

맛있는 음식

milk [milk]
명 우유, 젖

EX Please give me a glass of milk.
dried milk

juice [dʒuːs]
명 (과일·야채 등의) 주스

EX Do you like orange juice?
May I have some fruit juice?

coffee [kɔ́(ː)fi]
명 커피

EX Would you like a cup of coffee?
a coffee shop

salt [sɔːlt]
명 소금

EX Pass me the salt, Yu-ri.

butter [bʌ́tər]
명 버터

EX I spread butter on bread.
Have some bread and butter.

jam [dʒæm]
명 잼

EX Jane likes strawberry jam.
a traffic jam

hamburger [hǽmbə̀ːrgər]
명 햄버거

EX Give me two hamburgers, please.

toast [toust]
명 토스트, 구운빵

EX I ate a slice of toast for lunch.
"May I propose a toast?"

pizza [píːtsə]
명 피자

EX Pizza is a fat food.

candy [kǽndi]
명 사탕, 캔디

EX He likes chocolate candy.

영어 학습자를 위한 일본어 jie 0515

Japanese in English

청 춘 편

美味しい食べ物

名 牛乳, ミルク	牛乳を一杯下さい。 우유 한 잔 주세요. 粉ミルク 분유
名 (果物などの)ジュース	オレンジジュースが好きなの? 오렌지 주스 좋아하니? フルーツジュースを下さいませんか? 과일 주스 좀 주시겠어요?
名 コーヒー	コーヒー一杯いかがですか? 커피 한 잔 하시겠어요? 喫茶店 다방, 커피숍
名 塩, 食塩	ユリ, 塩取って下さい。 유리야, 소금 좀 건네줘.
名 バター	私はパンにバターを塗った。 나는 빵에 버터를 발랐다. バターを塗ったパンを食べてください。 버터 바른 빵을 좀 드세요.
名 ジャム	ジェーンは苺ジャムが好きだ。 제인은 딸기잼을 좋아한다. 交通渋滞 교통체증
名 ハンバーガー	ハンバーガーを2つ下さい。 햄버거 두 개 주세요.
名 トースト	私はお昼にトーストを1枚食べた。 나는 점심으로 토스트 한 조각을 먹었다. 乾杯しよう。 축배를 듭시다.
名 ピザ, ピザパイ	ピザは脂気が多い食べ物だ。 피자는 기름기가 많은 음식이다.
名 キャンディー	彼はチョコレートキャンディーが好きだ。 그는 초콜릿 캔디를 좋아한다.

44 방과 후의 생활

영어 한자처럼 의본어 jie 0515

Japanese in English

청 춘 편

life [laif]
명 ① 생명 ② 삶, 생활

EX While there is life, there is hope.
She lived a happy life.

home [houm]
명 가정, 집 부 집으로, 집에

EX There is no place like home.
Sam usually comes home about seven.

do [duː]
동 하다, 행하다 ▷do-did[did]-done[dʌn]

EX What shall I do?
Do your best.

homework [hóumwə̀ːrk]
명 숙제

EX Tom is doing his homework.

clean [kliːn]
형 깨끗한 (부) 깨끗이
동 깨끗이 하다, 청소하다

EX Put on a clean shirt.
Sweep the room clean.
Did you clean your room?

telephone [téləfòun]
명 전화 동 전화를 걸다

EX May I use your telephone?
Telephone me tomorrow morning.

hello [helóu] 감 ① (전화) 여보세요
② 이봐!, 어이!, 안녕하세요

EX Hello. Is Bill at home?
Hello, John!. Where are you going?

hi [hai]
감 안녕!, 야!

EX Hi! How are you doing?
Hi, Bill. How have you been?

television [téləvìʒən]
명 텔레비전

EX We watched a movie on television.
Turn off the television.

radio [réidiòu]
명 라디오

EX We heard the news on the radio.
Turn down the radio.
Tom was listening to the radio.

tape [teip]
명 테이프, 녹음테이프

EX They sell video tapes.
a tape recorder / a blank tape

放課後の生活
ほうかご　せいかつ

名 ① 生命 せいめい	命がある限り望みがある。 생명이 있는 한 희망이 있다. いのち　　かぎ　のぞ
② 生, 生活 せい　せいかつ	彼女は幸せな生活を送った。 그녀는 행복한 삶을 살았다. かのじょ　しあわ　せいかつ　おく

名 家庭, 家：故郷 かてい　いえ　こきょう	我が家にまさる所はない。 내 집보다 나은 곳은 없다. わ　や　　　　ところ
副 家に（へ） いえ	サムは大抵7時ごろ家に帰る。 샘은 대개 7시쯤 집으로 온다. たいてい　じ　　いえ　かえ

動 する, やる, 行う おこな	どうすればいいの? 어떻게 하면 좋을까? 最善を尽くしなさい。 최선을 다해라. さいぜん　つ

名 宿題 しゅくだい	トムは宿題をしている。 탐은 숙제를 하고 있다. しゅくだい

形 きれいな	きれいなシャツを着なさい。 깨끗한 셔츠를 입어라. き
副 きれいに	部屋をきれいに掃きなさい。 방을 깨끗이 쓸어라. へや　　　　　は
動 きれいにする, 掃除する そうじ	君の部屋掃除したの? 네 방을 청소했니? きみ　へやそうじ

名 電話 でんわ	電話を使ってもいいですか? 전화 써도 될까요? でんわ　つか
動 電話を掛ける でんわ　か	明日の朝電話を掛けて下さい。 내일 아침에 전화를 걸어주세요. あした　あさでんわ　か　くだ

感 ① （電話）もしもし でんわ	もしもし, ビル家にいますか? 여보세요, 빌 집에 있습니까? いえ
② やあ, おい, こんにちは	やあ, ジョン! どこへ行くの? 안녕, 존! 어디 가니? い

感 やあ, 今日は こんにち	やあ! 調子はどうですか。 안녕, 어떻게 지내니? ちょうし やあ, ビル。最近いかがでしたか。 안녕, 빌. 그동안 어떻게 지냈니? さいきん

名 テレビ	私達はテレビで映画を見た。 우리는 텔레비전으로 영화를 봤다. わたしたち　　　　えいが　み テレビを消して（下さい）。 텔레비전을 꺼라. け　くだ

名 ラジオ	私達はその知らせをラジオで聞いた。 우리는 그 소식을 라디오로 들었다. わたしたち　し　　　　　　き ラジオの音を小さくして下さい。 라디오의 소리를 줄여 주세요. おと　ちい　　　くだ トムはラジオを聞いていた。 탐은 라디오를 듣고 있었다. き

名 テープ, 録音テープ ろくおん	彼らはビデオテープを売っている。 그들은 비디오 테이프를 판다. かれ　　　　　　　　う テープレコーダー 녹음기　空テープ 공테이프 から

번잡한 도시 거리

city [síti]
몡 시, 도시

ⓔ Lots of people live in cities.
a city hall

block [blɑk]
몡 ① (시가의) 구획 ② (나무·돌 등의) 덩어리

ⓔ My office is two blocks from here.
The pyramids are made of blocks of stone.

street [striːt]
몡 거리, 시가

ⓔ We met her on the street.

building [bíldiŋ]
몡 건물, 빌딩

ⓔ What is that tall building?
a high-rise building

car [kɑːr]
몡 자동차, 차

ⓔ She goes to work by car.

bus [bʌs]
몡 버스

ⓔ I go to school by bus.
a bus stop / a school bus

taxi [tǽksi]
몡 택시

ⓔ Let's take a taxi.
We went to the station by taxi.

subway [sʌ́bwèi]
몡 지하철

ⓔ The subway was crowded with many people.

ride [raid]
동 (말·탈 것 등에) 타다, 태우다 몡 타기
▷ride – rode[roud] – ridden[rídden]

ⓔ I would like to ride a horse.
I'll give a ride to the airport.

bicycle [báisikl]
몡 자전거 ▷구어로는 bike[baik]

ⓔ Can you ride a bicycle?

賑やかな都会の通り

名 市，都市，都会
沢山の人々が都市に住む。 많은 사람들이 도시에서 산다.
市役所 시청

名 ① ブロック，区画
② 塊，ブロック
事務室はここから２ブロック離れています。 제 사무실은 여기서 두 구간 떨어져 있습니다.
ピラミッドは石のブロックで作られている。 피라미드는 돌 블록으로 만들어져 있다.

名 通り，街路
私達は通りで彼女に会った。 우리는 거리에서 그녀를 만났다.

名 建物，ビル
あの高い建物は何ですか? 저 높은 건물은 무엇입니까?
高層ビル 고층 빌딩

名 自動車，車
彼女は自動車で出勤する。 그녀는 자동차로 출근한다.

名 バス
私はバスで通学しています。 나는 버스로 통학한다.(학교에 간다)
バス停留所 버스정류장　スクールバス 통학버스

名 タクシー
タクシーに乗りましょう。 택시를 타자.
私達はタクシーで駅まで行った。 우리는 택시로 역까지 갔다.

名 地下鉄
地下鉄は多くの人々で混んでいた。 지하철은 많은 사람들로 붐볐다.

動 ~に乗る，乗せる
名 乗ること
私は馬に乗りたい。 나는 말을 타고 싶다.
空港まで車に乗せて行ってあげよう。 공항까지 태워드리겠습니다.

名 自転車
自転車に乗れるの? 자전거 탈 줄 아니?

46 약속시간 5분 전

영어속의 일본어 jie 0515

Japanese in English ·········

청
춘
편

---

wear [wɛər]
동 입고[신고, 쓰고] 있다, 몸에 지니고 있다.
▷wear- wore[wɔːr]-worn[wɔːrn]

EX She is wearing a pretty dress.
He wears black shoes.
Jim wore a new hat.
He was wearing sunglasses.

silk [silk]
명 비단, 견직물

EX His girlfriend was dressed in silks.
the Silk Road

dress [dres]
명 ① 드레스 ② 복장 동 옷을 입히다, 옷을 입다

EX Mrs Parker wore a white dress.
She is careless about her dress.
Mary is dressing her daughter.

shirt [ʃəːrt]
명 셔츠

EX Peter wears a blue shirt.
This shirt is too big for me.

shoe [ʃuː]
명 구두, 신발

EX Put on (Take off) your shoes.
She bought a pair of red shoes.

hat [hæt]
명 (원형 챙이 달린) 모자

EX Put on (Take off) your hat.
Mary is wearing a straw hat.

ready [rédi]
형 준비가 된

EX Are you ready to start?
I am ready to start at once.

hour [áuər] 명 ① 시간 ② 시각
▷o'clock (…시)과 구별할 것

EX There are 24 hours in a day.
She called me at a late hour.

minute [mínit]
명 분

EX It's five minutes to six.
Wait a minute.

open [óupən]
동 열다 형 열린 (반) close (닫다)

EX Open the door.
The store is open.

close 동 [klouz] 형 [klous]
동 닫다 형 ① 가까운 ② 친한
▷품사에 따라 발음이 달라짐

EX Who closed the window?
His house is close to the park.
Dick is my close friend.

約束時間5分前
やくそくじかん ふんまえ

動 着て(履いて, 被って)いる 身に着けている	彼女は綺麗なドレスを着ている。 그녀는 예쁜 드레스를 입고 있다. 彼は黒い靴を履く。 그는 검은 구두를 신는다. ジムは新しい帽子を被った。 짐은 새 모자를 썼다. 彼はサングラスを掛けていた。 그는 선글라스를 끼고 있었다.
名 絹, 絹織物	彼の女友だちは絹の服を着た。 그의 여자 친구는 비단옷을 입었다. シルクロード(絹の道) 비단길
名 ① ドレス ② 服装 動 服を着せる, 服を着る	パーカー婦人は白いドレスを着ていた。 파커 부인은 하얀 드레스를 입고 계셨다. 彼女は服装の事には無頓着だ。 그녀는 복장에는 신경을 쓰지 않는다. メアリーは娘に服を着せている。 메리는 딸에게 옷을 입히고 있다.
名 シャツ	ピーターは青いシャツを着ている。 피터는 파란 셔츠를 입고 있다. このシャツは私に大き過ぎる。 이 셔츠는 내게 너무 크다.
名 靴	靴を履きなさい(脱ぎなさい)。 신을 신어라(벗어라). 彼女は赤い靴一足を買った。 그녀는 빨간 신발 한 켤레를 샀다.
名 帽子	帽子を被りなさい(脱ぎなさい)。 모자를 써라(벗어라). メアリーは麦わら帽子を被っている。 메리는 밀짚모자를 쓰고 있다.
形 用意(準備)ができた	出発する用意は出来たの? 출발할 준비가 되었니? 私は直ぐ出発する準備ができている。 나는 당장 출발할 준비가 되어 있다.
名 ① 時間 ② 時刻	一日は24時間あります。 하루는 24시간이다. 彼女は遅い時刻に私に電話した。 그녀는 늦은 시각에 나에게 전화했다.
名 分, ちょっとの間	6時5分前だ。 6시 5분 전이다. ちょっと待って下さい。 잠시 기다려라.
動 開ける, 開く 形 開いている, 開いた	ドアを開けなさい。 문 열어라. 店は開いている。 가게가 열려 있다.
動 閉じる, 閉める 形 ① 近い ② 親しい	誰が窓を閉めましたか? 누가 창문을 닫았습니까? 彼の家は公園の近くにある。 그의 집은 공원 가까이에 있다. ディックは私の親しい友人だ。 딕은 나의 친한 친구이다.

영어 와 함께하는 일본어

쉽다! 빠르다! 정확하다!

jie 0515

Contents

정 열 편

Japanese in English

01 부자가 된 사람

person [pə́ːrsən]
명 사람

EX Who is that person?

born [bɔːrn] 형 태어난, 타고난
▷동사 bear(낳다)의 과거분사(bear-bore-born)

EX The baby was born in July.
He is a born poet(singer).

poor [puər]
형 ① 가난한 ② 불쌍한

EX He was a poor artist.
Look at that poor dog.

nothing [nʌ́θiŋ]
대 아무 것도 없다.

EX There is nothing in the box.

beg [beg] 동 ① 구걸하다 ② 간청하다
▷beg-begged-begged

EX The beggar was begging for bread.
They begged us to stay there for another day.

save [seiv]
동 ① 구하다 ② 저축하다 반 waste(낭비하다)

EX The dog saved the boy's life.
He's saving for a new bike.

own [oun]
형 자기 자신의 동 소유하다 (同) have

EX I saw it with my own eyes.
Who owns this land?
Do you own a car?

belong [bilɔ́(ː)ŋ]
동 …에 속하다, …의 것이다 (to)

EX Which club do you belong to, Min-ho?
Do these shoes belong to you?

finally [fáinəli]
부 최후로, 마침내 (同) at last

EX We finally won the game.

rich [ritʃ]
형 ① 부유한 ② 풍부한 반 poor (가난한)

EX He is a rich man.
The country is rich in oil.

金持ちになった人

名	人	あの人は誰なの? 저 사람은 누구니?
形	生まれた, 生まれ付いた	その赤ちゃんは7月に生まれた。 아기는 7월에 태어났다. 彼は生まれ付いた詩人(歌手)である。 그는 타고난 시인(가수)이다.
形	① 貧乏な ② 可哀想な	彼は貧乏な芸術家だった。 그는 가난한 예술가였다. あの可哀想な犬をごらんなさい。 저 불쌍한 개를 보아라.
代	何も~ない	箱の中には何もない。 상자에는 아무것도 없다.
動	① 物乞いする ② 頼む, お願いする, 懇願する	その乞食はパンを物乞いしていた。 그 거지는 빵을 구걸하고 있었다. 彼らは我々にそこでもう一泊してくれと頼んだ。 그들은 우리에게 하루 더 머물 것을 간청했다.
動	① 救う ② 蓄える	その犬は少年の命を救った。 그 개는 그 소년의 생명을 구했다. 彼は新しい自転車を買うために貯金している。 그는 새 자전거를 사려고 저축하고 있다.
形 動	自分自身の, ~自分の 所有する	私はそれをこの目で見た。 나는 그것을 내 눈으로 직접 봤다. この土地の持ち主は誰なの? 누가 이 땅을 소유하고 있는가? 車を持っていますか? 차를 가지고 계세요?
動	~に所属する ~のものである	ミンホ, どのクラブに入っているの? 민호야, 어느 클럽에 속해 있니? この靴は君の物ですか? 이 신발들은 네 것이니?
副	最後に, ついに	我々はついにその競技に勝った。 우리는 마침내 그 경기를 이겼다.
形	① 金持ちの ② 豊かな	彼は金持ちだ。 그는 부유한 사람이다. その国は石油が多く出る。 그 나라는 석유가 풍부하다.

영어속 일본어 jie 0515

Japanese in English

정
열
편

above [əbʌ́v]
전 …의 위에

EX The kite is flying above the tree.

below [bilóu]
전 …의 아래에 반 above

EX Write your name below the line.

across [əkrɔ́:s]
전 …을 가로질러, …을 넘어

EX She swims across the river.
A boy is going across the road.

along [əlɔ́:ŋ]
전 …을 따라

EX He walks along the street.
The train is going along the river.

toward [təwɔ́:rd]
전 …쪽으로, …을 향하여

EX He goes toward the building.

through [θru:]
전 ① (관통·통과)…을 통과하여, …을 지나서
② …동안 쭉, …내내

EX We walked through the park.
They went through the woods.
I stayed there through the summer.
He traveled through the country.

inside [ìnsáid]
전 …의 안쪽에 명 내부 반 outside

EX There is a bird inside the cage.
I cleaned the inside of the car.

beside [bisáid]
전 …의 곁[옆]에 (同) by

EX The dog sleeps beside the cat.

between [bitwí:n]
전 (둘)…사이에

EX April comes between March and May.

among [əmʌ́ŋ]
전 (셋 이상) …사이에

EX Minky is among her friends.

前置詞の世界

前 ~の上に
　凧が木の上を飛んでいる。연이 나무 위로 날고 있다.

前 ~の下に
　線の下に名前を書きなさい。선 아래에 이름을 써라.

前 ~を横切って,
　~を渡って
　彼女は川を泳いで渡る。그녀는 강을 가로질러 수영한다.
　男の子が道を横断している。한 소년이 도로를 횡단하고 있다.

前 ~に沿って ;
　(道を)通って
　彼はその通りを歩く。그는 그 거리를 따라 걷는다.
　列車は川に沿って走っています。열차는 강을 따라 달리고 있다.

前 ~の方へ, ~に向かって
　彼はビルの方へ行く。그는 빌딩 쪽으로 간다.

前 ① ~を通り抜けて,
　　~を通して
　② ~中, ずっと
　我々は公園を通り抜けた。우리는 공원을 통과하여 걸었다.
　彼らは森を通り抜けて行った。그들은 숲을 지나서 갔다.
　私は夏中そこに留まった。나는 여름 내내 거기에 머물렀다.
　彼はその国中をくまなく旅行した。그는 그 나라를 두루 여행했다.

前 ~の内側に (で, へ)
名 内側, 内部
　鳥籠の中に鳥が一羽いる。새장 안에 새가 한 마리 있다.
　私は自動車の内部を掃除した。나는 자동차 내부를 청소했다.

前 ~のそばに, ~と並んで
　その犬は猫のそばに寝ている。그 개는 고양이 옆에서 잔다.

前 ~の間に
　4月は3月と5月の間に来る。4월은 3월과 5월 사이에 온다.

前 ~の間に (で)
　ミンキーは彼女の友達の間にいる。밍키는 그녀의 친구들 사이에 있다.

03 기쁠 때와 슬플 때

feel [fiːl] 동 느끼다, …의 느낌이 나다
▷feel–felt[felt]–felt

- EX I feel pain on my back.
  I feel that something happened.

pleased [pliːzd] (형) 기뻐하는,
만족하는 ▷please 동 기쁘게 하다

- EX I'm pleased to meet you.
  The news pleased him.

merry [méri]
(형) 즐거운, 유쾌한

- EX Merry Christmas!
  He is a merry fellow.

lucky [lʌ́ki] (형) 운이 좋은, 행운의
▷luck[lʌk] 명 ① 운 ② 행운

- EX Today is my lucky day.
  Good luck (to you)!

happiness [hǽpinis]
명 행복 ▷háppy 형 행복한

- EX Happiness lies in satisfaction.
  We are a happy family.

joy [dʒɔi]
명 기쁨

- EX He jumped for joy.

joke [dʒouk]
명 농담

- EX Bill is telling Ben a joke.

laugh [læf]
동 웃다

- EX Suddenly, the boy began to laugh.

unhappy [ʌnhǽpi]
형 불행한 반 happy ▷un(=not)+happy

- EX The old man lived an unhappy life.

angry [ǽŋgri]
형 화난, 성난 ▷angrily 부 화나서, 노하여

- EX Why are you so angry?
  "Wait!" he said angrily.

嬉しい時と悲しい時

動 感じる，~の感じがする	私は背に痛みを感じる。 나는 등에 통증을 느낀다. 何か起こったような感じがする。 무슨 일이 일어난 것 같은 느낌이 든다.
形 嬉しい，満足している 動 喜ばせる	お目にかかれて嬉しいです。初めまして。 만나 뵙게 되어서 기쁩니다.(초면의 인사) その知らせは彼を喜ばせた。 그 소식은 그를 기쁘게 했다.
形 陽気な，楽しい，愉快な	メリー クリスマス！ 즐거운 크리스마스가 되세요. 彼は愉快な友人だ。 그는 유쾌한 친구이다.
形 運の良い，幸運な	今日は運が良い。(今日はついている) 오늘은 운이 좋은 날이다. ご機嫌よう。 행운을 빕니다.
名 幸福，幸せ	幸福は満足にある。 행복은 만족에 있다. 我々は幸福な家族です。 우리는 행복한 가족입니다.
名 喜び，嬉しさ	彼は喜んでピョンピョン跳んだ。 그는 기뻐서 깡충깡충 뛰었다.
名 冗談，洒落	ビルはベンに冗談を言っている。 빌은 벤에게 농담하고 있다.
動 笑う，笑い(声)	急にその少年は笑い出した。 갑자기 그 소년은 웃기 시작했다.
形 不幸な，惨めな	その老人は不幸な暮らしをしていた。 그 노인은 불행하게 살았다.
形 怒った，腹を立てた 副 怒って，腹を立てて	どうしてそんなに怒っているの？ 왜 그렇게 화가 났니? 待って！ 彼は腹を立てて言った。 기다려!' 그는 화가 나서 말했다.

04 진실과 거짓

true [truː]
형 진실된, 사실인

 This is a true story.
Is that news true?

real [riːəl]
형 ① 현실인, 실제인 ② 진짜인
▷réally 부 정말로

It is a real story?
This is a real diamond.
He is really a good friend.

fact [fækt]
명 사실

The fact is that she can't speak English.

honest [ánist]
형 정직한 ▷'h'가 발음되지 않음에 유의

She was poor but honest.

believe [bilíːv]
동 믿다, 신뢰하다

I believe only the facts.
I believe you.

remember [rimémbər]
동 ① 기억하다 ② 생각해내다

Do you remember visiting her?
I can't remember her name.

forget [fərgét] 동 잊다 반 remember
▷forget-forgot-forgotten

Don't forget me.
I forgot your telephone number.

guess [ges]
동 추측하다, 생각하다

I guess he'll miss the train.
I can't guess his age.

lie [lai] (명) 거짓말
동 ① 거짓말을 하다 ② 눕다 ③ …에 있다.
▷① lie-lied-lied ②, ③ lie-lay[lei]-lain[lein]

Don't tell a lie.
Don't lie about it.
I want to lie down.
Korea lies in the east of Asia.

trick [trik]
명 ① 속임수 ② 장난

That is a dirty trick.
He likes to play tricks on girls.

真実と嘘

形 本当の, 真実の	これは本当の話だ。 이것은 진실된(한) 이야기다. その知らせは本当ですか? 그 뉴스는 사실이니?
形 ① 現実の, 実際の 　② 本当の	それは実際にあった話ですか? 그 이야기 실제로 있었던 거니? これは本物のダイアモンドだ。 이것은 진짜 다이아몬드이다.
副 本当に	彼は本当にいい友人だ。 그는 정말로 좋은 친구이다.
名 事実	実は彼女は英語が話せない。 사실은 그녀가 영어를 할 줄 모른다.
形 正直な, 誠実な	彼女は貧しかったが正直だった。 그녀는 가난했지만 정직했다.
動 信じる, 信頼する	私は事実だけを信じる。 나는 사실만을 믿는다. 僕は君の言葉を信じる。 나는 너를 믿는다.
動 ① 覚えている 　② 思い出す	彼女を訪問したことを覚えているの? 그녀를 방문한 것을 기억하고 있니? 彼女の名前が思い出せない。 그녀의 이름을 생각해낼 수가 없다.
動 忘れる, 思い出せない	私の言うことを忘れないで。 나를 잊지 마세요. 君の電話番号を忘れてしまった。 나는 네 전화번호를 잊어버렸다.
動 推測する, ~と思う	彼は汽車に間に合わないと思う。 나는 그가 기차를 놓칠 것이라고 생각한다. 彼の年は見当が付かない。 나는 그의 나이를 짐작할 수 없다.
名 嘘	嘘を付くな。 거짓말하지 마라.
動 ① 嘘を付く 　② 横になる 　③ ~に位置する	そのことに付いて嘘を付かないで。 그 일에 대해 거짓말하지 마라. 私は横になりたい。 나는 눕고 싶다. 韓国はアジアの東に位置している。 한국은 아시아의 동쪽에 있다.
名 ① 企み, 計略 　② いたずら；手品	それは卑劣なやり方だ。 그것은 더러운 속임수이다. 彼は少女にいたずらをするのが好きだ。 그는 소녀들에게 장난치기를 좋아한다.

장래 나는 무엇이 될까?

grow [grou] 동 ① 자라다 ② …하게 되다
▷grow–grew–grown

  ᴇˣ Children grow rapidly.
    He grew old and weak.

future [fjúːtʃər]
명 미래, 장래 반 past

  ᴇˣ He has a bright future.
    No one knows the future.

wish [wiʃ]
동 바라다, 기원하다 명 소망, 소원

  ᴇˣ I wish to meet you someday.
    I wish you happy.
    Close your eyes, and make a wish.

dream [driːm]
명 꿈 동 꿈을 꾸다

  ᴇˣ He had a strange dream.
    I often dream of eating water melons.

hope [houp]
동 희망하다, 바라다 명 희망, 기대

  ᴇˣ I hope it will be fine tomorrow.
    Her words gave me hope.
    Don't lose hope.

goal [goul]
명 ① 결승점, 골 ② 목적, 목표

  ᴇˣ He ran toward the goal line.
    Only one goal was scored in the finals.
    What's your goal in life?

become [bikʌ́m] 동 ①…가 되다
② …해지다 ▷become–became–become

  ᴇˣ Ali Baba became rich.
    It has become very warm.

someday [sʌ́mdèi]
부 (미래에) 언젠가

  ᴇˣ Someday he will come back.

pride [praid]
명 긍지, 자존심, 자랑

  ᴇˣ She always takes pride in her work.

proud [praud]
형 ① 자랑으로 여기는 ② 거만한, 뽐내는

  ᴇˣ I'm proud to be a nurse.
    I don't like proud people.
    Don't bo too proud!

将来私は何になるか？
しょうらいわたし　なに

動	① 成長する	子供は成長が速い。 어린이들은 빨리 자란다.
	② なる	彼は年を取って弱くなった。 그는 나이를 먹어 약해졌다.

名	未来, 将来	彼には明るい未来がある。 그에게는 밝은 미래가 있다.
		未来のことは誰も分からない。 아무도 미래를 알지 못한다.

動	祈る, 願う, 望む	いつかあなたに会いたい。 나는 언젠가 너를 만나길 바란다.
名	願い, 望み	あなたの幸せを祈ります。 너의 행복을 빈다.
		目を閉じて願いを掛けて。 눈을 감고 소원을 빌어.

名	夢	彼は不思議な夢を見た。 그는 이상한 꿈을 꾸었다.
動	夢を見る	私は良く西瓜を食べる夢を見る。 나는 자주 수박 먹는 꿈을 꾼다.

動	望む, 期待する	あすは晴れるといいなあ。 내일은 날씨가 맑기를 바란다.
名	希望, 期待	彼女の言葉に希望がわいた。 그녀의 말이 내게 희망을 주었다.
		望みを失うな。 희망을 잃지 마라.

名	① 決勝点, ゴール；得点	彼はゴールラインに向かって走った。 그는 골라인을 향하여 달렸다.
	② 目標, 目的	決勝で一点しか取れなかった。 결승전에서 겨우 한 골만이 득점 되었다.
		あなたの人生の目標は何？ 네 인생의 목표는 무엇이니?

動	~になる	アリババは金持ちになった。 알리바바는 부자가 되었다.
		随分暖かくなった。 (날씨가) 매우 따뜻해 졌다.

副	(未来の)いつか	彼はいつか戻ってくるだろう。 언젠가 그는 돌아올 것이다.

名	誇り, 自尊心, 自慢	彼女はいつも自分の仕事に誇りを持っている。 그녀는 항상 자신의 일에 자부심을 갖는다.

形	① 誇りを持っている	私は看護婦であることを誇りとしている。 나는 간호사임을 자랑으로 여긴다.
	② 高慢な, うぬぼれて	私は高慢な人が嫌いだ。 나는 거만한 사람은 싫다.
	いる, 威張っている	余りうぬぼれるな。 너무 잘난 체하지 마라!

크기, 모양

size [saiz]
명 크기, 치수

EX This book is the same size as that.
What size do you want?
What size are your feet?

inch [intʃ]
명 (길이의 단위) 인치 ▷1인치는 2.54cm

EX He is six feet seven inches tall.
There are twelve inches to a foot.

medium [míːdiəm]
형 중간의, 보통의 명 ① 매체, 수단
▷복수형은 media 혹은 mediums

EX She has a medium height.
His opinion is the medium between the extremes.
A newspaper is a good medium for advertising.

low [lou]
형 낮은 (부) 낮게 반 high

EX She spoke in a low voice.
A helicopter is flying low.

deep [diːp]
형 깊은

EX How deep is your love?

heavy [hévi]
형 ① 무거운 ② 심한 반 light(가벼운)

EX This bag is too heavy to carry.
heavy traffic / heavy rain(snow)

wide [waid]
형 넓은

EX We must cross a wide river.

thin [θin] 형 ① 얇은, 가는 ② 여윈
반 thick(두꺼운)/fat(살찐)

EX This paper is too thin to write on.
She looks pale and thin.

round [raund]
형 둥근 명 원 (전) …의 주위에

EX The table is round.
Boys and girls danced in a round.
The Earth goes round the sun.

大きさ, 形

名 大きさ, サイズ, 寸法	この本はあの本と同じサイズだ。 이 책은 저 책과 같은 크기이다.
	サイズはどのくらいにしましょうか？ 몇 치수를 원하시죠?
	君の足のサイズはどのくらいなの？ 네 발의 치수는 어떻게 되니?

| 名 (長さの単位)インチ | 彼の身長は6フィート7インチだ。 그는 키가 6피트 7인치이다. |
| | 1フィートは12インチである。 1피트는 12인치이다. |

形 中くらいの, 並の, 普通の	彼女は中背の人だ。 그녀는 중간 키 이다.
名 ① 中間	彼の意見は両極の中間だ。 그의 의견은 그 양극의 중간이다.
② 媒体, 手段	新聞は良い広告の媒体である。 신문은 좋은 광고매체이다.

| 形 低い | 彼女は低い声で話した。 그녀는 낮은 목소리로 말했다. |
| 副 低く | ヘリコプターが低く飛んでいる。 헬리콥터가 낮게 날고 있다. |

| 形 深い | あなたの恋の深さはどのくらいですか？ 당신의 사랑은 얼마나 깊은가요? |

| 形 ① 重い ② 激しい | このカバンは重すぎて運べない。 이 가방은 너무 무거워서 운반할 수 없다. |
| | 酷い交通渋滞 극심한 교통 혼잡　暴雨(大雪) 폭우(폭설) |

| 形 広い | 私達は広い川を渡らなければならない。 우리는 넓은 강을 건너야 한다. |

| 形 ① 薄い, 細い ② 痩せた | この紙は薄すぎて字が書けない。 이 종이는 너무 얇아서 글을 쓸 수 없다. |
| 反 thick(厚い) fat(太った) | 彼女は顔色が悪くて痩せているようだ。 그녀는 창백하고 야위어 보인다. |

形 丸い	その卓子は丸い。 그 탁자는 둥글다.
名 円, 輪	少年と少女が輪になって踊った。 소년 소녀들이 원을 그리며 춤을 추었다.
前 ~の周りに	地球は太陽の周りを回っている。 지구는 태양 주위를 돈다.

07 사무실에서

영어 속에 녹아있는 일본어 jie 0515

Japanese in English

정 열 편

office [ɔ́(ː)fis]
명 ① 사무실 ② 관청

EX Jake works in an office.
The post office is on Main Street.

report [ripɔ́ːrt]
동 ① 보고하다 ② 보도하다
명 ① 보고 ② 보도 ▷repórter
명 ① 보고자 ② 신문기자

EX The scientist reported a new discovery.
The papers didn't report the accident.
Her report was very accurate.
Did you read the newspaper reports?
He is a reporter for a newspaper.

plan [plæn] 명 계획 동 계획하다
▷plan–planned–planned

EX My plan is to travel the country.
I'm planning to buy a new car.

program [próugræm]
명 프로그램, 계획, 일정표

EX This is my favorite TV program.
What's your program for this weekend?

matter [mǽtər]
명 ① 물질 ② 문제, 사항
동 중요하다, 문제가 되다

EX The earth is made of matter.
That's quite another matter.
It doesn't matter to me.

problem [prábləm]
명 문제

EX "Can you do it?" - "No problem."
No one solved the problem.

trouble [trʌ́bl] 명 ①근심, 걱정 ②성가심
동 폐를 끼치다, 괴롭히다.

EX Her heart is full of trouble.
Thank you for all your trouble.
I am sorry to trouble you.

example [igzǽmpl]
명 예, 보기

EX Will you give me an example?

seem [siːm]
동 …처럼 보이다

EX He seemed to be angry.

important [impɔ́ːrtənt]
형 중요한 ▷impórtance 명 중요(성)

EX This is very important to him.
It is of no importance.

07 事務室で

名 ① 事務所(室), 会社 ② 役所	ジェークは事務室で仕事をする。 제이크는 사무실에서 일한다. 郵便局はメイン街にある。 우체국은 메인 가(街)에 있다.
動 ① 報告する ② 報道する 名 ① 報告(書) ② 報道 名 ① 報告者 ② 新聞記者	その科学者は新しい発見を報告した。 그 과학자는 새로운 발견을 보고했다. 新聞はその事件を報道しなかった。 신문은 그 사건을 보도하지 않았다. 彼女の報告書は非常に正確だった。 그녀의 보고서는 대단히 정확했다. その新聞の記事を読みましたか? 그 신문 보도를 읽었습니까? 彼は新聞記者だ。 그는 신문 기자이다.
名 計画, プラン 動 計画する	私の計画は田舎を旅行する事だ。 나의 계획은 시골을 여행하는 것이다. 私は新しい車を買うつもりだ。 나는 새 차를 살 계획이다.
名 プログラム, 番組, 計画, 予定表	これが一番好きなテレビ番組だ。 이것은 내가 좋아하는 텔레비전 프로그램이다. 今度の週末の予定はどうなっていますか? 이번 주말 너의 계획은 무엇이니?
名 ① 物質 ② 事柄；問題 動 重要だ, 問題となる	地球は物質で出来ている。 지구는 물질로 구성되어 있다. それは全く別の問題だ。 그것은 전혀 별개의 문제이다. それは私にとって大した事ではない。 그것은 내게 중요하지 않다.
名 問題	それが出来るの? 大丈夫ですとも。 그것을 할 수 있니? 문제없어요. 誰もその問題が解けなかった。 아무도 그 문제를 풀지 못했다.
名 ① 心配, 悩み ② 面倒 動 迷惑を掛ける, 苦しめる	彼女の心は悩みで一杯だ。 그녀의 마음은 근심으로 가득 차 있다. お骨折りありがとうございます。 당신의 모든 수고에 감사합니다. ご迷惑をお掛けしてすみません。 폐를 끼쳐서 죄송합니다.
名 例, 実例	実際の例をあげて下さい。 실례를 들어주겠니?
動 ~のように見える, らしい	彼は怒っているように見えた。 그는 화난 것처럼 보였다.
形 重要な, 大事な 名 重要(性)	これは彼にとってとても大事だ。 이것은 그에게 대단히 중요하다. それは余り重要じゃない。 그것은 그다지 중요하지 않다.

08 전치사와 부정대명사

past [pæst]
전 (시간·공간) …을 지나서
형 지나간, 과거의 명 과거

- EX It' s seven minutes past three.
  He ran past the park.
  Spring is past.
  Don' t think the past.

upon [əpán]
전 …의 위에 (同) on

- EX A cat is lying upon the roof.

during [djú(ː)əriŋ]
전 …동안

- EX They swam every day during the vacation.

until [əntíl]
전 (시간의 계속) …까지 접 …할 때까지 (同) till

- EX She waited until five o' clock.
  Wait here until I come back.

without [wiðáut]
전 …없이, …하지 않고

- EX You can' t buy things without money.
  She went away without even saying good-bye.

anyone [éniwʌ̀n]
대 ① (의문문·조건문) 누군가
② (부정문) 아무도 ③ (긍정문) 누구라도 (同)
anybody ▷anybody가 anyone보다 구어적임

- EX Can anyone answer my question?
  If anyone comes late, what shall we do?
  You must not give it to anyone.
  Anyone can succeed if he tries.

everything [évriθìŋ]
대 모든 것, 전부 ▷단수로 취급함

- EX She did everything for her child.
  He wants everything.

another [ənʌ́ðər]
대 ① 또 하나, 또 한 사람 ② 다른 것
형 ① 또 하나의 ② 다른

- EX Min-ho ate one hot dog and bought another.
  Show me another!.
  Have another apple.
  Here' s another picture.

前置詞と否定代名詞

前 (時間, 空間)~を過ぎて 形 過去の 名 過去	3時7分過ぎだ。 3시 7분이다. 彼は公園を走り抜けた。 그는 공원을 지나서 달려갔다. 春は過ぎ去った。 봄이 지나갔다. 過去は考えるな。 과거는 생각하지 말아라.
前 ~の上に	猫が屋根の上に横になっている。 고양이가 지붕위에 누워 있다.
前 ~の間に, ~の間ずっと	彼らは休みの間毎日水泳をした。 그들은 방학 동안 매일 수영을 했다.
前 ~まで 接 ~するまで	彼女は5時まで待っていた。 그녀는 다섯시까지 기다렸다. 私が戻るまでここで待ちなさい。 내가 돌아 올때까지 여기서 기다려라.
前 ~なしで(に)	お金なしで物が買えない。 돈 없이 물건을 살 수 없다. 彼女はさようならも言わずに行ってしまった。 그녀는 안녕이란 말도 하지 않고 가 버렸다.
代 ① (疑問文, 条件文) 誰か ② (否定文) 誰も ③ (肯定文) 誰でも	誰か私の質問に答えられるの? 누군가 내 질문에 답할 수 있니? 誰か遅れるとどうしよう。 누군가 늦으면 어떻게 할까? それは誰にも与えてはいけない。 그것을 아무에게도 주면 안된다. 誰でも努力すると成功出来る。 누구라도 노력한다면 성공할 수 있다.
代 あらゆる物(事), 何でも, 凡て, 皆, 皆	彼女は子供の為に何でもした。 그녀는 자식을 위해서 모든 것을 했다. 彼は凡てが欲しい。 그는 모든 것을 원한다.
代 ① もう一つ(一人) ② 別の物(人, 事) 形 ① もう一つ(一人)の ② 別の, 他の	ミンホはホットドッグを一つ食べ, もう一つ買った。 민호는 핫도그 하나를 먹고 또 하나를 샀다. 別のを見せてください。 다른 것을 보여 주세요! りんごをもう一つ食べなさい。 사과 하나 더 드세요. ここに別の絵がありますよ。 여기 다른 그림 있어요.

나는 음식점 웨이터

restaurant [réstərənt]
명 음식점, 레스토랑

EX The restaurant was very quiet.
a Chinese restaurant

waiter [wéitər]
명 (음식점·호텔 등의) 웨이터, 급사
▷여성형은 waitress

EX Waiter! Some water, please.
Waiter! The menu, please.
He called a waiter.

order [ɔ́:rdər]
명 ① 명령 ② 주문 ③ 순서
동 ① 명령하다 ② 주문하다

EX We obeyed his orders.
Can I take your order now?
The children lined up in order of height.
They ordered him to leave the room.
Sam ordered two hamburgers.

meal [mi:l]
명 식사, 끼니

EX We have three meals a day.
Wash your hands before a meal.

soup [su:p]
명 수프

EX We eat soup with a spoon.

smell [smel]
동 ① 냄새를 맡다 ② …한 냄새가 나다
명 냄새

EX We smell with our nose.
This bread smells good.
There was a smell of burning.

bread [bred]
명 빵

EX Give me some bread.
Man shall not live by bread alone.

meat [mi:t]
명 (식용 짐승의) 고기

EX You must eat more vegetable than meat.

knife [naif] 명 나이프, 칼 ▷'k'가
발음되지 않음에 유의 ▷복수형은 knives[naivz]

EX Bill cuts bread with a knife.
Americans eat with knives and forks.

delicious [dilíʃəs]
형 맛있는

EX We ate a delicious cake.

09 私は飲食店のウェイター

名 料理店, レストラン	そのレストランはとても静かだった。 그 음식점은 매우 조용했다. 中華料理店 중화요리점
名 (料理店, ホテルなどの) ウェイター, ボーイ	ウェイター！ 水お願い。 웨이터! 물 좀 주세요. ウェイター！ メニューを。 웨이터! 메뉴를 주세요. 彼はウェイターを呼んだ。 그는 웨이터를 불렀다.
名 ① 命令 ② 注文 ③ 順序 動 ① 命じる, 命令する ② 注文する	我々は彼の命令に従った。 우리는 그의 명령에 따랐다. ご注文をどうぞ。 이제 주문하시겠습니까? 子供達は背の順に並んだ。 아이들은 키 순서대로 정렬했다. 彼らは彼に部屋を出ろと命令した。 그들은 그에게 방을 나가라고 명령했다. サムはハンバーガーを二つ注文した。 샘은 햄버거 두 개를 주문했다.
名 食事	私達は一日に３度食事をする。 우리는 하루에 세 끼를 먹는다. 食事の前には手を洗いなさい。 식사 전에는 손을 씻어라.
名 スープ	私達はスプーンでスープを飲む。 우리는 스푼으로 수프를 먹는다.
動 ① においを嗅ぐ ② ~のにおいがする 名 におい	私達は鼻でにおいを嗅ぐ。 우리는 코로 냄새를 맡는다. このパンはおいしそうなにおいがする。 이 빵은 맛있는 냄새가 난다. (何かが)焦げている臭いがした。 무엇인가 타는 냄새가 났다.
名 パン	パンを下さい。 빵 좀 주세요. 人間はパンだけで生きる物ではない。 인간은 빵만으로는 살 수 없다.
名 肉, 食用肉	肉よりも野菜を多く食べなさい。 너는 고기보다 야채를 더 많이 먹어야 한다.
名 ナイフ, 小刀	ビルはナイフでパンを切っている。 빌은 칼로 빵을 자른다. アメリカ人はナイフとフォークを使って食べる。 미국인들은 나이프와 포크로 먹는다.
形 美味しい, 香りの良い	私達は美味しいケーキを食べた。 우리는 맛있는 케이크를 먹었다.

10 한번 세어보니

count [kaunt]
통 세다, 계산하다　명 계산

> **EX** Count from one to ten.
> Tommy is counting the chickens.
> The count is 2 strikes to 3 balls.

couple [kʌpl]
명 ① 한 쌍, 둘 ② 부부

> **EX** a couple of dolls　/　a young couple
> We spent a couple of days in his house.

pair [pɛər]
명 한 쌍, 한 벌

> **EX** a pair of gloves　/　a pair of shoes
> I want to buy a pair of shoes.

twin [twin]
명 쌍둥이 중의 한 명, (~s) 쌍둥이

> **EX** These two girls are twins.
> Bella and Betty are twins.

twice [twais]
부 두 번, 두 배로

> **EX** I read the book twice.
> I work twice as hard as he.

few [fjuː] 형 ① (a ~)약간의, 몇 개의
② 거의 없는 ▷(a) few는 수, (a) little은 양을 나타냄

> **EX** Only a few people were present.
> He has few friends.

several [sévərəl]
형 몇 개의, 몇 명의 (대) 수 개, 수 명
▷(a) few ⟨ several ⟨ many

> **EX** There were several cars on the road.
> I already have several.
> Several of them walked home.

dozen [dʌzən]
명 1다스, 12개

> **EX** I bought a dozen pencils.
> dozens of people

thousand [θáuzənd]
명 ① 천(1,000) ② 다수　형 ① 천의 ② 다수의

> **EX** a (one) thousand　/　one hundred thousand
> Yu-ri saw thousands of stars in the sky.
> I have five thousand dollars.
> A thousand thanks!

million [míljən]
명 ① 백만 ② 다수, 무수
형 ① 백만의 ② 다수의, 무수한

> **EX** ten million　/　one hundred million
> There are millions of Christians in that country.
> He has three million dollars.
> Thanks a million.

영어 속의 일본어 jie 0515 Japanese in English

정 열 편

10 一度数えたら

動 数える, 勘定する 名 計算	一から十まで数えて見なさい。 하나에서 열까지 세어보아라. トミーはひよこを数えている。 토미는 병아리를 세고 있다. カウントは2ストライク, 3ボールだ。 카운트는 투 스트라이크 쓰리 볼이다.
名 ① 一対, 二つ ② 夫婦, 男女一組	一対の人形 한 쌍의 인형　若い夫婦 젊은 부부 私達は彼の家で二日過ごした。 우리는 그의 집에서 이틀을 보냈다.
名 一対, 一組, 一足	手袋一組 장갑 한 켤레　靴一足 구두 한 켤레 私は靴一足を買いたい。 나는 신발 한 켤레를 사고 싶어요.
名 双子の一人 (~s) 双子, 双生児	この二人の少女は双子だ。 이 두 소녀는 쌍둥이다. ベラとベティは双子だ。 벨라와 베티는 쌍둥이다.
副 2度, 2回, 2倍	私はその本を二度読んだ。 나는 그 책을 두 번 읽었다. 私は彼より倍も熱心に働く。 나는 그보다 두 배로 열심히 일한다.
形 ① (a~)少数の, 2, 3の ② ほとんどない	少数の人だけが出席した。 몇몇의 사람들만이 출석했다. 彼には友人がほとんどいない。 그는 친구가 거의 없다.
形 幾つかの, 数個の, 数人の 代 数個, 数人	道には数台の車があった。 길에는 몇 대의 차가 있었다. 私はもう数個持っている。 나는 이미 몇 개를 가지고 있다. 彼らのうち 数人は歩いて家に帰った。 그들 중 몇 명은 걸어서 집에 갔다.
名 ダース, 12個	私は鉛筆1ダースを買った。 나는 연필 한 다스를 샀다. 多くの人々 많은 사람들
名 ① 千(1000) ② 多数 形 ① 千の ② 多数の	千 1천　10万 10만 ユリは空に何千もの星を見た。 유리는 하늘에서 수천개의 별을 보았다. 私に5千ドルある。 나는 5,000달러를 가지고 있다. 本当にありがとう。 매우 고맙다.
名 ① 百万 ② 多数, 無数 形 ① 百万の ② 多数の, 無数の	一千万 천만　一億 1억 その国には無数のクリスチャンがいる。 그 나라에는 무수한 기독교인들이 있다. 彼は300万ドルを持っている。 그는 3백만 달러를 가지고 있다. どうもありがとうございます。 대단히 고맙습니다.

지금 공장에선

job [dʒab]
몡 일, 일자리

EX I am looking for a job.
What's your job?

factory [fǽktəri]
몡 공장

EX The man works in a factory.

worker [wə́ːrkər] 몡 일하는 사람, 노동자 ▷work(일하다) + er(접미사)

EX She's a real worker.
an office worker

engine [éndʒin]
몡 엔진, 발동기

EX a steam engine / a fire engine
He opened the hood and showed us engine of his car.

oil [ɔil]
몡 기름, 석유

EX The price of oil has gone up.
Oil is very important in our daily life.

gas [gæs]
몡 기체, 가스

EX Air is a mixture of gases.
a gas stove / a gas station
Don't forget to turn off the gas.

use 통 [juːz] 몡 [juːs]
통 사용하다, 쓰다 몡 사용, 용도

EX May I use your computer?
The bathroom is ready for use.

useful [júːsfəl]
휑 유용한, 쓸모 있는 ▷'s' 발음에 유의

EX Cows are useful animals.
He's a useful person to know.

robot [róubət]
몡 로봇, 인조인간

EX A robot opened the door for me.
an industrial robot

change [tʃeindʒ]
통 ① 바꾸다 ② 변하다
몡 ① 변화 ② 잔돈, 거스름돈

EX I changed seats with him.
Water changes into ice.
a change of seasons
Keep the change.

今工場では
いまこうじょう

名 仕事, 職業 しごと しょくぎょう	私は仕事を探している。 나는 일을 찾고 있다. わたし しごと さが ご職業は何ですか? 직업이 무엇이니? しょくぎょう なん
名 工場, 製作所 こうじょう せいさくじょ	その男の人は工場で働いている。 그 남자는 공장에서 일한다. おとこ ひと こうじょう はたら
名 働く人, 労働者 はたら ひと ろうどうしゃ	彼女はとても働き者だ。 그녀는 진짜 일꾼이다. かのじょ はたら もの 会社員 사무원 かいしゃいん
名 エンジン, 発動機 はつどうき	蒸気機関 증기기관 消防車 소방차 じょうききかん しょうぼうしゃ 彼は蓋を開けて我々に車のエンジンを見せてくれた。 かれ ふた あ われわれ くるま み 그는 덮개를 열고 우리에게 자기 차의 엔진을 보여주었다.
名 油, 石油 あぶら せきゆ	油の値段がとても上がった。 기름 값이 많이 올랐다. あぶら ねだん あ 石油は日常生活に非常に大切だ。 석유는 우리의 일상생활에 아주 중요하다. せきゆ にちじょうせいかつ ひじょう たいせつ
名 気体, ガス きたい	空気は気体の混合物だ。 공기는 기체의 혼합물이다. くうき きたい こんごうぶつ ガスレンジ, ガスコンロ 가스난로 ガソリンスタンド 주유소 ガスを止める(消す)のを忘れないで。 가스 잠그는 것을 잊지 마시오. と け わす
動 使う, 利用する つか りよう 名 使用, 利用；用途 しよう りよう ようと	コンピューターをお借り出来ますか? 컴퓨터를 사용해도 되겠니? か でき 風呂場は使用準備が出来た。 욕실을 사용할 준비가 되어 있다. ふろば しようじゅんび でき
形 役に立つ, 有用な やく た ゆうよう	牛は有用な動物である。 소는 유용한 동물이다. うし ゆうよう どうぶつ 彼は知っていれば役に立つ人物である。 그는 알아두면 쓸모 있는 인물이다. かれ し やく た じんぶつ
名 ロボット, 人造人間 じんぞうにんげん	ロボットが私の為に門を開けてくれた。 로봇이 내게 문을 열어 주었다. わたし ため もん あ 産業用ロボット 산업용 로봇 さんぎょうよう
動 ① 変える ② 変わる か か 名 ① 変化 へんか ② つり銭, お釣 せん つり	私は彼と席を変えた。 나는 그와 좌석을 바꾸었다. わたし かれ せき か 水が氷に変わる。 물이 얼음으로 변한다. みず こおり か 季節の移り変わり。 계절의 변화 きせつ うつ か お釣は取っておきなさい。 거스름돈은 가지세요. つり と

12 나 홀로 집에

영어를 잘하게 하는 일본어 jie 0515

Japanese in English

정 열 편

keep [kiːp]
① 간직하다 ② (어떤 상태로) 유지하다
③ (규칙 등을) 지키다 ▷keep−kept[kept]−kept

EX She keeps all his letters.
Keep your room clean.
He always keeps his promise.

eve [iːv]
명 (명절 등의) 전날 (밤)

EX Christmas Eve / New Year's Eve
On New Year's Eve my family stays up late.

sound [saund]
명 소리 동 …하게 들리다

EX The sound of the music was beautiful.
The music sounds sweet.
His English sounds like German.

someone [sʌ́mwʌ̀n]
대 누군가, 어떤 사람 (同) somebody

EX There is someone at the door.

voice [vɔis]
명 목소리

EX She sings in a sweet voice.
They spoke in a loud voice.
active voice / passive voice

notice [nóutis]
명 ① 주의 ② 게시(문), 통지
동 ① 알아차리다 ② 주의를 기울이다.

EX The problem attracted our notice.
We put up a notice on the door.
He didn't notice me.
I didn't notice how she was dressed.

thief [θiːf]
명 도둑 ▷복수형은 thieves[θiːvz]

EX The policeman caught the thief.

phone [foun]
명 전화 동 전화를 걸다 ▷telephone의 줄임말

EX The phone rang.
He phoned me just after lunch.

dial [dáiəl]
명 (시계의) 문자판, 다이얼

EX Turn the dial of the radio.
He dialed the wrong number.

check [tʃek]
명 ① 확인, 점검 ② 수표
동 점검하다, 확인하다

EX We made a quick check.
He cashed a check.
We checked the files.
check in ↔ check out

12 一人で家に

動 ① 持ち続ける, 取っておく　彼女は彼の手紙を皆取ってある。 그녀는 그의 모든 편지를 간직하고 있다.
　② (ある状態に)維持する　部屋をきれいにしておきなさい。 방을 깨끗하게 해라.
　③ (規則などを)守る　彼はいつも約束を守る。 그는 언제나 약속을 지킨다.

名 (祭日などの)前日(夜)　クリスマスイブ 크리스마스이브　大晦日 설날 전야
大晦日に私の家族は遅くまで起きている。 설날 전야에 우리 가족은 늦게까지 자지 않고 있다.

名 音　その音楽は美しかった。 그 음악소리는 아름다웠다.
動 ~に聞こえる　その音楽は甘美に聞こえる。 그 음악은 감미롭게 들린다.
彼の英語はドイツ語のように聞こえる。 그의 영어는 독일어 같이 들린다.

代 誰か, ある人　玄関に誰か来ている。 누군가가 문간에 있다.

名 (人の)声　彼女は美しい声で歌う。 그녀는 아름다운 목소리로 노래한다.
彼らは大声で喋った。 그들은 큰 소리로 떠들었다.
能動態 능동태　受動態, 受け身形 수동태

名 ① 注意　② 掲示(文), 通知　あの問題は我々の注意を引いた。 그 문제는 우리의 주의를 끌었다.
動 ① ~に気付く　私達はドアに掲示(文)を貼った。 우리는 문에 게시(문)을 붙였다.
　② …に注意する　彼は私に気が付かなかった。 그는 나를 알아차리지 못했다.
私は彼女がどんな服を着ていたか注意しなかった。 나는 그녀가 어떤 옷을 입고 있었는지 주의해서 보지 않았다.

名 泥棒, こそ泥　警察官は泥棒を捕まえた。 경찰관은 도둑을 붙잡았다.

名 電話　電話が鳴った。 전화가 울렸다.
動 電話を掛ける, 電話する　彼は昼食の直ぐ後私に電話をした。 그는 점심을 먹자마자 내게 전화했다.

名 (時計の)文字盤　ラジオのダイヤルを回しなさい。 라디오의 다이얼을 돌려라.
　(電話の)ダイヤル　彼は電話番号を間違って掛けた。 그는 전화를 잘못 걸었다.

名 ① 照合, 点検　② 小切手　私達は早速照合して見た。 우리는 신속하게 확인해 보았다.
動 照らし合わせる, 確認する　彼は小切手を現金に替えた。 그는 수표를 현금으로 바꿨다.
私達はファイル(書類挟み)を点検した。 우리는 서류철을 점검했다.
チェックインする 숙박(탑승) 수속 ↔ チェックアウトする。

물건을 살 때

shop [ʃɑp]
몡 상점, 가게 (同) store

EX Is the shop open now?
a flower shop / a gift shop
a barber shop / a beauty shop

shopkeeper [ʃɑ́pkìːpər]
몡 가게 주인 ▷shop + keeper(관리인)

EX The shop is going to open his shop.

sale [seil]
몡 ① 판매 ② 염가판매 ▷sell[sel] 됭 팔다

EX The latest model is on sale now.
The bakery is having a sale on doughnuts.
I'm going to sell my bike.

price [prais]
몡 가격, 값

EX What is the price of potatoes?
Prices are going up(down).
a cash price / a set price

expensive [ikspénsiv]
혱 값비싼 뺸 cheap

EX She always wears expensive clothes.

coin [kɔin]
몡 동전

EX Mary put coins in her purse.

cent [sent]
몡 (화폐의 단위) 센트 ▷100센트는 1달러

EX One hundred cents make one dollar.

choose [tʃuːz] 됭 고르다, 선택하다
▷choose–chose–chosen

EX Mary chose a green dress.

prefer [prifə́ːr]
됭 더 좋아하다 (to) ▷prefer – ~red – ~red

EX I prefer coffee to tea.
She preferred to study at night.

pay [pei] 됭 ① (돈을) 지불하다
② (주의 등을) 기울이다. 몡 급료, 임금

EX He paid 20 pounds for his room.
He didn't pay attention to me.
Did you get your pay?

買い物をするとき

名 店, 商店, 小売店 — 店は今開いていますか? 상점은 지금 열려 있습니까?
花屋, 土産物店, 理髪店, 美容院 꽃가게, 선물가게, 이발관, 미장원

名 小売店の主人, 店主 — 店の主人は店を開けようとしている。 가게 주인이 가게를 열려고 있다.

名 ① 販売 — 最新モデルが今販売されている。 최신 모델이 지금 판매되고 있다.
② 安売り — そのパン屋はドーナツの安売りをしている。 그 빵집은 도너츠를 염가판매하고 있다.
動 売る — 私は自転車を売ろうとしている。 나는 자전거를 팔려고 한다.

名 価格, 値段 — じゃがいもはいくらですか? 감자 값이 얼마입니까?
物価が上がり(下がり)つつある。 물가가 오르고(내리고) 있다.
現金価格 현찰가격 定価 정가

形 高価な, (値段が)高い — 彼女はいつも高価な服を着ている。 그녀는 항상 값비싼 옷을 입는다.

名 硬貨, コイン — メアリーは財布にコインを入れた。 메리는 지갑에 동전을 넣었다.

名 セント — 100セントは1ドルになる。 100센트면 1달러가 된다.

動 選ぶ, 選択する — メアリーは緑の服を選んだ。 메리는 녹색의 옷을 골랐다.

動 ~の方を好む, — 私は紅茶よりコーヒーの方が好きです。 나는 홍차보다 커피를 더 좋아한다.
~の方が好きだ — 彼女は夜勉強するのが好きだった。 그녀는 밤에 공부하기를 좋아했다.

動 ① (お金を)支払う — 彼は家賃で20ポンドを払った。 그는 방세로 20파운드를 지불했다.
② (注意などを)払う — 彼は私の言うことに注意を払わなかった。 그는 나에게 주의를 기울이지 않았다.
名 給料, 賃金, 報酬 — 給料は貰ったの? 너는 급료를 받았니?

14 조동사와 빈도부사

shall [ʃæl]
조 ① …일[할] 것이다. ② (의문문) …일[할]까요?

EX We shall be fifteen years old next year.
Shall we meet for lunch?

should [ʃud] 조 (shall의 과거)
① …일[할]것이다 ② …해야 한다

EX She said that she should be home by noon.
You should be quiet in the classroom.

may [mei]
조 ① …해도 좋다 ② …일지도 모른다

EX May I open the window, please?
Maybe he is right.

might [mait] 조 (may의 과거)
① …해도 좋다 ② …일지도 모른다

EX He said I might go.
It might rain.

could [kud] 조 (can의 과거)
① …할 수 있었다 ② (의문문) …할 수 있습니까?

EX Last year, he could not play the piano.
Could you tell me the way to the bank?

would [wud] 조 (will의 과거)
① …일 것이다 ② (의문문) …하시겠습니까?
③ (과거의 습관) …하곤 했다

EX I said I would do it.
Would you like a cup of tea?
He would sit there for hours.

must [mʌst] 조 ① …해야 한다
② …임에 틀림없다 (同) have to (…해야 한다)

EX One must eat to live.
He must be late for school

ought [ɔːt] 조 (~to 부정사)
…해야 한다 (同) should, must

EX You ought to be kind to other people.

sometimes [sʌ́mtàimz]
부 때때로, 가끔

EX We sometimes visit him.

seldom [séldəm]
부 좀처럼 …않다

EX She seldom goes out.

never [névər]
부 ① 결코…않다 ② 한번도 …한 적이 없다

EX Tom never tells a lie.
I have never been to New York.

14 助動詞と頻度副詞

助 ① ~だろう, ~でしょう
② …しましょうか

私達は来年15歳になる。 우리는 내년에 열다섯 살이 된다.
お昼ごろ会いましょうか。 점심먹을 때 만날까요?

助 ① だろう
② ~すべきである

彼女は正午まで家にいるだろうと言った。 그녀는 정오까지 집에 있을 거라고 말했다.
教室では静かにすべきだ。 교실에서는 조용히 해야 한다.

助 ① ~してもいい
② …かもしれない

窓を開けてもいいですか。 창문을 좀 열어도 될까요?
多分彼の言う通りだろう。 어쩌면 그가 옳을지도 모른다(=옳을 수도 있다.)

助 ① ~してもいい
② …かもしれない

彼は私が行ってもいいと言った。 그는 내가 가도 좋다고 말했다.
ひょっとしたら雨になるかもしれない。 비가 올지도 모른다.

助 ① ~事が出来た
② …下さいませんか

昨年, 彼はピアノを弾く事が出来なかった。 작년에 그는 피아노를 칠 수 없었다.
銀行へ行く道を教えて下さいませんか。 은행으로 가는 길을 가르쳐 주시겠습니까?

助 ① ~するだろう, …するつもりだ
② ~してくれませんか, …しませんか
③ よく~したものだった
   (よく~したことがあった)

私はそれをするつもりだと言った。 나는 그렇게 하겠다고 말했다.
お茶を一杯いかがですか。 차 한 잔 하시겠습니까?
彼は何時間もそこに座っていたものでした。 그는 몇 시간씩 그 곳에 앉아 있곤 했다.

助 ① ~しなければならない
② …に違いない

人は生きるために食べなければならない。 사람은 살기 위해서 먹지 않으면 안된다.
彼は学校に遅れるに違いない。 그는 학교에 지각할 것임에 틀림없다.

助 (~to不定詞)~すべきである

他人には親切にすべきだ。 다른 사람들에게 친절해야 한다.

副 時々, 時には

私達は時々彼を訪ねる。 우리는 때때로 그를 방문한다.

副 めったに~(し)ない

彼女はめったに出掛けない。 그녀는 좀처럼 외출하지 않는다.

副 ① 決して~ない
② (一度も)~したことがない

トムは決して嘘を付かない。 톰은 결코 거짓말을 하지 않는다.
私は一度もニューヨークへ行ったことがない。 나는 한 번도 뉴욕에 가 본 적이 없다.

15 이름난 사람

영어식 일본어 jie 0515

Japanese in English

정 열 편

famous [féiməs]
형 유명한, 이름난

> EX Suddenly she became famous.
> He is a famous artist.

popular [pápjulər]
형 ① 대중의, 대중적인 ② 인기있는

> EX He likes popular music.
> She is popular among the students.

fan [fæn] 명 ① (스포츠 · 영화 등의) 팬,
…광 ② 부채, 선풍기

> EX He is a baseball fan.
> an electric fan

ahead [əhéd]
부 앞에서, 앞서서

> EX She is ahead of everybody in math.

model [mádəl]
명 ① 모형 ② 모델

> EX Peter is making a model airplane.
> She was a fashion model.

statue [stǽtʃuː]
명 상(像), 조상

> EX The Statue of Liberty is in New York.
> a bronze statue

better [bétər]
형 (good의 비교급) 더 좋은, 보다 나은
부 (will의 비교급) 더 잘

> EX Your bicycle is better than mine.
> Health is better than wealth.
> He does it better than I (do).

less [les]
형 (little의 비교급) 더 적은 부 더 적게

> EX We had less rain this year than last year.
> Speak less and think more.

respect [rispékt]
동 존경하다, 존중하다 명 존경, 존중

> EX We respect our teacher.
> Have some respect for your parents.

sir [sər] 명 ① (남성에게 쓰는 호칭) 선생님
② (S-) …경

> EX We call an older man 'Sir'.
> Sir Winston Churchill.

名前<ruby>なまえ</ruby>の売<ruby>う</ruby>れた人<ruby>ひと</ruby>

| 形 | 有名<ruby>ゆうめい</ruby>な，名高<ruby>なだか</ruby>い | 突然彼女<ruby>とつぜんかのじょ</ruby>は有名<ruby>ゆうめい</ruby>になった。 갑자기 그녀는 유명해졌다. |
| | | 彼<ruby>かれ</ruby>は名高<ruby>なだか</ruby>い芸術家<ruby>げいじゅつか</ruby>である。 그는 유명한 예술가이다. |

| 形 | ① 大衆向<ruby>たいしゅうむ</ruby>きの，通俗的<ruby>つうぞくてき</ruby>な | 彼<ruby>かれ</ruby>は流行歌<ruby>りゅうこうか</ruby>が好<ruby>す</ruby>きです。 그는 대중음악을 좋아한다. |
| | ② 人気<ruby>にんき</ruby>のある，流行<ruby>りゅうこう</ruby>の | 彼女<ruby>かのじょ</ruby>は学生達<ruby>がくせいたち</ruby>の間<ruby>あいだ</ruby>で人気<ruby>にんき</ruby>がある。 그녀는 학생들 사이에 인기가 있다. |

| 名 | ① (スポーツ，映画<ruby>えいが</ruby>などの) ファン | 彼<ruby>かれ</ruby>は野球<ruby>やきゅう</ruby>ファンである。 그는 야구팬이다. |
| | ② うちわ，扇風機<ruby>せんぷうき</ruby> | 扇風機<ruby>せんぷうき</ruby> 선풍기 |

| 副 | 前方<ruby>ぜんぽう</ruby>に(へ)，先<ruby>さき</ruby>に(へ) | 彼女<ruby>かのじょ</ruby>は数学<ruby>すうがく</ruby>では他人<ruby>たにん</ruby>より勝<ruby>まさ</ruby>っている。 그녀는 수학에서 남보다 앞서 있다. |

| 名 | ① 模型<ruby>もけい</ruby>，模範<ruby>もはん</ruby> | ピーターは模型飛行機<ruby>もけいひこうき</ruby>を作<ruby>つく</ruby>っている。 피터는 모형 비행기를 만들고 있다. |
| | ② モデル | 彼女<ruby>かのじょ</ruby>はファッションモデルだった。 그녀는 패션모델이었다. |

| 名 | 像<ruby>ぞう</ruby>，彫像<ruby>ちょうぞう</ruby> | 自由<ruby>じゆう</ruby>の女神像<ruby>めがみぞう</ruby>はニューヨークにある。 자유의 여신상은 뉴욕에 있다. |
| | | 銅像<ruby>どうぞう</ruby> 동상 |

形	(goodの比較級<ruby>ひかくきゅう</ruby>) より良<ruby>よ</ruby>い，もっと良<ruby>よ</ruby>い	君<ruby>きみ</ruby>の自転車<ruby>じてんしゃ</ruby>は私<ruby>わたし</ruby>のよりいい。 네 자전거는 내 것보다 더 좋다.
		健康<ruby>けんこう</ruby>は富<ruby>とみ</ruby>に勝<ruby>まさ</ruby>る。 건강이 재산보다 낫다.
副	(wellの比較級<ruby>ひかくきゅう</ruby>) より良<ruby>よ</ruby>く	彼<ruby>かれ</ruby>が私<ruby>わたし</ruby>よりその事<ruby>こと</ruby>をうまくやる。 그가 그 일을 나보다 더 잘한다.

| 形 | (littleの比較級<ruby>ひかくきゅう</ruby>) より少<ruby>すく</ruby>ない | 今年<ruby>ことし</ruby>は去年<ruby>きょねん</ruby>より雨<ruby>あめ</ruby>が少<ruby>すく</ruby>なかった。 올해는 작년보다 비가 덜 왔다. |
| 副 | より少<ruby>すく</ruby>なく，もっと少<ruby>すく</ruby>なく | 話<ruby>はな</ruby>す量<ruby>りょう</ruby>を少<ruby>すく</ruby>なくしてもっと考<ruby>かんが</ruby>えなさい。 말은 더 적게 하고, 생각은 더 많이 하라. |

| 動 | 尊敬<ruby>そんけい</ruby>する，尊重<ruby>そんちょう</ruby>する | 私達<ruby>わたしたち</ruby>は先生<ruby>せんせい</ruby>を尊敬<ruby>そんけい</ruby>している。 우리는 우리 선생님을 존경한다. |
| 名 | 尊敬<ruby>そんけい</ruby>，尊重<ruby>そんちょう</ruby> | 親<ruby>おや</ruby>に対<ruby>たい</ruby>して尊敬心<ruby>そんけいしん</ruby>を持<ruby>も</ruby>ちなさい。 부모에 대한 존경심을 가져라. |

| 名 | ① 先生<ruby>せんせい</ruby>，お客様<ruby>きゃくさま</ruby> | 年上<ruby>としうえ</ruby>の男性<ruby>だんせい</ruby>に対<ruby>たい</ruby>して"先生<ruby>せんせい</ruby>"と呼<ruby>よ</ruby>ぶ。 (우리는) 나이든 남자를 '선생님' 이라고 부른다. |
| | ② (S)~卿<ruby>きょう</ruby>，閣下<ruby>かっか</ruby> | チャーチル卿<ruby>きょう</ruby> 처칠 경 |

16 해외여행

travel [trǽvəl]
동 여행하다 명 여행 (同) trip(여행)

ⓔ I like to travel alone.
Did you go to Paris during your travels?

traveler [trǽvələr]
명 여행자

ⓔ The traveler looked very strange.
traveler's check

leave [liːv]
동 ① 떠나다 출발하다 ② 두고 오다, 남겨두다
▷leave–left[left]–left

ⓔ Mary is leaving her house.
The plane leaves at nine.
I left my notebook at school.
She left a note on his desk.

arrive [əráiv]
동 도착하다, 닿다

ⓔ He arrived in Paris.
The train is arriving.

airport [ɛ́ərpɔ̀ːrt]
명 공항

ⓔ She lives near the airport.

bench [bentʃ]
명 긴 의자, 벤치

ⓔ The girl sat reading on the bench.
There is a new bench in the park.

airplane [ɛ́ərplèin]
명 비행기 (同) plane

ⓔ We made a toy airplane together.
I want to travel by airplane.

seat [siːt]
명 좌석, 자리

ⓔ Where is your seat?
Please take (have) a seat.

fly [flai]
동 날다 명 파리 ▷fly–flew–flown

ⓔ The birds flew away.
She flew from Seoul to Busan.
There is a fly on the flower.

flight [flait]
명 비행, 비행편

ⓔ Flight 101 to New York is now boarding.
a night flight

language [lǽŋgwidʒ]
명 언어

ⓔ How many languages can you speak?
native language / a foreign language

16 海外旅行
かいがいりょこう

動 旅行する 名 旅行, 旅	私は一人で旅行するのが好きだ。 나는 혼자 여행하기를 좋아한다. 旅行中パリへ行きましたか？ 여행 중에 파리에 갔었니?
名 旅行者, 旅人	その旅行者はとても変に見えた。 그 여행자는 매우 이상해 보였다. トラベラーズチェック(旅行者用小切手) 여행자 수표
動 ① 去る, 出発する ② 置き忘れる, 残す	メアリ-は家を出ているところだ。 메리는 집을 떠나고 있다. あの飛行機は9時に出発する。 그 비행기는 아홉시에 출발한다. 私はノートを学校に置き忘れた。 나는 노트를 학교에 두고 왔다. 彼女は彼の机の上にメモを残した。 그녀는 그의 책상 위에 전언을 남겼다.
動 到着する, 着く	彼はパリに到着した。 그는 파리에 도착했다. 汽車が着いている。 기차가 도착하고 있다.
名 空港	彼女は空港の近くに住んでいる。 그녀는 공항 근처에 살고 있다.
名 ベンチ, 長椅子	その少女はベンチに座って本を読んでいた。 그 소녀는 벤치에 앉아 책을 읽고 있었다. 公園には新しいベンチがある。 공원에 새 벤치가 있다.
名 飛行機	私達は一緒におもちゃの飛行機を作った。 우리는 함께 장난감 비행기를 만들었다. 私は飛行機で旅行したい。 나는 비행기로 여행하고 싶다.
名 座席, 席, 腰掛け	あなたの座席は何処ですか。 네 자리는 어디니? どうぞお掛け下さい。 앉으세요.
動 飛ぶ；飛行機で行く 名 はえ	鳥達は飛び去った。 새들은 날아가 버렸다. 彼女はソウルから釜山まで飛行機で行った。 그녀는 서울에서 부산까지 비행기로 날아갔다. 花の上に一匹のはえがいる。 꽃에 파리 한 마리가 있다.
名 飛行, (飛行機)便	ニューヨーク行き101便に今搭乗して下さい。 뉴욕 행 101편에 지금 탑승하십시오. 夜間飛行 야간 비행
名 言語, 言葉	言語はいくつ話せるの? 몇 개 국어를 말할 수 있니? 母国語 모국어 外国語 외국어

17 나는 어떤 사람?

gift [gift]
몡 ① 선물 ② (타고난) 재능 (同) present(선물)

EX This gift is for you.
He has a gift for languages.

smart [smɑːrt]
혭 ① 단정한, 말쑥한 ② 영리한, 재치있는

EX She looks smart in her new dress.
Alice is a smart girl.

wise [waiz]
혭 현명한, 지혜로운

EX How wise you are!
It was wise of you to say so.

foolish [fúːliʃ]
혭 어리석은, 바보같은. 뻔 wise

EX It was foolish of her to trust him.
How foolish she is!

stupid [stʃúːpid]
혭 어리석은, 멍청한 (同) foolish 뻔 smart

EX How stupid of him to ask such a question!

lazy [léizi]
혭 게으른 뻔 diligent

EX Mark is lazy.
Don't be lazy.

shy [ʃai]
혭 수줍어하는, 부끄럼을 잘 타는

EX She is shy and doesn't say much.

lovely [lʌ́vli]
혭 ① 사랑스러운, 귀여운 ② 멋진, 훌륭한

EX She is a lovely girl.
We had a lovely picnic.

advice [ədváis]
몡 충고, 조언

EX Father gave me a piece of advice.

advise [ədváiz]
동 충고하다 ▷ 's' 발음에 유의

EX I advised him to study harder.

17 私はどんな人間?

名	① 贈り物	これはあなたへの贈り物だ。 이 선물은 네 것이다.
	② (天賦の)才能	彼は言語の才能がある。 그는 언어에 재능이 있다.
形	① 洒落た, スマートな	彼女は新しい服を着ると洒落て見える。 그녀는 새 옷을 입어서 단정해 보인다.
	② 利口な, 気の利いた	アリスは利口な少女である。 앨리스는 영리한 소녀이다.
形	賢い, 賢明な	あなたは何て賢いんだろう。 정말 현명하십니다.
		あなたがそう言ったのは賢明でした。 당신이 그렇게 말한 것은 현명했습니다.
形	馬鹿な, 愚かな	彼を信じるなんて彼女は馬鹿だった。 그를 믿다니 그녀는 어리석었다.
		彼女は何て愚かなんだろう。 그녀는 참 어리석구나!
形	馬鹿な, 愚かな	そんな質問をするなんて彼は間抜けだった。 그런 질문을 하다니 그는 정말 멍청하구나!
形	怠け者の, 怠惰な, 不精な;だらだらする	マークは怠け者だ。 마크는 게으르다. だらだらするな! 게으름 피우지 마라.
形	恥ずかしがり屋の, 内気な, おどおどする	彼女は恥ずかしがり屋なので口数が少ない。 그녀는 수줍어서 말을 많이 하지 않는다.
形	① 美しい, 可愛らしい	彼女は可愛らしい少女だ。 그녀는 사랑스러운 소녀이다.
	② 素晴らしい, 素敵な	私達は素敵なピクニックをした。 우리는 멋진 소풍을 갔었다.
名	忠告, 助言, アドバイス	お父さんは私に一言忠告をしてくれた。 아버지는 내게 충고를 한 마디 하셨다.
動	~に忠告(助言)する	私は彼にもっと熱心に勉強しろと忠告した。 나는 그에게 더 열심히 공부하라고 충고했다.

18 이사 가는 날

영어 속 일본어 jie 0515 ∙∙∙∙∙∙ Japanese in English ∙∙∙∙∙∙ 정 열 편

move [muːv]
통 ① 움직이다 ② 이사하다 ③ 감동시키다

EX Don't move your head.
He moved into a new house.
She was deeply moved by the story.

fasten [fǽsən] 통 (벨트 등을) 매다, 죄다
▷'t'가 발음되지 않음에 유의

EX Fasten your seat belts, please.

tie [tai]
통 매다, 묶다 명 넥타이

EX She tied her shoelaces.
He always wears a red tie.

hold [hould] 통 ① (손에) 잡고 있다, 쥐다
② (모임 등을) 열다 ▷hold–held[held]–held

EX He held her hand tightly.
The meeting was held yesterday.

carry [kǽri] 통 ① 나르다, 운반하다
② 가지고 다니다 ▷carry–carried–carried

EX Trucks carry goods to market.
He always carries an umbrella with him.

push [puʃ]
통 밀다

EX Push the door.
Stop pushing and wait your turn.

pull [pul]
통 당기다, 끌다 반 push

EX Bill and Ben are pulling the rope.
A little boy pulled me by the arm.

throw [θrou]
통 던지다 ▷throw–threw–thrown

EX He threw the ball high.

catch [kætʃ]
통 ① 붙잡다, (버스 등을) 잡아타다
② (병에) 걸리다 ▷catch–caught[kɔ́ːt]–caught

EX Cats catch mice.
I could catch the last train.
Be careful not to catch a cold.

drop [drɑp]
통 ① 떨어지다, 떨어뜨리다
② (차가 사람을) 내려놓다 명 (물) 방울

EX The glass dropped out of her hand.
Shall I drop you at the station?
Not a drop of milk is left.

18　引越しする日

動 ① 動かす, 動く　頭を動かすな。머리를 움직이지 마라.
② 引っ越す, 移転する　彼は新しい家に引っ越した。그는 새 집으로 이사했다.
③ 感動させる　彼女はその話に深く感動した。그녀는 그 얘기에 감동했다.

動 (ベルトなどを)締める, 縛る　座席ベルトをお締め下さい。안전벨트를 매주세요.

動 結ぶ, 縛る, 繋ぐ　彼女は靴の紐を結んだ。그녀는 신발 끈을 맸다.
名 ネクタイ　彼はいつも赤いネクタイを締める。그는 항상 빨간 넥타이를 맨다.

動 ① (手に)持つ, 掴む, 握る　彼は彼女の手をしっかりと掴んでいた。그는 그녀의 손을 꼭 잡았다.
② (会などを)開く　その会合は昨日開かれた。그 모임은 어제 열렸다.

動 ① 運ぶ, 持っていく　トラックは貨物を市場へ運ぶ。트럭은 화물을 시장으로 나른다.
② 持つ, 持ち歩く　彼はいつも傘を持ち歩いている。그는 언제나 우산을 가지고 다닌다.

動 押す　門を押しなさい。문을 밀어라.
押さないで自分の順番を待ちなさい。밀지 말고 차례를 기다리시오.

動 引く, 引っ張る　ビルとベンがロープを引っ張っている。빌과 벤이 줄을 잡아당기고 있다.
男の子が私の腕を引っ張った。어린 소년이 내 팔을 끌었다.

動 投げる　彼はボールを高く投げた。그는 공을 높이 던졌다.

動 ① 捕まえる,
(乗り物に)間に合う　猫はねずみを捕まえる。고양이는 쥐를 잡는다.
私は最終電車に間に合った。나는 막차를 잡아탈 수 있었다.
② (病気に)掛かる　風邪を引かないように注意して下さい。감기에 걸리지 않도록 조심해라.

動 ① 落ちる, 落とす　グラスが彼女の手から落ちた。유리잔이 그녀의 손에서 떨어졌다.
② (車が人を)降ろす　駅で降ろしてあげましょうか。역에 내려 드릴까요?
名 水滴, 雨の滴　一滴のミルクも残っていない。우유는 한 방울도 안 남았다.

19 전쟁이 일어나면

war [wɔːr]
명 전쟁 반 peace (평화)

EX World War II broke out in 1939.
Her son was killed in the war.

soldier [sóuldʒər]
명 군인, 병사 ▷발음·철자에 유의

EX My younger brother hopes to be a soldier.
He was a great soldier.
unknown soldiers

captain [kǽptin]
명 ① 우두머리, 장(長) ② 선장 ③ (육군) 대위

EX Robin Hood was captain of his band.
The captain sent out an SOS.
The captain showed remarkable courage.

uniform [júːmifɔ̀ːrm]
명 제복, 유니폼

EX Soldiers, policemen, and nurses wear uniforms.

march [mɑːrtʃ]
동 행진하다 명 행진, 행진곡

EX They marched through the streets.
A long march made him tired.
a wedding march

fight [fait]
동 싸우다 명 싸움, 전투
▷fight-fought-fought

EX Who were you fighting with?
I had a fight with him.
Bill had a fight with his friend.

quarrel [kwɔ́(ː)rəl]
동 말다툼하다, 싸우다 명 말다툼, 싸움

EX Don't quarrel with your friends.
He had a quarrel with his father.

kill [kil]
동 죽이다

EX Kill that fly.
He was killed in a traffic accident.

die [dai]
동 죽다 반 live ▷현재분사형은 dying

EX When did she die?
My grandfather died of cancer.

lose [luːz] 동 ① 잃다 ② (경기 등에서) 지다
반 win (이기다) ▷lose-lost[lɔ́ːst]-lost

EX He lost his keys.
We lost the tennis game.

영단어 jie 0515

Japanese in English

정 열 편

戦争が起きたら
せんそう お

名 戦争 反 peace 平和	第二次世界大戦は1939年に起こった。 제2차 세계 대전은 1939년에 일어났다. 彼女の息子は戦争で亡くなった。 그녀의 아들은 전쟁에서 죽었다.
名 軍人, 兵士	弟は軍人になりたがっている。 내 동생은 군인이 되고 싶어 한다. 彼は偉大な兵士だった。 그는 위대한 군인이었다. 無名戦士 무명용사
名 ① 長, 指導者, キャプテン ② 船長, 機長 ③ (陸軍)大尉	ロビンフッドは彼の連中の頭だった。 로빈후드는 그의 일당의 우두머리였다. 船長はSOSを発信した。 선장이 SOS를 발신했다. その大尉は素晴らしい勇気を見せた。 그 대위는 놀라운 용기를 보였다.
名 制服 , ユニフォーム	軍人, 警官, 看護婦は制服を着る。 군인, 경찰관, 간호사는 제복을 입는다.
動 行進する, 進む 名 行進, 行進曲	彼らは通りを行進した。 그들은 거리를 행진했다. 長い行軍は彼を疲れさせた。 오랜 행군이 그를 지치게 했다. 結婚行進曲 결혼 행진곡
動 戦う, 喧嘩する 名 戦い, 戦闘	誰と戦っていたの? 누구와 싸우고 있었니? 私は彼と喧嘩をした。 나는 그와 싸웠다. ビルと友達は殴り合った。 빌은 친구와 싸움을 했다.
動 口喧嘩, 口論, 言い争い 名 口喧嘩する, 言い争う	友達と口喧嘩するな。 친구들과 싸우지(다투지) 말아라. 彼はお父さんと口喧嘩をした。 그는 자기 아버지와 싸웠다.
動 殺す	あのはえを殺せ。 저 파리를 죽여라. 彼は交通事故で亡くなった。 그는 교통사고로 죽었다.
動 死ぬ	彼女はいつ死んだんですか? 그녀는 언제 죽었습니까? おじいさんは癌で亡くなりました。 할아버지는 암으로 돌아가셨다.
動 ① 失う, 無くす, 落とす ② (勝負などに)負ける	彼は鍵を無くした。 그는 열쇠를 잃어버렸다. 私達はテニスの試合に負けた。 우리는 테니스 경기에서 졌다.

because [bikɔ́(ː)z]
접 왜냐하면, …때문에

EX I am late because I missed the bus.

since [sins] 접 ① …한 이래로
② …이므로 전 …이래, …이후

EX She has studied hard since school began.
Since it was Sunday, all the stores were closed.
It has been raining since yesterday morning.

as [æz] 접 ① …과 같이, …만큼
② …할 때 ③ …이므로 (전) …로서

EX I am as tall as he.
Tom came in as I was reading.
As he is rich, he looks happy.

if [if]
접 ① 만약 …한다면 ② …인지 어떤지

EX I will go if it doesn't rain.
I don't know if he is busy.

than [ðæn]
접 (형용사·부사의 비교급 뒤에 옴) …보다

EX I like milk better than juice.

however [hauévər]
접 그러나 부 아무리 …해도

EX My room is small. However, I like it.
However hungry you may be, you must eat slow

while [hwail]
접 ① …하는 동안에 ② 그러나 한편

EX He eats supper while he watches TV.
Some are rich, while others are poor.

which [hwitʃ] 대 (의문대명사) 어느 쪽 [것]
형 ·어느 쪽의, 어느

EX Which do you like better, tea or coffee?
Which season do you like best?

tonight [tənáit]
명 오늘밤 부 오늘밤에

EX Here is tonight's news.
We are going to a party tonight.

weekday [wíːkdèi]
명 평일

EX They work on weekdays.

everyday [évridèi]
형 매일의, 일상의 ▷every day는 부사구

EX I am happy in my everyday life.
You must learn everyday English.

接続詞と日常の生活

接	なぜなら~だから, ~なので, ~だから	私はバスに乗り遅れたので遅れました。 나는 버스를 놓쳐서 늦었어.
接 前	① ~してから ② ~だから, ~なので ~以来（ずっと）	彼女は授業が始まってから熱心に勉強している。 그녀는 수업이 시작된 이래로 열심히 공부하고 있다. 日曜日だったから店は全部閉まっていた。 일요일이었으므로 모든 가게들은 닫혀 있었다. 昨日の朝からずっと雨が降っている。 어제 아침이후 내내 비가 오고 있다.
接 前	① ~と同じくらい … ② ~いる時 ③ ~なので, ~だから ~として	私は彼と同じくらいの高さだ。 나는 그만큼 키가 크다. 私が本を読んでいる時トムが入って来た。 내가 독서하고 있을 때 탐이 들어왔다. 彼は金持ちなので幸せそうだ。 그는 부자이므로 행복해 보인다.
接	① もし~なら ② ~かどうか	雨が降らなければ出掛けようと思う。 비가 오지 않는다면 나는 외출할 텐데. 私は彼が忙しいかどうか分からない。 나는 그가 바쁜지 어떤지 모른다.
接	(形容詞, 副詞の比較級の後に来て)~より	私はジュースよりミルクの方が好きだ。 나는 주스보다 우유를 더 좋아한다.
接 副	しかし（ながら）, けれども どんなに~でも	私の部屋は小さい。しかし私はそれが好きだ。 내 방은 작다. 그러나 나는 그 방이 좋다. どんなに腹が空いてもゆっくり食べなさい。 아무리 배가 고프다해도 천천히 먹어야 한다.
接	① ~する間に ② 一方	彼はテレビを見る間に夕食を取る。 그는 TV를 보는 동안에 저녁을 먹는다. 金持ちがいる一方, 貧しい人もいる。 부자가 있는 반면에 가난한 사람도 있다.
代 形	どちら, どっち どちらの, どの	お茶とコーヒーとどちらが好きですか。 차와 커피 중 어느 것을 더 좋아하니? どの季節が一番好きですか。 어느 계절을 가장 좋아하니?
名 副	今夜, 今晩 今夜(は)	今夜のニュースです。 오늘 밤의 뉴스입니다. 私達は今夜パーティーへ行きます。 우리는 오늘밤 파티에 갈 것이다.
名	平日, ウィークデー	彼らは平日に働きます。 그들은 평일에 일한다.
形	毎日の, 日常の	私は日常生活で幸せです。 나는 일상의 생활에서 행복하다. あなたたちは日常英語を習うべきだ。 너희들은 일상 영어를 배워야 한다.

21 건강하려면

영어와 일본어가 함께하는 일본어 jie 0515

Japanese in English

정 열 편

body [bádi]
몡 몸, 신체 반 mind

EX Sam has a strong body.
A sound mind in a sound body.

health [helθ]
몡 건강 ▷héalthy 혱 건강한

EX Nothing is more important than health.
All the children are healthy.

cough [kɔ(ː)f]
몡 기침 동 기침을 하다 ▷ 'gh' 발음에 유의

EX She has a bad cough.
He coughed hard.

headache [hédèik]
몡 두통 ▷ 'ch' 발음에 유의

EX I got a severe headache.

sick [sik]
혱 앓는, 병난

EX He has been sick for a week.
He is sick in bed.

hospital [háspitəl]
몡 병원

EX Henry is in the hospital.
His sister is a hospital nurse.

exercise [éksərsàiz]
몡 ① 연습 ② 운동
동 ① 연습하다 ② 운동하다

EX Do the first exercise in your book.
Daily exercises are good for health.
The teacher exercised the boys in swimming.
They exercise for an hour every morning.

jogging [dʒágiŋ]
몡 조깅

EX I joined him for a jogging.

energy [énərdʒi]
몡 활력, 원기, 에너지

EX Children have much energy.
He talked about atomic energy.

strong [strɔ(ː)ŋ]
혱 강한, 튼튼한 반 weak (약한)

EX Sam's soccer team is very strong.

21 健康の為に

名 体, 身体

サムは体が丈夫だ。 샘은 몸이 튼튼하다.
健全な身体に健全な精神。 건강한 신체에 건강한 정신.

名 健康
healthy 形 健康な

健康ほど大切なものはない。 건강보다 더 중요한 것은 없다.
子供たちは皆元気だ。 아이들은 모두 건강하다.

名 咳
動 咳をする, 咳き込む

彼女は咳が酷く出ている。 그녀는 기침이 심하다.
彼は酷く咳き込んだ。 그는 심하게 기침을 했다.

名 頭痛

私は酷い頭痛がした。 나는 심한 두통을 앓았다.

形 病気の, 気分が悪い

彼は一週間ずっと病気だった。 그는 1주일 동안 쭉 앓았다.
彼は病気で寝ている。 그는 병이 나서 누워 있다.

名 病院

ヘンリーは入院している。 헨리는 병원에 입원 중이다.
彼の妹は病院の看護婦である。 그의 누이는 병원 간호사이다.

名 ① 練習, 練習問題
② 運動
動 ① 練習する ② 運動する

本の最初の練習問題をやりなさい。 책의 첫 연습 문제를 풀어라.
毎日運動するのは健康によい。 매일 운동하면 건강에 좋다.
先生は少年たちに泳ぎを練習させた。 선생님은 소년들에게 수영을 연습시켰다.
彼らは毎朝一時間ずつ運動する。 그들은 매일 아침 한 시간씩 운동한다.

名 ジョギング

私は彼と一緒にジョギングをした。 나는 그와 같이 조깅했다.

名 活力, 元気, エネルギー, 精力

子供たちは元気が溢れている。 어린이들은 활력이 넘친다.
彼は原子力について述べた。 그는 원자력에 관하여 말했다.

形 強い, 丈夫な

サムのサッカーチームはすごく強い。 샘의 축구팀은 매우 강하다.

---

22 흔들리는 건물

castle [kæsl]
명 성 ▷'t'가 발음되지 않음에 유의

EX The castle is on the hill.
There are many old castles in Europe.

build [bild] 동 짓다, 세우다, 건설하다
▷build–built[bilt]–built

EX Henry is building a dog house.
Rome was not built in a day.

hall [hɔːl]
명 ① 회관 ② 복도, 통로, 홀

EX The children were in the Students' Hall.
Please take off your shoes in the hall.

floor [flɔːr]
명 ① 바닥, 마루 ② (건물의) 층

EX Marry sweeps the floor every day.
His office is on the sixth floor.

step [step]
명 ① 발걸음 ② 단계, 계단
동 걸음을 옮기다, 걷다

EX He took a step back.
Don't rush ; do it step by step.
Will you step inside?

shake [ʃeik] 동 ① 흔들다, 흔들리다
② 떨다 ▷shake–shook[ʃuk]–shaken[ʃéikən]

EX Don't shake the tree.
She was shaking with cold.

surprise [sərpráiz]
동 놀라게 하다   명 놀람, 놀라운

EX I was surprised at the news.
I have a surprise for you.

nearby [níərbái]
형 가까운   부 가까이에

EX She works at a nearby post office.
There is a river nearby.

end [end]
명 ① 끝 ② 목적   동 끝나다
반 begin(시작하다)

EX This is the end of the story.
At last he gained his end.
The story ended happily.

tower [táuər]
명 탑

EX Let's go up to the Eiffel Tower.
the Tower of London / a control tower

bridge [bridʒ] 명 다리, 교량

EX Bill is crossing the bridge.

揺れる建物

名 城	その城は丘の上にある。 그 성은 언덕 위에 있다.
	ヨーロッパには沢山の古城がある。 유럽에는 옛 성이 많이 있다.
動 建てる, 造る	ヘンリーは犬小屋を建てている。 헨리는 개집을 짓고 있다.
	ローマは一日にして成らず；大器晩成 로마는 하루아침에 이루어지지 않았다.
名 ① 会館, ホール	子供たちは学生会館にいた。 아이들은 학생회관에 있었다.
② 広間, 玄関, 廊下	廊下では靴を脱いで下さい。 복도에서는 신을 벗어주세요.
名 ① 床	メアリーは毎日床を掃く。 메리는 매일 바닥을 쓴다.
② (建物の)階	彼の事務室は6階にある。 그의 사무실은 6층에 있다.
名 ① 歩み ② (階段の)段	彼は一歩後ろへ下がった。 그는 뒤로 한 걸음 물러났다.
動 歩く	急がないで着実にしなさい。 서두르지 말고 차근차근 해라.
	中に入りませんか。 안으로 들어가시겠어요?
動 ① 振る, 揺さぶる：揺れる	木を揺さぶるな。 나무를 흔들지 마라.
② 震える	彼女は寒さに震えていた。 그녀는 추위로 몸을 떨고 있었다.
動 驚かす, びっくりさせる	私はその知らせを聞いて驚いた。 나는 그 소식을 듣고 놀랐다.
名 驚き	君をびっくりさせる物(事)があるよ。 네가 놀랄 소식이 있어.
形 近くの	彼女は近くの郵便局で働いている。 그녀는 가까운 우체국에서 일한다.
副 近くに	近くに川があります。 가까이에 강이 있습니다.
名 ① 終り ② 目的	これがその物語の結末である。 이것이 그 이야기의 끝이다.
動 終わる	ついに彼は目的を達した。 마침내 그는 목적을 달성했다.
反 begin(始まる)	その物語は幸せに終わった。 그 이야기는 해피엔딩으로 끝났다.
名 塔, タワー	エッフェル塔に登りましょう。 에펠 탑에 올라가 보자.
	ロンドン塔 런던탑　航空管制塔 (공항의)관제탑
名 橋	ビルは橋を渡っている。 빌이 다리를 건너고 있다.

23 어떤 모임

club [klʌb]
명 클럽, 반

EX My brother belongs to the ski club.

group [gruːp]
명 집단, 그룹

EX We saw a group of children laughing.

member [mémbər]
명 회원, 일원

EX Min-ho is a member of the baseball team.

join [dʒɔin] 동 ① 참여하다, 가입하다
② 결합하다, 합류하다 (同) take part in(참여하다)

EX I would like to join the club.
Bill joined the two pipes together.

meeting [míːtiŋ]
명 모임, 회합

EX The club meeting was a success.

center [séntər]
명 ① 중앙 ② 중심시

EX Our school is in the center of the city.
New York is one of the centers of world trade.

rule [ruːl]
명 ① 규칙 ② 지배 동 지배하다

EX Don't break the rules.
The country was under the British rule.
The King ruled the country for forty years.

follow [fálou]
동 ① (규칙 등을) 따르다 ② 따라가다

EX She has followed the directions.
Please follow me.

following [fálouiŋ]
형 다음의 (同) next

EX On the following day he started.
I couldn't wait until the following day.

poster [póustər]
명 포스터

EX They put up a poster on the wall.
The poster was put up on the wall.

ある集まり

名	クラブ, 会；部	兄はスキー部に所属している。 나의 형은 스키 클럽 회원이다.
名	群れ, 集まり, 集団	私達は一団の子供が笑っているのを見た。 우리는 한 무리의 아이들이 웃는 것을 보았다.
名	一員, 会員, 部員	ミンホは野球チームの一員である。 민호는 야구부의 회원이다.
動	① (~に)加わる, 参加する ② 繋ぐ, 結合する	クラブに入りたいんですが。 클럽에 가입하고 싶은데요. ビルは二つのパイプを繋いだ。 빌은 두 개의 파이프를 연결했다.
名	会, 会合, 集会	クラブの会は成功だった。 클럽 모임은 성공적이었다.
名	① 中心, 中央 ② 中心地, センター	うちの学校は市の中央にある。 우리 학교는 시의 중앙에 있다. ニューヨークは世界貿易の中心地の一つである。 뉴욕은 세계 무역 중심지 가운데 하나이다.
名 動	① 規則, ルール ② 支配 支配する	規則を破るな。 규칙을 어기지 마라. その国は英国の支配下にあった。 그 나라는 영국의 지배하에 있었다. 王は40年間その国を治めた。 왕은 그 나라를 40년 동안 통치했다.
動	① (規則などを)従う, 守る ② 付いて行く(来る)	彼女は指示に従った。 그녀는 지시를 따랐다. 私に付いて来て下さい。 나를 따라 오세요.
形	次の	その翌日彼は出発した。 그 다음 날에 그는 출발했다. その翌日まで待つことが出来なかった。 나는 그 다음날까지 기다릴 수 없었다.
名	ポスター, ビラ	彼らは壁にポスターを貼った。 그들은 벽에 포스터를 붙였다. 壁にポスターが貼ってあった。 벽에 포스터가 붙어 있었다.

24 개구쟁이가 사는 집

stair [stɛər]

명 층계, 계단

🔵EX Tommy ran up the stairs fast.

---

basket [bǽskit]

명 바구니, 바스켓

🔵EX The basket is full of apples.

---

lamp [læmp]

명 등불, 램프

🔵EX Mary is reading by the lamp.

an electric lamp / street lamps

---

hang [hæŋ]

동 걸다, 매달다 ▷hang-hung[hʌŋ]-hung

🔵EX A picture is hanging on the wall.

---

rose [rouz]

명 장미

🔵EX No rose without a thorn.

Mary is smelling a rose.

---

vase [veis]

명 꽃병

🔵EX She put some flowers in the vase.

The vase is full of flowers.

---

break [breik]

동 깨뜨리다, 부수다 ▷break-broke-broken

🔵EX The boy broke the window.

Who broke the vase?

---

silver [sílvər]

명 은 형 은의

🔵EX This spoon is made of silver.

She has a silver hair.

---

gold [gould]

명 금 형 금의 ▷gólden 형 금색의, 귀중한

🔵EX The medal is made of gold.

He bought a gold watch.

Her hair is golden.

---

o'clock [əklák]

명 …시 ▷of the clock의 줄임말

🔵EX School begins at nine o' clock.

영어속의 일본어 jie 0515

Japanese in English

정 열 편

いたずらっ子のいる家

名 階段	トミーは階段を速く駆け上がった。 토미는 계단을 빨리 뛰어 올라갔다.
名 籠, バスケット	その籠はりんごで一杯だ。 그 바구니는 사과로 가득 차 있다.
名 明かり, 灯火, ともしび, ランプ	メアリーは明かりの傍で本を読んでいる。 메리는 등불 곁에서 책을 읽고 있다. 電灯(電気スタンド) 전등　街灯 가로등
動 掛ける, 吊す	壁に一枚の絵が掛けてある。 그림 한 점이 벽에 걸려 있다.
名 ばら, バラの花	棘のないばらはない。 가시 없는 장미는 없다. メアリーはばらの香りを嗅いでいる。 메리는 장미 향기를 맡고 있다.
名 花瓶	彼女は花瓶に花を差した。 그녀는 꽃병에 꽃을 꽂았다. その花瓶は花で満ちている。 그 꽃병에는 꽃이 가득하다.
動 壊す, 破る	その男の子が窓を壊した。 그 소년이 유리창을 깨뜨렸다. 誰が花瓶を割ったの? 누가 꽃병을 깨뜨렸니?
名 銀 形 銀(色)の	このスプーンは銀で作られている。 이 스푼은 은으로 만들어져 있다. 彼女の髪は銀髪である。 그녀의 머리는 은발이다.
名 金　形 金(製)の 形 金色の, 貴重な	このメダルは金で作られている。 이 메달은 금으로 만들어져 있다. 彼は金の時計を買った。 그는 금시계를 샀다. 彼女の髪は金髪である。 그녀의 머리는 금발이다.
名 ~時	授業は9時から始まる。 수업은 9시에 시작된다.

25 초대받은 손님

invite [inváit]
图 초대하다 ▷invitátion 명 초대

<EX> I was invited to Mary's birthday party.
I sent him an invitation card.

guest [gest]
명 (초대받은) 손님

<EX> I invited three guests to dinner.

dining room [dáiniŋ rù(:)m]
명 (집안의) 식당

<EX> We have meals in the dining room.

turkey [táːrki]
명 칠면조, 칠면조 고기

<EX> On Christmas Day we eat turkey.

introduce [ìntrədʲúːs]
图 소개하다

<EX> Let me introduce myself.
She introduced me to her parents.

dialog [dáiəlɔ̀(:)g]
명 대화

<EX> Dramas are written in dialog.

lady [léidi]
명 숙녀, 부인

<EX> Who is that lady?
Ladies and Gentlemen!

gentleman [dʒéntlmən]
명 식사 ▷복수형은 gentlemen

<EX> The gentleman was reading a book.

adult [ədʌ́lt, ǽdʌlt]
명 성인, 어른

<EX> Adults should love children.

lad [læd]
명 젊은이, 소년

<EX> The lad helped me.

kid [kid]
명 아이 (同) child 图 놀리다

<EX> I took the kids to the park.
You're kidding, aren't you?

25 招待(しょうたい)されたお客(きゃく)さん

動 招待(しょうたい)する, 招(まね)く invitation 名 招待(しょうたい)	私(わたし)はメアリーの誕生(たんじょう)パーティーに招待(しょうたい)された。	나는 메리의 생일 파티에 초대받았다.
	私(わたし)は彼(かれ)に招待状(しょうたいじょう)を出(だ)した。	나는 그에게 초대장을 보냈다.

名(招待(しょうたい))された客(きゃく), ゲスト

私(わたし)は3人(にん)の客(きゃく)を夕食(ゆうしょく)に招待(しょうたい)した。 나는 세 명의 손님을 저녁식사에 초대했다.

名(家庭(かてい), ホテルの) 食堂(しょくどう)

私達(わたしたち)は食堂(しょくどう)で食事(しょくじ)をする。 우리는 식당에서 식사한다.

名 七面鳥(しちめんちょう), 七面鳥(しちめんちょう)の肉(にく)

私達(わたしたち)はクリスマスに七面鳥(しちめんちょう)の肉(にく)を食(た)べる。
크리스마스에 우리는 칠면조 고기를 먹는다.

動 紹介(しょうかい)する

自己紹介(じこしょうかい)をいたします。 제 소개를 하겠습니다.
彼女(かのじょ)は僕(ぼく)を両親(りょうしん)に紹介(しょうかい)してくれた。 그녀는 나를 그녀의 부모님께 소개했다.

名 対話(たいわ)

ドラマは対話(たいわ)で書(か)かれている。 드라마는 대화로 쓰여진다.

名 婦人(ふじん), 女(おんな)の方(かた), 女性(じょせい), 女(おんな)の人(ひと)

あの女性(じょせい)はどなたですか。 저 여자 분은 누구십니까?
皆(みな)さん 신사 숙녀 여러분!

名 紳士(しんし), 男(おとこ)の方(かた)

あの紳士(しんし)は本(ほん)を読(よ)んでいた。 그 신사는 책을 읽고 있었다.

名 大人(おとな), 成人(せいじん)

大人(おとな)は子供(こども)を愛(あい)するべきである。 어른들은 어린이를 사랑해야 한다.

名 若者(わかもの), 少年(しょうねん)

あの少年(しょうねん)が僕(ぼく)を助(たす)けてくれた。 그 소년이 나를 도와주었다.

名 子供(こども)	私(わたし)は子供(こども)を公園(こうえん)へ連(つ)れて行(い)った。	나는 아이들을 공원에 데리고 갔다.
動 からかう	ご冗談(じょうだん)でしょう。まさか。	농담하시는 거죠, 그렇죠?

26 중요한 부사

away [əwéi]
🔡 떨어져서, 멀리

ⓔⓧ Go away! I'm busy.
How far away is your school?

even [íːvən]
🔡 …조차, …라도

ⓔⓧ It isn't warm here even in summer.
Even a child could understand it.

ever [évər]
🔡 지금까지, 전에

ⓔⓧ Have you ever seen the movie?
This is the best movie I've ever seen.

quite [kwait]
🔡 아주, 상당히, 꽤

ⓔⓧ They are quite healthy.
It's quite warm today.

anyway [éniwèi]
🔡 아무튼, 여하튼

ⓔⓧ I must go, anyway.
Anyway, I shall go.

probably [prábəbli]
🔡 아마도, 다분히

ⓔⓧ He probably didn't know it.
It will probably snow tonight.

sometime [sʌ́mtàim]
🔡 (미래나 과거의) 언젠가

ⓔⓧ I saw him sometime last year.
She will arrive sometime next week.

ago [əgóu]
🔡 (시간을 나타내어) 지금부터 …전에

ⓔⓧ She died five years ago.
I saw him two weeks ago.

still [stil]
🔡 아직도, 여전히

ⓔⓧ I'm still loving you.
It's still cold in March.

already [ɔːlrédi]
🔡 이미, 벌써

ⓔⓧ It's nine o'clock already.
Has the bell rung already?

yet [jet] 🔡 ① (부정문) 아직 …(않다)
② (의문문) 벌써, 이미 ③ (긍정문) 아직, 여전히

ⓔⓧ He hasn't got up yet.
Have you finished the book yet?
She loves you yet.

Japanese in English

jie 0515

영어 속의 일본어

정 열 편

重要な副詞

副 離れて, あちらへ	あちらへ行って！ 忙しいから。 저리가! 나는 바빠. 学校は(ここから)どのくらい離れているの？ 너의 학교는 얼마나 멀리 떨어져 있니?
副 ~でさえ, ~すら；~でも	ここは夏でさえ暑くない。 여기는 여름에 조차도 덥지 않다. 子供でもそれが分かるでしょう。 어린애라도 그것을 이해할 것이다.
副 かつて, 今までに	その映画を見たことがあるの？ 너는 그 영화를 본 적이 있니? これは今まで見た中で最高の映画だ。 이것은 내가 지금까지 본 중에서 제일 좋은 영화이다.
副 ① 全く, 完全に, すっかり ② かなり, なかなか, 随分	彼らはすっかり元気だ。 그들은 아주 건강하다. 今日はかなり暑いですね。 오늘 꽤 덥군.
副 とにかく, いずれにしても	とにかく私は行かなければならない。 아무튼 난 가야만 해. いずれにしても私は行く。 어쨌든 나는 갈 것이다.
副 多分, 十中八九は	彼は多分そのことを知らなかったようだ。 그는 아마 그것을 몰랐을 것이다. 今晩は多分雪だろう。 오늘밤 아마 눈이 올 것이다.
副 (未来と過去の)いつか	私は去年のいつだったか彼に会った。 나는 작년에 언젠가 그를 보았다. 彼女は来週のいつか着くだろう。 그녀는 다음 주 언젠가 도착할 것이다.
副 (今から)~前に	彼女は5年前に亡くなった。 그녀는 5년 전에 죽었다. 私は2週間前に彼にあった。 나는 이 주일 전에 그를 만났다.
副 まだ, 今でも：なお一層, もっと, 更に：それでも, やはり	まだ君を愛しています。 아직도 너를 사랑하고 있어. 3月だが, それでもなお寒い。 3월인데도 여전히 춥다.
副 もう, すでに, 早くも： とっくに	もう9時だ。 벌써 아홉시다. ベルが既に鳴ったの？ 종이 이미 울렸니?
副 ① (否定文)まだ(~しない) ② (疑問文)もう, 既に ③ (肯定文)まだ, 　　今のところ(は)	彼はまだ起きていない。 그는 아직도 안 일어났어. その本をもう読み終わったか。 벌써 그 책을 다 읽었니? 彼女はまだあなたを愛している。 그녀는 여전히 너를 사랑한다.

27 부분과 전체

영어 속의 일본어 jie 0515

Japanese in English

정 열 편

part [pɑːrt]
명 ① 부분 ② (주어진) 역할

🔸 This is only (a) part of the story.
I played the part of Hamlet.

half [hæf]
명 절반 형 절반의 부 절반만큼
▷ 'l'이 발음되지 않음에 유의

🔸 Half of six is three.
It takes me a half hour to walk to my house.
My homework is half done.

whole [houl]
형 전체(부)의 명 전체, 전부 반 part(부분)

🔸 It rained for three whole days.
The whole of my money was gone.

each [iːtʃ] 형 각각의, 각자의
대 각기, 각각 ▷항상 단수 취급함

🔸 Each student has his own desk.
Each has his own room.

both [bouθ]
형 양쪽 다의 대 양쪽 (부) 둘 다

🔸 Both houses are small.
Both are dead.
These books are both mine.

enough [inʌf]
형 충분한 부 충분히 ▷ 'gh' 발음에 유의

🔸 We have enough time.
Have you had lunch enough?

fill [fil]
동 채우다, 가득 차다

🔸 Parents filled the auditorium.

such [sʌtʃ]
형 ① 그러한 ② 그렇게
대 그런 일[사람·물건]

🔸 I have never seen such a sight.
Don't ask such silly questions.
Such is life.

either [íːðər]
형 (둘 중) 어느 하나의 대 (둘 중) 어느 하나

🔸 You can take either book.
Either will do.

neither [níːðər]
부 ① (neither … nor ~) …도 아니고 ~도
아니다 형 (둘 중) 어느 쪽도 …아닌
대 (둘 중) 어느 쪽도 …아니다

🔸 Neither Min-ho nor I know it.
We have neither money nor power.
Neither story is true.
Neither of the boys won the race.

27 部分と全体

名	① 部分, 一部	これはその話のただ一部だけである。 이건 단지 그 이야기의 일부일 뿐이다.
	② 役目, 役割	私はハムレットの役を演じた。 나는 햄릿 역할을 했다.
名	半分, 2分の1	6の半分は3だ。 6의 절반은 3이다.
形	半分の	家までは歩いて半時間掛かる。 나의 집까지 걸어서 반시간 걸린다.
副	半分だけ	宿題は半分だけ済んでいる。 나의 숙제는 절반만큼 끝났다.
形	全体(部)の	丸三日間雨が降り続いた。 사흘 동안 내내 비가 내렸다.
名	全体, 全部, 凡て	僕はお金が全部無くなった。 내 돈 전부가 없어졌다.
形	銘々の, それぞれの, 各々の	銘々の生徒が自分の机を持っている。 학생들은 각자 자기 책상을 갖고 있다.
代	各自, 銘々	銘々が自分の部屋を持っている。 각자 자기 방이 있다.
形	両方の	どちらの家も小さい。 두 집 모두 아담하다.
代	両方, 二人, 二つ	二人とも亡くなった。 둘 다 죽었다.
副	両方とも, どちらも	この本は両方とも私のだ。 이 책들은 둘 다 나의 것이다.
形	十分な	時間は十分ある。 시간은 많다(충분하다).
副	十分に	お昼は十分に食べたの? 점심은 충분히 먹었니?
動	満たす, 一杯ある	講堂は父兄達で一杯になった。 학부모들이 강당을 가득 채웠다.
	満ちる, 一杯になる	
形	① そのような, こんな	私はそんな光景は見たことがない。 나는 그런 광경을 결코 본 적이 없다.
	② そんなに(こんなに)	そんな馬鹿げた質問をしないで。 그렇게 바보 같은 질문은 하지 마라.
代	そのような(人, 物)	人生とはそんなものだ。 인생이란 그런 것이다.
形	どちらの(~でも)	どちらの本でも持って行きなさい。 어느 쪽 책이든 가져가세요.
代	どちらでも	どちらでもいい。 어느 쪽이든 좋다.
副	~でもなく, …でもない	ミンホも僕もそれを知らない。 민호도 나도 그것을 모른다.
形	(二つ, 二人の) どちらの~も…ない	私達にはお金も権力もない。 우리에게는 돈도 없고 힘도 없다.
		どちらの話しも本当ではない。 어느 쪽 이야기도 사실이 아니다.
代	(二つ, 二人の中の) どちらも…ない	少年たちのどちらも試合に勝てなかった。 소년들 중 어느 쪽도 경주에서 이기지 못했다.

28 시험치는 날

examination [igzæmənéiʃən]
명 ① 시험 ② 검사, 조사 ▷단축형은 exam

Ex Who likes examinations?
I had a physical examination.
an enterance exam / a medical exam

test [test]
명 시험, 테스트 동 시험하다, 검사하다

Ex We had a test in math.
The doctor tested her eyes.

subject [sʌ́bdʒikt]
명 ① 과목 ② 주제, 제목 ③ (문법) 주어

Ex English is my favorite subject.
What is the subject of your study?
The subject 'I' is the first person.

alphabet [ǽlfəbèt]
명 알파벳

Ex There are twenty six letters in the
English alphabet.

history [hístəri]
명 역사

Ex We studied the history of Korea.
History repeats itself.

mathematics [mæ̀θəmǽtiks]
명 수학 ▷단수 취급함/단축형은 math

Ex He is majoring in mathematics.
I wish I were good at mathematics.

textbook [tékstbùk]
명 교과서

Ex This textbook is easy.
Open your textbook to page 34.

paper [péipər]
형 ① 종이 ② 신문 ③ 답안지

Ex Would you give me a piece of paper?
Where is the morning paper?
Hand in your papers.

print [print]
명 인쇄 동 인쇄하다

Ex This book has clear print.
This magazine is printed in Japan.
fingerprint / footprint / a blueprint

difficult [dífikʌ̀lt]
형 어려운, 곤란한 (同) hard (反) easy

Ex The test was very difficult.
Speaking English is difficult.

試験の日
しけん の ひ

名 ①	試験,	誰が試験が好きだと言うの？ 누가 시험을 좋아하겠니?
②	検査, 調査	私は身体検査を受けた。 나는 신체검사를 받았다.
		入学試験 입학시험　健康診断 건강진단

名	テスト, 試験	我々は数学のテストを受けた。 우리는 수학 시험을 쳤다.
動	テストする, 試験する	医者は彼女の目を検査した。 의사는 그녀의 눈을 검사했다.

名 ①	科目, 学科, 教科	英語は私の一番好きな科目だ。 영어는 내가 가장 좋아하는 과목이다.
②	主題, 題目, テーマ	あなたの研究テーマは何ですか。 당신의 연구 주제는 무엇입니까?
③	（文法）主語	主語の‘I’は第一人称である。 주어 'I' 는 1인칭이다.

名	アルファベット	英語のアルファベットは26文字ある。 영어의 알파벳에는 26자가 있다.

名	歴史	私達は韓国の歴史を勉強した。 우리는 한국의 역사에 대해 공부했다.
		歴史は繰り返す。 역사는 되풀이된다.

名	数学	彼は数学を専攻している。 그는 수학을 전공한다.
		数学が得意になればいいのになあ。 나는 수학을 잘 했으면 좋겠다.

名	教科書, テキスト	この教科書は易しい。 이 교과서는 쉽다.
		教科書の34ページを開きなさい。 교과서 34페이지를 펴라.

名 ①	紙	紙を一枚下さいませんか。 종이 한 장 주시겠어요?
②	新聞	朝刊は何処にあるの？ 조간신문이 어디 있지?
③	答案用紙	答案を提出しなさい。 답안지를 제출하라.

名	印刷(物)	この本は印刷がきれいだ。 이 책은 인쇄가 선명하다.
動	印刷する	この雑誌は日本で出版された。 이 잡지는 일본에서 인쇄되었다.
		指紋 지문　足跡 발자국　青写真 청사진

形	難しい, 困難な	テストはとても難しかった。 시험은 아주 어려웠다.
		英語を話すのは難しい。 영어를 말하는 것은 어렵다.

29 내가 대통령이 된다면

nation [néiʃən]
명 ① 국가 ② 국민
▷nátional 형 ① 국가의 ② 국민의

EX Korea is a democratic nation.
The President spoke on TV to the nation.
a national anthem / a national holiday
a national park / a national theater

state [steit]
명 ① 국가 ② (미국의) 주 ③ 상태

EX They built their own State.
There are fifty states in America.
What is the state of his health?

president [prézidənt]
명 ① 대통령 ② 회장; 사장

EX The President will visit Japan next week.
We chose him president of our club.

lead [liːd] 동 ① 이끌다, 지휘하다
② 인도하다, 안내하다 ▷lead-led[led]-led

EX The captain led his team to victory.
I led him to the exit.

leader [líːdər]
명 지도자, 리더

EX She is the leader of our team.
He became a leader of the black people.

direct [dirékt, dai]
동 ① 지시하다, 감독하다 ② 길을 가르쳐주다
형 ① 곧바른 ② 직접의
부 ① 곧바로 ② 직접

EX She directed us to different places.
Can you direct us to the zoo?
She directed Min-ho to do the work.
Draw a direct line here.
I want a direct answer.
Does this train go direct to Busan?

public [pʌ́blik]
형 ① 공공의 ② 공적인

EX Public libraries are open to all the people.
public relations / public opinion

police [pəlíːs]
명 경찰 ▷the police는 항상 복수 취급

EX I think you should call the police.

law [lɔː]
명 법률, 법칙

EX Everyone must obey the law.
That's against the law.

custom [kʌ́stəm] 명 관습, 풍습

EX I'm interested in the customs of your country.

29 私が大統領になったら
わたし だいとうりょう

名 ① 国家
こっか

② 国民
こくみん

韓国は民主国家である。 한국은 민주국가이다.
かんこく みんしゅこっか

大統領はテレビで国民に演説した。 대통령이 TV로 대국민 담화를 했다.
だいとうりょう こくみん えんぜつ

形 ① 国家の
こっか

② 国民の
こくみん

国歌 국가　国民の祝日 공휴일, 法廷休日 국경일
こっか　　　こくみん しゅくじつ　　ほうていきゅうじつ

国立公園 국립공원　国立劇場 국립극장
こくりつこうえん　　　こくりつげきじょう

名 ① 国家, 国
こっか くに

② (米国の)州
べいこく しゅう

③ 状態
じょうたい

彼らは自分の国を建てた。 그들은 자기들의 나라를 세웠다.
かれ じぶん くに た

アメリカには50の州がある。 미국에는 50개 주가 있다.
しゅう

彼の健康状態はどう。 그의 건강 상태는 어떠니?
かれ けんこうじょうたい

名 ① 大統領
だいとうりょう

② 会長; 社長
かいちょう しゃちょう

大統領は来週日本を訪問するつもりだ。 대통령은 다음 주에 일본을 방문할 것이다.
だいとうりょう らいしゅうにほん ほうもん

私達は彼をクラブの会長として選んだ。 우리는 그를 우리 클럽의 회장으로 선출했다.
わたしたち かれ かいちょう えら

動 ① 先頭に立つ, 率いる
せんとう た ひき

② 導く, 案内する
みちび あんない

キャプテンは彼のチームを勝利に導いた。 주장은 팀을 승리로 이끌었다.
かれ しょうり みちび

私は出口まで彼を案内した。 나는 그를 출구까지 안내했다.
わたし でぐち かれ あんない

名 指導者, リーダー
しどうしゃ

彼女はうちのチームのリーダーである。 그녀는 우리 팀의 리더이다.
かのじょ

彼は黒人の指導者になった。 그는 흑인들의 지도자가 되었다.
かれ こくじん しどうしゃ

動 ① 指導する, 命令する,
しどう めいれい
指示する, 監督する
しじ かんとく

② 道を教える
みち おし

形 ① 真っ直ぐ
ま す

② 直接の
ちょくせつ

副 ① 真っ直ぐに ② 直接に
ま す ちょくせつ

彼女は私達に別の所を指示した。 그녀는 우리에게 서로 다른 곳으로 지시했다.
かのじょ わたしたち べつ ところ しじ

動物園へ行く道を教えてくれませんか。 동물원 가는 길 좀 가르쳐 주시겠습니까?
どうぶつえん い みち おし

彼女はミンホにそのことをするよう命令した。 그녀는 민호에게 그 일을 하도록 명령했다.
かのじょ めいれい

ここに直線を引いて。 여기에 직선을 그어라.
ちょくせん ひ

私は率直な返答が欲しい。 나는 솔직한 대답을 원한다.
わたし そっちょく へんとう ほ

この列車は釜山へ直行しますか? 이 열차는 부산으로 직행합니까?
れっしゃ ブサン ちょっこう

形 ① 公の
おおやけ

② 公共の
こうきょう

公立図書館は皆に解放されている。 공공도서관은 모두에게 개방되어 있다.
こうりつ としょかん みんな かいほう

広報(宣伝)活動 홍보(선전)활동　世論 여론
こうほう せんでん かつどう　　　よろん

名 警察
けいさつ

警察を呼ぶのがいいと思う。 내 생각에는 경찰을 부르는 게 좋겠어.
けいさつ よ おも

名 法律, 法則
ほうりつ ほうそく

誰でも法律を守るべきだ。 누구나 법을 준수해야 한다.
だれ ほうりつ まも

それは法律を破ることだ。 그것은 법률 위반이다.
ほうりつ やぶ

名 慣習, 風習, しきたり
かんしゅう ふうしゅう

あなたの国の慣習に興味を持っています。 나는 당신 나라의 관습에 흥미가 있습니다.
くに かんしゅう きょうみ も

30 우주시대가 오면

science [sáiəns]
명 과학

EX We discover new facts by using science.
a science teacher / science fiction

scientist [sáiəntist]
명 과학자

EX He wants to be a nuclear scientist.
a computer scientist

space [speis]
명 ① 우주 ② 공간

EX A spaceship is traveling through space.
time and space / space travel

rocket [rákit]
명 로켓

EX They launched a rocket.
a three-stage rocket

quick [kwik]
형 빠른 (同) fast 반 slow
▷quickly 부 빨리, 급히

EX She is a quick learner.
It was quick and simple.
Jim ran away quickly.

slow [slou]
형 느린 동 느리게 하다
▷slowly 부 천천히, 느리게

EX He is a slow runner.
The driver slowed down the bus.
Would you speak more slowly?

historic [histɔ́(:)rik]
형 역사적으로 중요[유명]한

EX This speech will become historic.
Kyungju is one of the historic places.

historical [histɔ́(:)rikəl]
형 역사의, 역사적 사실에 입각한

EX My favorite books are historical stories.
a historical figure / a historical play

happen [hǽpən]
동 ① (사건 등이) 일어나다
② (~to do) 우연히 …하다

EX What happened to you?
I happened to meet him on the bus.

chance [tʃæns]
명 ① 기회 ② 가망 동 우연히 …하다

EX Give me another chance.
He still has a chance of success.
I chanced to meet her yesterday.

宇宙時代が来たら

名 科学, 理科	科学を利用して新しい事実を発見する。 우리는 과학을 이용해서 새로운 사실을 발견한다. 理科の先生 과학 선생님　空想科学小説 공상과학소설
名 科学者	彼は核の科学者になりたがっている。 그는 핵 과학자가 되고 싶어 한다. コンピューター科学者 컴퓨터 과학자
名 ① 宇宙 ② 空間	宇宙船が宇宙を旅している。 우주선이 우주를 여행하고 있다. 時間と空間 시간과 공간　宇宙旅行 우주여행
名 ロケット	彼らはロケットを打ち上げた。 그들은 로켓을 쏘아 올렸다. 3段ロケット 3단 로켓
形 速い, すばやい 副 速く, 急いで	彼女は覚えるのが速い。 그녀는 학습이 빠르다. それは速くて簡単だった。 그것은 빠르고 간단하였다. ジムは速く逃げた。 짐은 빨리 달아났다.
形 遅い, 遅れている 動 遅らせる, 速度を落とす 副 ゆっくり, 遅く	彼は走るのが遅い。 그는 달리기가 느리다. 運転者はバスの速度を落とした。 운전사는 버스의 속력을 늦추었다. もっとゆっくり話して頂けませんか。 좀 더 천천히 말씀해 주시겠어요?
形 歴史上有名(重要)な	この演説は歴史に残るだろう。 이 연설은 역사에 남을 것이다. 慶州は歴史的に重要な所の一つである。 경주는 역사적인 장소의 하나이다.
形 歴史の, 歴史上の, (史実に基づいた)	私の好きな本は歴史小説である。 내가 좋아하는 책은 역사 소설이다. 歴史上の人物 역사상의 인물　史劇 사극
動 ① (事件など)起こる, 生じる ② (~to do)たまたま~する	何が起こったのですか。 무슨 일이 일어났습니까? 私はバスの中でたまたま彼に会った。 나는 버스에서 우연히 그를 만났다.
名 ① 機会, チャンス ② 見込み　動 偶然~する, たまたま…が起こる	もう一度チャンスを下さい。 한 번 더 기회를 주십시오. 彼はまだ成功する見込みがある。 그는 아직도 성공할 가망이 있다. 私は昨日偶然彼女に会った。 나는 어제 우연히 그녀를 만났다.

영어 속 일본어 jie 0515

Japanese in English

정 열 편

clothes [klouðz]
명 옷, 의복 ▷'th' 발음에 유의

(EX) Fine clothes make the man.
She washes clothes every Monday.

cloth [klɔːθ]
명 천, 헝겊

(EX) Yu-ri bought two meters of cloth.
a piece of cloth

skirt [skəːrt]
명 스커트, 치마

(EX) She wants to wear a mini skirt.
She wore a short skirt.

sweater [swetər]
명 스웨터

(EX) Helen is wearing a pink sweater.

fit [fit]
동 …에 맞다, 적합하다 형 적당한, 알맞은

(EX) The pink sweater fits her well.
He is fit for the job.

belt [belt]
명 허리띠, 벨트

(EX) Fasten your seat belt, please.

button [bʌtən]
명 ① 단추 ② 누름 버튼

(EX) One of your buttons is off.
Push the button on the elevator.

pocket [pákit]
명 호주머니, 포켓

(EX) What's in your pockets?
He took some coins out of his pocket.

comb [koum]
명 빗 ▷'b'가 발음되지 않음에 유의

(EX) I need a new comb.

style [stail]
명 양식, 스타일

(EX) Our school is built in a modern style.
This dress is in the latest style.

ring [riŋ]
명 ① 반지 ② 고리 동 (종·전화 등이) 울리다
▷ring-rang[ræŋ]-rung[rʌŋ]

(EX) She is wearing a ring.
I have a key ring.
The doorbell doesn't ring.

31 外出の準備終わり
がいしゅつ じゅんび お

名 着物, 衣服 きもの いふく	馬子にも衣裳。 옷이 날개다. まご いしょう 彼女は月曜日ごとに洗濯する。 그녀는 매주 월요일에 옷을 세탁한다. かのじょ げつようび せんたく
名 布, 布切れ ぬの ぬのき	ユリは2メートルの布を買った。 유리는 2미터의 천을 샀다. ぬの か 一枚の布 한 조각의 천 いちまい ぬの
名 スカート	彼女はミニスカートを履きたがっている。 그녀는 미니스커트를 입고 싶어 한다. かのじょ は 彼女は短いスカートを履いていた。 그녀는 짧은 치마를 입고 있었다. かのじょ みじか は
名 セーター	ヘレンは桃色のセーターを着ている。 헬렌은 분홍색 스웨터를 입고 있다. ももいろ き
動 ~に合う, 適合する あ てきごう 形 適した, 適当な, ふさわしい てき てきとう	桃色のセーターは彼女にぴったりだ。 분홍색 스웨터는 그녀에게 잘 어울린다. ももいろ かのじょ 彼はその仕事に適任だ。 그는 그 일에 적임이다. かれ しごと てきにん
名 ベルト, 帯 おび	座席のベルトをお締め下さい。 안전벨트를 매십시오. ざせき し くだ
名 ① ボタン ② 押しボタン お	ボタンが一つ取れている。 단추 하나가 떨어졌어요. ひと と エレベーターのボタンを押して下さい。 엘리베이터의 버튼을 눌러 주세요. お くだ
名 ポケット	ポケットの中に何があるの? 호주머니 속에 무엇이 있니? なか なに 彼はポケットからいくつかコインを取り出した。 그는 주머니에서 동전 몇 개를 꺼냈다. かれ と だ
名 櫛 くし	私は新しい櫛が必要だ。 나는 새 빗이 필요하다. わたし あたら くし ひつよう
名 様式, スタイル, 型, ようしき かた ~式, ~風 しき ふう	我が校は現代式に建てられた。 우리 학교는 현대식으로 지어졌다. わ こう げんだいしき た このドレスは最新流行型だ。 이 드레스는 최신형이다. さいしんりゅうこうがた
名 ① 輪 ② 指輪 わ ゆびわ 動 (鐘, 電話など)鳴る, かね でんわ な 鳴らす な	彼女は指輪を嵌めている。 그녀는 반지를 끼고 있다. かのじょ ゆびわ は 私はキーホルダー(鍵輪)を一つ持っている。 나는 열쇠고리 하나를 갖고 있다. わたし かぎわ ひと も 呼び鈴(ベル)が鳴らない。 초인종이 울리지 않는다. よ りん な

내가 좋아하는 음식

cook [kuk]
동 요리하다 명 요리사

EX Mother cooked fish.
He is a good cook.

egg [eg]
명 달걀, 계란

EX "How would you like your eggs?"
- "Boiled, please."

sweet [swiːt]
형 ① 단 ② 감미로운

EX Sugar is sweet.
She has a sweet voice.

soft [sɔ(ː)ft]
형 부드러운, 온유한 반 hard(딱딱한)

EX This pillow feels very soft.
The voice sounded soft and kind.

tea [tiː]
명 차

EX Mary likes tea better than coffee.

sugar [ʃúgər]
명 설탕

EX Do you take sugar in your tea?
Please put some sugar in my coffee.

bottle [bátl]
명 병

EX He drinks a bottle of milk every day.
He dropped the bottle and broke it.

cheese [tʃiːz]
명 치즈

EX Butter and cheese are made from milk.
Say cheese!

cream [kriːm]
명 ① 크림 ② 화장용 크림

EX She likes ice cream very much.
This is face cream.

tomato [təméitou]
명 토마토

EX He likes tomato juice.

私の好きな食べ物

動 料理する	お母さんは魚を料理した。 어머니는 생선을 요리했다.
名 料理人, コック	彼は料理が上手だ。 그는 요리를 잘 한다.
名 卵	卵はどのようにしましょうか。 달걀을 어떻게 해 드릴까요?
	茹で卵にしてください。 삶아 주세요.
形 ① 甘い ② 美しい ③ 香りのよい	砂糖は甘い。 설탕은 달다.
	彼女は美しい声をしている。 그녀는 아름다운 목소리를 가졌다.
形 柔らかい, 穏やかな 反 hard(固い)	この枕はとても柔らかい。 이 베개는 매우 부드럽다.
	その声は穏やかで優しく聞こえた。 그 목소리는 부드럽고 친절하게 들렸다.
名 茶, お茶	メアリーはコーヒーよりお茶の方が好きだ。 메리는 커피보다 차를 더 좋아한다.
名 砂糖	お茶に砂糖を入れますか。 차에 설탕을 타세요?
	コーヒーに砂糖をちょっと入れて下さい。 커피에 설탕 좀 넣어 주세요.
名 瓶	彼は毎日牛乳を一本飲む。 그는 매일 우유를 한 병 마신다.
	彼は瓶を落として割った。 그는 병을 떨어뜨려 깼다.
名 チーズ	バターとチーズは牛乳で作られる。 버터와 치즈는 우유로 만든다.
	はい, チーズ！はい, 笑って！ 자, 웃으세요! (사진 찍을 때 하는 말)
名 ① クリーム ② 化粧用のクリーム	彼女はアイスクリームが大好きだ。 그녀는 아이스크림을 무척 좋아한다.
	これは顔に塗るクリームだ。 이것은 얼굴에 바르는 크림이다.
名 トマト	彼はトマトジュースが好きだ。 그는 토마토 주스를 좋아한다.

33 취미활동

hobby [hábi]
형 취미

EX What is your hobby?

interested [íntəristid]
형 (사람이) 흥미를 가진

EX I am very interested in computers.

stamp [stæmp]
형 우표

EX Put a stamp on the envelope.
He put a stamp on the post card.

collect [kəlékt]
동 모으다, 수집하다

EX My hobby is collecting stamps.
I'd like the collected works of Maugham.

collection [kəlékʃən]
형 ① 수집, 채집 ② 모은 것

EX He has a large collection of stamps.
They are the best ones in my collections.

diary [dáiəri]
형 일기, 일기장

EX Do you keep a diary?

skate [skeit]
형 스케이트 동 스케이트를 타다
▷skating 명 스케이트 타기

EX He bought a new pair of skates.
She skated to the music.
Let's go skating.

ski [ski:]
형 스키 동 스키를 타다
▷skiing 명 스키 타기

EX You can rent skis here.
He can ski very well.
His favorite sport is skiing.

hiking [háikiŋ]
형 하이킹, 도보여행 ▷hike 동 하이킹 하다

EX Let's go hiking next Sunday.
A hike can be good exercise.

mile [mail]
형 (거리의 단위) 마일 ▷1마일은 약 1.6km

EX The speed limit is thirty miles per hour.
The Mississipi is about 4,000 miles long.

map [mæp]
형 지도

EX There is a map on the wall.
Hang up the map on the wall.

| 名 | 趣味 | 趣味は何ですか。 취미가 무엇입니까? |

| 形 | (人が)興味を持った, 関心のある | 私はコンピューターにとても興味を持っている。 나는 컴퓨터에 상당한 흥미를 갖고 있다. |

| 名 | 切手 | 封筒に切手を貼りなさい。 봉투에 우표를 붙이세요. |
| | | 彼は葉書に切手を貼った。 그는 엽서에 우표를 붙였다. |

| 動 | 集める, 収集する | 私の趣味は切手の収集です。 내 취미는 우표 수집이다. |
| | | 私はモームの全集が欲しい。 나는 몸의 전집을 원한다. |

| 名 | ① 収集, 採集 | 彼は莫大な切手のコレクションがある。 그는 우표를 많이 수집했다. |
| | ② コレクション | それらは私の収集した物の中で最高だ。 그것들은 내 수집품들 중에서 제일 좋은 것이다. |

| 名 | 日記, 日記帳 | 日記をお付けになっていますか。 일기를 쓰십니까? |

名	スケート靴	彼は新しいスケート靴一足を買った。 그는 새 스케이트를 샀다.
動	スケートをする	彼女は音楽に合わせてスケートをした。 그녀는 음악에 맞추어 스케이트를 탔다.
名	スケート(すること)	スケートに行こう。 스케이트를 타러 가자.

名	スキー(板)	ここでスキーを借りられます。 여기서 스키를 빌릴 수 있습니다.
動	スキーをする	彼はスキーが上手だ。 그는 스키를 아주 잘 탄다.
名	スキー(すること)	彼の好きなスポーツはスキーです。 그가 좋아하는 운동은 스키 타기이다.

| 名 | ハイキング, 徒歩旅行 | 今度の日曜日にハイキングに行こう。 다음 일요일에 하이킹 가자. |
| 動 | ハイキングする | ハイキングはいい運動になるだろう。 하이킹은 좋은 운동이 될 수 있다. |

| 名 | (距離の単位)マイル | 制限速度は時速30マイルだ。 속도 제한은 시속 30마일이다. |
| | | ミシシッピー川は約4000マイルだ。 미시시피강은 약 4000마일이다. |

| 名 | 地図 | 壁に地図が掛けている。 벽에 지도가 걸려 있다. |
| | | 地図を壁にかけなさい。 지도를 벽에 걸어라. |

34 해외로 나가면

abroad [əbrɔ́ːd]
부 해외로, 외국에

EX He sometimes goes abroad.

---

drive [draiv] 동 운전하다, 몰다
명 운전, 드라이브 ▶driver 명 운전자
▷drive-drove[drouv]-driven[drívən]

EX Can you drive a car?
We enjoyed a drive.
A taxi driver should be kind.

---

free [friː]
형 ① 자유로운 ② 한가한 ③ 무료의

EX Our country is a free nation.
Are you free this evening?
I have two free tickets.

---

ship [ʃip]
명 (대형) 배, 선박 ▷(소형) 배는 boat

EX Look at that ship.
He went to England by ship.

---

wave [weiv]
명 파도, 물결 동 (손을) 흔든다, 흔들리다

EX Watch out! Here comes a big wave.
I waved goodbye to them.

---

business [bíznis]
명 ① 사업, 실업 ② 용무, 일
▷발음 · 철자에 유의

EX He went to New York on business.
What's your business here?
Mind your own business.

---

businessman [bíznismæn]
명 사업가, 실업가

EX He became a businessman.

---

foreigner [fɔ́(ː)rinər]
명 외국인 ▷ 'g'가 발음되지 않음에 유의

EX Many foreigners visit Korea.

---

mail [meil]
명 우편, 우편물 동 우송하다, 부치다

EX Is there any mail for me?
Please mail this letter.

---

post [poust] 명 우편, 우편물
동 우편으로 보내다 (同) mail
▷mail은 주로 미국에서 post는 영국에서 씀.

EX I had a heavy post today.
I posted that parcel this morning.

34 海外に出たら

副	海外へ(に), 外国へ(に)	彼は時々外国へ行く。 그는 가끔 외국에 간다.

動	運転する, 車で行く	運転できますか? 자동차를 운전할 수 있나요?
名	運転, ドライブ	私達はドライブを楽しんだ。 우리는 드라이브를 즐겼다.
名	運転手	タクシーの運転手は親切にするべきだ。 택시 운전자는 친절해야 한다.

形	① 自由な	我が国は自由国家である。 우리나라는 자유 국가이다.
	② 暇な, 空いている	今晩暇ですか? 오늘 저녁 한가하니(시간 있니)?
	③ 無料の, ただの	私, 無料切符を2枚持っている。 내게 무료 티켓이 두 장 있다.

名	(大型)船	あの船を見なさい。 저 배를 보아라.
	(小型)船は boat	彼は船でイギリスへ行った。 그는 배로 영국에 갔다.

名	波	気をつけろ! 大きな波が打ち寄せてくる。 조심해라! 큰 파도가 온다.
動	(手を)振る, 揺れる	私は手を振って彼らに別れの挨拶をした。 나는 그들과 작별하며 손을 흔들었다.

名	① 仕事, 商売, 職業	彼は仕事でニューヨークへ行った。 그는 사업차 뉴욕에 갔다.
	② 用事	どんな用事でここへおいでになったのですか? 무슨 용무로 여기 오셨습니까?
		自分の仕事を気にかけろ。 당신 일에나 신경 쓰시오.

名	実業家, 企業人	彼は実業家になった。 그는 사업가가 되었다.

名	外国人	多くの外国人が韓国を訪れる。 많은 외국인들이 한국을 방문한다.

名	郵便, 郵便物	私に何か郵便物は来ていませんか? 나에게 온 우편물이 있습니까?
動	郵便で出す, 郵送する	この手紙を出してください。 이 편지를 좀 부쳐 주십시오.

名	郵便, 郵便物	今日は郵便物が沢山届いた。 오늘은 우편물이 많이 왔다.
動	郵便で出す	私は今朝その小包を送った。 나는 오늘 아침 그 소포를 부쳤다.

신나는 캠핑

trip [trip]
명 여행

EX We'll go on a trip tomorrow.
Have a nice trip.

train [trein]
명 기차 동 훈련하다

EX He is traveling by train.
She trained her dog.

village [vílidʒ]
명 마을, 촌락

EX His hometown is a small farm village.

folk [fouk]
명 (~s) ① 사람들 ② 가족, 친척

EX Town folks are not like farmers.
I'm going home to see my folks.

strange [streindʒ]
형 ① 이상한 ② 낯선

EX I heard a strange noise.
A strange dog sat on our porch.

stranger [stréindʒər]
형 ① 낯선 사람 ② (타지에서) 처음 온 사람

EX Who is that stranger?
Are you a stranger here?

hill [hil]
명 언덕, 작은 산

EX The house is on a hill.

climb [klaim] 동 오르다, 기어오르다
▷ 'b' 가 발음되지 않음에 유의

EX Sam is climbing up the hill.

rope [roup]
명 밧줄, 로프

EX He caught the rope.

camp [kæmp]
명 야영지, 캠프 동 야영하다, 캠프생활을 하다

EX The Boy Scouts came back to the camp.
They camp out every year.

tent [tent]
명 천막, 텐트

EX They are sleeping in a tent.
Let's set(put) up our tent over there.

楽しいキャンプ

たの

名 旅行, 旅
りょこう たび

我々は明日旅行に行くつもりだ。 우리는 내일 여행을 떠날 것이다.
われわれ あしたりょこう い

楽しいご旅行を。 즐거운 여행이 되시기를.
たの りょこう

名 列車, 汽車, 電車
れっしゃ きしゃ でんしゃ

動 訓練する
くんれん

彼は列車で旅行している。 그는 기차로 여행하고 있다.
かれ れっしゃ りょこう

彼女は犬を訓練させた。 그녀는 개를 훈련시켰다.
かのじょ いぬ くんれん

名 村
むら

彼の故郷は小さい農村だ。 그의 고향은 작은 농촌이다.
かれ ふるさと ちい のうそん

名 (~s) ① 人々
ひとびと

② 家族, 親族
かぞく しんぞく

都市の人々は村の人々とは違う。 도시 사람들은 농부와 다르다.
とし ひとびと むら ひとびと ちが

私は家族を見に家へ行くところだ。 나는 가족을 보려고 집에 가는 중이다.
わたし かぞく み いえ い

名 ① 奇妙な, 不思議な, 変な
きみょう ふしぎ へん

② 見知らぬ
みし

変な物音がした。 나는 이상한 소리를 들었다.
へん ものおと

見知らぬ犬が玄関に座っていた。 낯선 개가 우리 현관에 앉아 있었다.
みし いぬ げんかん すわ

形 ① 見知らぬ人, よその人
みし ひと ひと

② 初めて来た人
はじ き ひと

あの見知らぬ人は誰ですか。 저 낯선 사람은 누구냐?
みし ひと だれ

(あなたは)ここは初めてですか。 당신은 여기 처음 오셨습니까?
はじ

名 丘, 小山
おか こやま

その家は丘の上にある。 그 집은 언덕 위에 있다.
いえ おか うえ

動 登る
のぼ

サムは丘に登っている。 샘은 언덕을 오르고 있다.
おか のぼ

名 縄, 綱,
なわ つな

彼はロープを掴んだ。 그는 밧줄을 잡았다.
かれ つか

名 キャンプ場, 野営地
じょう やえいち

動 野営する, キャンプ(生活)する
やえい せいかつ

ボーイスカウト団はキャンプへ帰った。 소년 단원들은 야영지로 돌아왔다.
だん かえ

彼らは毎年キャンプ(生活)をする。 그들은 해마다 야영을 한다.
かれ まいとし せいかつ

名 テント, 天幕
てんまく

彼らはテントで寝ている。 그들은 텐트에서 자고 있다.
かれ ね

あそこにテントを張ろう。 저기에 텐트를 치자.
は

finish [fíniʃ]

동 끝내다, 마치다 반 begin(시작하다)

EX She finished her homework.

---

road [roud]

명 길, 도로 (同) way

EX This road leads to the station.
a national road / a road map

---

traffic [trǽfik]

명 교통, 교통량

EX The traffic is very heavy.

---

downtown [dáuntáun]

명 도심지, 번화가 부 도심지에

EX Please show me the way to the downtown.
She went downtown with her mother to do
some shopping.

---

bank [bæŋk]

명 ① 은행 ② 둑, 제방

EX She has some money in the bank.
He fished from the river bank.
an eye bank / a blood bank

---

department store

[dipá:rtmənt stɔ̀:r] 명 백화점

EX That department store is always crowded.
Department stores are closed on Mondays.

---

bookstore [búkstɔ̀:r]

명 서점, 책방

EX He went to the bookstore.

---

grass [græs]

명 ① 풀, 풀밭 ② 잔디 ▷glass 유리, 유리잔

EX Some sheep are eating grass.
I was lying on the grass.

---

apartment [əpá:rtmənt]

명 아파트

EX Mary lives in an apartment.

---

church [tʃə:rtʃ]

명 교회

EX Mary goes to church every Sunday.

都会の街角

とかい　まちかど

動 終える, 終わる
反 begin 始める, 始まる

彼女は宿題を終えた。 그녀는 숙제를 끝냈다.

名 道路, 道, 街道

この道は駅に通じています。 이 길은 정거장으로 통하고 있다
国道 국도　道路地図 도로 지도

名 交通, 交通量

交通量が多い。 교통이 매우 혼잡하다.

名 商業地区, 繁華街
副 商業地区へ(に)

(町の)中心街へ行く道を教えて頂けますか。 도심지로 가는 길 좀 알려 주시겠어요?
彼女は母親と買い物に市内へ行った。 그녀는 어머니하고 물건을 사러 시내에 갔다.

名 ① 銀行
② 土手, 堤防

彼女は銀行にお金を少し預けている。 그녀는 은행에 약간의 예금이 있다.
彼は川岸で釣をした。 그는 강둑에서 낚시를 했다.
アイバンク 안구은행　血液銀行 혈액은행

名 デパート,
百貨店

あのデパートはいつも込んでいる。 저 백화점은 언제나 붐빈다.
デパートは月曜日毎に休む。 백화점들은 월요일마다 쉰다.

名 本屋, 書店

彼は本屋へ行った。 그는 서점에 갔다.

名 ① 草 ② 芝生
glass ガラス, コップ

何匹かの羊が草を食べている。 몇 마리의 양이 풀을 뜯고 있다.
私は芝生に寝転んでいた。 나는 잔디밭에 누워 있었다.

名 アパート, 共同住宅

メアリーはアパートに住んでいる。 메리는 아파트에 살고 있다.

名 教会

メアリーは日曜日毎に教会に(礼拝に)行く。 메리는 일요일마다 교회에 (예배보러)간다.

경기장에서

37

ground [graund]
몡 ① 땅, 지면 ② 운동장

EX The ground was rocky.
a baseball(football) ground.

shout [ʃaut]
통 외치다, 큰 소리로 말하다
몡 외침 ; 환호성

EX She shouted for(with) delight.
He shouted, but I didn't hear him.
I heard a shout of joy.

race [reis]
몡 ① 경주 ② 인종

EX Do you know who won the race?
A race problem still continues.

volleyball [válibɔ́:l]
몡 배구

EX She played volleyball with her friends.

crowd [kraud]
몡 군중, 인파 통 모여들다, 운집하다

EX A crowd gathered around the winner.
The girls crowded around the actor.

crowded [kráudid]
휑 혼잡한, 붐비는

EX The street was crowded with people.
a crowded bus / a crowded city

excite [iksáit]
통 흥분시키다, 흥미를 일으키다

EX The baseball game excited us.

exciting [iksáitiŋ] 휑 흥분시키는,
신나는 ▷excited (사람이) 흥분핸[된]

EX It was an exciting game.

rise [raiz]
통 ① 오르다, (해가) 뜨다 ② 일어나다
▷rise–rose[rouz]–risen[rízən]

EX The curtain rises.
The sun rose early today.
My mother rises early.

medal [médəl] 몡 메달

EX She won three gold medals.

競技場で
きょうぎじょう

名 ① 土地, 地面
とち じめん
その土地は岩だらけだった。 그 땅은 바위 투성이었다.
とち いわ

② 運動場
うんどうじょう
野球場 야구장　サッカー場 축구장
やきゅうじょう じょう

動 叫ぶ, 大声で言う
さけ おおごえ い
彼女は喜んで叫んだ。 그녀는 기뻐서 외쳤다.
かのじょ よろこ さけ

名 叫び声
さけ ごえ
彼は大声で言ったが私は聞こえなかった。 그는 큰 소리로 말했지만 나는 듣지 못했다.
かれ おおごえ い わたし き

私は歓声を聞いた。 나는 환호성을 들었다.
わたし かんせい き

名 ① 競走, レース
きょうそう
その競走で誰が勝ったか知っているの? 그 경주에서 누가 이겼는지 아니?
きょうそう だれ か し

② 人種, 民族
じんしゅ みんぞく
人種問題はまだ続いている。 인종문제는 아직도 계속되고 있다.
じんしゅもんだい つづ

名 バレーボール
彼女は友達と一緒にバレーボールをした。 그녀는 친구들과 함께 배구를 했다.
かのじょ ともだち いっしょ

名 群衆, 人込み
ぐんしゅう ひとご
人々は勝利者の周りに集まった。 군중들이 승리자 주위로 모여들었다.
ひとびと しょうりしゃ まわ あつ

動 群がる, 押し寄せる
むら お よ
少女達はその俳優の周りに群がった。 소녀들은 그 배우 주위에 떼지어 모여들었다.
しょうじょたち はいゆう まわ むら

形 混雑した, 込み合った
こんざつ こ あ
通りは人で込んでいた。 거리는 사람들로 붐비고 있었다.
とお ひと こ

満員のバス 만원버스　混雑した都市 혼잡한 도시
まんいん こんざつ とし

動 興奮させる, わくわくさせる,
こうふん
野球の試合は私達をわくわくさせた。 야구 시합은 우리를 흥분시켰다.
やきゅう しあい わたしたち

起こさせる, そそる
お

形 興奮させる, 刺激的な
こうふん しげきてき
わくわく(はらはら)させる
それはハラハラさせる面白い試合だった。 그것은 흥미진진한 경기였다.
おもしろ しあい

excited (人が)興奮した
ひと こうふん

動 ① 上がる, (太陽が)昇る
あ たいよう のぼ
幕が上がる。 막이 오른다.
まく あ

② 起きる
お
今日は太陽が早く昇った。 오늘은 해가 일찍 떴다.
きょう たいよう はや のぼ

お母さんは早起きする。 어머니는 일찍 일어나신다.
かあ はやお

名 メダル
彼女は3つの金メダルを取った。 그녀는 세 개의 금메달을 땄다.
かのじょ みっ きん と

38 숲 한가운데서

forest [fɔ́(:)rist]
명 숲, 삼림

Ex Many trees grow in the forest.
There are many animals in the forest.

leaf [li:f]
명 나뭇잎 ▷복수형은 leaves[li:vz]

Ex Most leaves are green.
The leaves have turned yellow.

stone [stoun]
명 돌

Ex Don't throw stones at the animals.
the Stone Age
To kill two birds with one stone.

rock [rɑk]
명 바위, 암석

Ex The church was built on a huge rock.
Danger! Falling Rocks.

everywhere [évrihwɛ̀ər]
부 어디든지 다, 도처에

Ex You can find it everywhere.
I looked everywhere for the book.

waste [weist]
동 낭비하다 명 ① 낭비 ② 쓰레기

Ex Don't waste your money(time).
What a waste of time!
kitchen waste / factory waste

cut [kʌt]
동 자르다, 베다 ▷cut-cut-cut

Ex She cut a water melon in two.
She cut her finger while cooking.

fire [faiər]
명 ① 불 ② 화재

Ex The men sat by the fire.
A fire brok out last night.
a fire engine / a fire station

smoke [smouk]
명 연기 동 ① 담배를 피우다 ② 연기를 내다

Ex There's no smoke without fire.
May I smoke here?
The chimney is smoking.

area [ɛ́əriə]
명 ① 지역 ② 면적

Ex There are many stores in this area.
The area of this floor is 600 square meters.

森の中で
もり なか

名 森, 森林 もり しんりん	沢山の木が森で育つ。 많은 나무들이 숲에서 자란다. たくさん き もり そだ その森には多くの動物がいる。 숲에는 많은 동물들이 있다. もり おお どうぶつ
名 (木の)葉 き は	大抵の葉は緑だ。 대부분의 나뭇잎은 초록색이다. たいてい は みどり 葉が黄色く色付いた。 나뭇잎이 노래졌다. は きいろ いろづ
名 石 いし	動物に石を投げるな。 동물에게 돌을 던지지 말아라. どうぶつ いし な 石器時代 석기시대 一石二鳥；一挙両得 일석이조, 일거양득 せっきじだい いっせきにちょう いっきょりょうとく
名 岩, 岩石, 岩盤 いわ がんせき がんばん	その教会は巨大な岩の上に建てられた。 그 교회는 아주 큰 바위 위에 세워졌다. きょうかい きょだい いわ うえ た 危険！落石あり。 위험! 낙석(落石) 있음. きけん らくせき
副 どこでも, 至る所で(に) いた ところ	それはどこにでもあります。 그것은 어디에서나 발견할 수 있다. 私はその本をあちこち探してみた。 나는 그 책을 사방으로 찾아보았다. わたし ほん さが
動 無駄に使う むだ つか 名 ① 無駄遣い, 浪費 むだづか ろうひ ② 屑 くず	お金(時間)を無駄に使うな。 돈(시간)을 낭비하지 마라. かね じかん むだ つか 何という時間の浪費だろう！ 이게 무슨 시간 낭비인가! なん じかん ろうひ キッチン屑 부엌 쓰레기 工場廃棄物 공장폐기물 くず こうじょうはいきぶつ
動 切る, 刈る き か	彼女は西瓜を二つに切った。 그녀는 수박을 둘로 잘랐다. かのじょ すいか ふた き 彼女は料理する間に指を切った。 그녀는 요리하다가 손가락을 베었다. かのじょ りょうり あいだ ゆび き
名 ① 火 ② 火事 ひ かじ	その男の人達は火のそばに座っていた。 그 남자들은 불가에 앉았다. おとこ ひとたち ひ すわ 夕べ火事があった。 어젯밤 한 건의 화재가 발생했다. ゆう かじ 消防車 소방차 消防署 소방서 しょうぼうしゃ しょうぼうしょ
名 煙 けむり 動 ① タバコを吸う す ② 煙を出す けむり だ	火のないところに煙は立たない。 아니 땐 굴뚝에 연기 나랴. ひ けむり た ここでタバコを吸ってもいいんですか？ 여기서 담배를 피워도 좋습니까? す 煙突が煙を出している。 굴뚝이 연기를 내뿜고 있다. えんとつ けむり だ
名 ① 地域, 地方 ちいき ちほう ② 面積 めんせき	この地域には沢山の店がある。 이 지역에는 많은 상점이 있다. ちいき たくさん みせ このフロアの面積は600平方メートルだ。 이 층의 면적은 600평방미터이다. めんせき へいほう

39 정글의 세계

jungle [dʒʌ́ŋgl]
명 밀림, 정글

EX Tarzan lived in a jungle.
The lion is called the king of the jungle.

fox [fɑks]
명 여우

EX The fox wanted the grapes.

wolf [wulf]
명 늑대 ▷복수형은 wolves[wulvz]

EX Have you ever seen a wolf?

monkey [mʌ́ŋki]
명 원숭이

EX Monkeys are wise animals.

bear [bɛər]
명 곰

EX A bear came close to me slowly.

tiger [táigər]
명 호랑이

EX I saw a tiger in the zoo.

elephant [élifənt]
명 코끼리

EX An elephant has big ears.

wild [waild]
형 ① 야생의 ② 거친, 난폭한

EX Lions and tigers are wild animals.
a wild flower / a wild horse
The wind grew wilder.

loud [laud]
형 큰 소리의, 시끄러운 ▷loudly 부 큰 소리로

EX He speaks in a loud voice.
They talked loudly.

quiet [kwáiət] 형 조용한, 고요한
▷quíetly 부 조용히

EX Be quiet!
It was a quiet night.
She closed the door quietly.

ジャングルの世界

名	密林, ジャングル	ターザンはジャングルに住んだ。 타잔은 밀림에서 살았다. ライオンは密林の王と呼ばれる。 사자는 밀림의 왕으로 불린다.
名	狐	狐はそのぶどうが食べたかった。 여우는 그 포도가 먹고 싶었다.
名	狼	狼を見たことがあるの? 늑대를 본 적이 있니?
名	猿	猿は賢い動物だ。 원숭이는 현명한 동물이다.
名	熊	一匹の熊がゆっくりと私に近付いた。 곰 한 마리가 천천히 나에게 다가왔다.
名	虎	私は動物園で虎を見た。 나는 동물원에서 호랑이를 보았다.
名	象	象は大きい耳を持っている。(象は耳が大きい) 코끼리는 큰 귀를 가지고 있다.
形	① 野生の, 自然のままの ② 荒れた;乱暴な	ライオンと虎は野生の動物である。 사자와 호랑이는 야생동물이다. 野生の花 야생화　野生の馬 야생마 風が激しくなった。 바람이 더 거칠어졌다.
形 副	大声の, 騒々しい 大声で, 騒々しく	彼は大声で話す。 그는 큰 소리로 말한다. 彼らは大声で話した。 그들은 큰 소리로 이야기했다.
形 副	静かな, 穏やかな 静かに, 穏やかに	静かにしなさい。 조용히 해! 穏やかな夜だった。 고요한 밤이었다. 彼女は静かに門を閉めた。 그녀는 조용히 문을 닫았다.

40 나도 예술가

art [ɑːrt]
몡 예술, 미술

ᴱˣ Art is long, life is short.
a work of art / the fine arts

artist [áːrtist]
몡 화가, 예술가

ᴱˣ The artist is painting a picture.

musician [mju(ː)zíʃən]
몡 음악가

ᴱˣ He was a famous musician in L. A.

writer [ráitər]
몡 작가, 저자

ᴱˣ Martinez is a popular writer.

poem [póuim]
몡 (한 편의) 시 ▷poetry[póuitri] (집합적) 시

ᴱˣ He wrote two poems.

poet [póuit]
몡 시인

ᴱˣ Why is the poet so popular?

paint [peint]
몡 ① 페인트 ② 그림물감
동 ① 페인트칠을 하다
② (그림 물감으로) 그리다

ᴱˣ Wet paint!
I bought a box of paints.
We will paint the roof tomorrow.
I'm painting the mountain.

draw [drɔː] 동 ① (연필로) 그리다,
(선을) 긋다 ② 당기다, 끌다
▷draw–drew[druː]–drawn

ᴱˣ Mary is drawing a horse.
She drew a chair to the table.

museum [mju(ː)zí(ː)əm]
몡 박물관

ᴱˣ I want to see the British Museum.
I often go to the art museum.

able [éibl]
형 ① …할 수 있는 ② 유능한

ᴱˣ She is able to speak four languages.
He is an able doctor.

私も芸術家
わたし　げいじゅつか

名 芸術, 美術 げいじゅつ　びじゅつ	芸は長く人生は短し。 예술은 길고, 인생은 짧다. げい　なが　じんせい　みじか 美術品 미술품　美術 미술 びじゅつひん　　　　びじゅつ
名 画家, 芸術家 がか　げいじゅつか	画家が絵を描いている。 화가가 그림을 그리고 있다. がか　え　か
名 音楽家 おんがくか	彼はロサンゼルスで有名な音楽家だった。 かれ　　　　　　　　　　ゆうめい　おんがくか 그는 로스앤젤레스에서 유명한 음악가였다.
名 作家, 著者 さっか　ちょしゃ	マーティネズは人気作家だ。 마티네즈는 인기 작가이다. にんきさっか
名 (一編の)詩 いっぺん　し poetry (集合的)詩 しゅうごうてき　し	彼は二編の詩を書いた。 그는 두 편의 시를 썼다. かれ　にへん　し　か
名 詩人 しじん	どうして詩人はそんなに人気があるの? 왜 그 시인은 그렇게 인기있나? しじん　　　　　　にんき
名 ① ペンキ ② 絵の具 え　ぐ 動 ① ペンキを塗る ぬ ② (絵の具で)描く え　ぐ　か	ペンキ塗り立て。 칠 주의! ぬ　た 私は絵の具一箱を買った。 나는 그림물감 한 상자를 샀다. わたし　え　ぐ　ひとはこ　か 明日屋根にペンキを塗るつもりだ。 우리는 내일 지붕에 페인트를 칠할 것이다. あした　やね　　　　　　ぬ 私は今山を描いている。 나는 산을 그리고 있다. わたし　いまやま　か
動 ① (鉛筆で)描く, えんぴつ　か (線を)引く せん　ひ ② 引く, 引き寄せる ひ　ひ　よ	メアリーは馬を描いている。 메리는 말을 그리고 있다. うま　か 彼女は椅子をテーブルに引き寄せた。 그녀는 의자를 테이블 쪽으로 끌어 당겼다. かのじょ　いす　　　　　　　ひ　よ
名 博物館, 美術館 はくぶつかん　びじゅつかん	私は大英博物館が見たい。 나는 대영 박물관을 보고 싶다. わたし　だいえいはくぶつかん　み 私はたまに美術館へ行く。 나는 가끔 미술관에 간다. わたし　　　　びじゅつかん　い
形 ① (~する事が)出来る こと　でき ② 有能な, 働きのある ゆうのう　はたら	彼女は外国語が4つ出来る。 그녀는 4개 국어를 할 수 있다. かのじょ　がいこくご　よっ　でき 彼は有能な医者である。 그는 유능한 의사다. かれ　ゆうのう　いしゃ

41 어떤 수업시간

homeroom [hóumrù(ː)m]
몡 홈룸 ▷학급 전원이 모이는 교실[시간]

EX Mr. Alex is our homeroom teacher.
She was absent from the homeroom hour.

point [pɔint]
몡 ① 점, 끝 ② 요점 통 가리키다, 지적하다

EX At that point, the car stopped.
That's the point.
Don't point your finger at people.

principal [prínsəpəl]
톙 으뜸가는, 주요한 몡 교장

EX Rice is our principal food.
Our principal is very generous.

educate [édʒukèit]
통 교육시키다 ▶educátion 몡 교육

EX She was educated in America.
higher education / the ministry of education

absent [ǽbsənt]
톙 ① 결석한 ② …이 없는 반 present (출석한)

EX Three students are absent today.
Long absent, soon forgotten.

pardon [páːrdn]
통 용서하다 몡 용서

EX Please, pardon my carelessness.
I beg your pardon.
I beg your pardon?

answer [ǽnsər]
통 대답하다 몡 대답, 답 반 ask (묻다)

EX He could not answer my question.
A smile was her answer.

mean [miːn]
통 의미하다 ▷mean-meant-meant

EX What does this word mean?

nod [nɑd]
통 ① 끄덕이다 ② 졸다 몡 ① 목례 ② 끄덕임

EX He just nodded.
He is nodding.
He gave us a nod.

understand [ʌndərstǽnd]
통 이해하다, 알다
▷understand-understood-understood

EX Do you understand me?
Do you understand Korean?

ある授業時間

名 ホームルーム	アレックス氏はうちの担任の先生である。 알렉스씨가 우리의 담임이다. 彼女はホームルーム時間に欠席した。 그녀는 홈룸시간에 결석했다.
名 ① 点, 地点 ② 要点 動 指差す, 指摘する	その地点で車が止まった。 그 지점에서 차가 멈추었다. それが大事な点だ。 그것이 바로 요점이다. 人を指差してはいけません。 사람을 손가락으로 가리키지 마라.
形 主な, 重要な 名 校長	米は私達の主食である。 쌀은 우리의 주식이다. うちの校長はとても心が広い。 우리 교장 선생님은 매우 인자하시다.
動 教育する 名 教育	彼女はアメリカで教育を受けた。 그녀는 미국에서 교육을 받았다. 高等教育 고등교육 文部省 교육부
形 ① 欠席(の) ② 不在(の) 反 present(出席の)	今日3人の学生が欠席した。 세 명의 학생이 오늘 결석했다. 去る者は日々に疎し。 오래 없으면, 곧 잊게 마련.
動 許す 名 許すこと, 許し	私の不注意を許して下さい。 제 부주의를 용서해 주십시오. すみません, 失礼しました。 죄송합니다. 실례했습니다. もう一度おっしゃって下さい。 다시 말씀해 주시겠습니까? 뭐라고 하셨죠?
動 答える 名 答え, 返事 反 ask(問う)	彼は私の質問に答えられなかった。 그는 내 질문에 대답하지 못했다. 微笑みが彼女の答えだった。 미소가 그녀의 대답이었다.
動 意味する	この単語はどんな意味ですか。 이 말은 무슨 뜻이니?
動 ① 頷く ② 居眠りする 名 ① 会釈 ② 頷き	彼はただ頷いた。 그는 그저 고개를 끄덕였다. 彼は居眠りをしている。 그는 졸고 있다. 彼は我々に軽く会釈した。 그는 우리에게 가볍게 인사했다(=목례를 했다).
動 理解する, 分かる	私の言うことが分かりますか。 내 말 이해하겠니? 韓国語が分かりますか。 한국어를 아십니까?

42 거리에서는 항상 조심을

cross [krɔ(ː)s]
동 ① 건너다, 횡단하다 ② 교차시키다
명 십자가

> EX Henry is crossing the street.
> Mahomet crossed his arms.
> Jesus Christ died on the Cross.

moment [móumənt]
명 순간, 찰나

> EX Never waste a moment.
> Wait a moment, please.

suddenly [sʌ́dnli]
부 갑자기, 돌연히

> EX The car stopped suddenly.
> Suddenly, the telephone rang.

truck [trʌk]
명 트럭

> EX Henry is driving a truck.

hit [hit] 동 치다, 때리다
명 ① 명중 ② 대인기 ▷hit-hit-hit

> EX He hit the hall with the bat.
> It was a good hit.
> The song was a great hit.

accident [ǽksidənt]
명 사고

> EX Henry had an accident.
> Accidents will happen.

hurt [həːrt] 동 ① 다치게 하다, 아프다
② (감정을) 상하게 하다 ▷hurt-hurt-hurt

> EX He was hurt in a car accident.
> He hurt her feelings.

care [kɛər]
명 ① 조심, 주의 ② 돌봄, 보호 ③ 근심, 걱정
동 걱정하다, 신경쓰다

> EX Handle with care.
> He is under the care of a doctor.
> Do you have any cares?
> Who cares? = Nobody cares.

careful [kɛ́ərfəl] 형 주의 깊은,
조심스러운 ▷cárefully 부 주의 깊게

> EX Be careful when you cross the streets.
> Listen to me carefully.

safe [sief]
형 안전한

> EX Keep your money in a safe place.
> Please keep your valuables in the safe.

영어 속의 일본어 jie 0515 정열편

Japanese in English

42　道路ではいつも注意を

動 ① 横切る, 渡る
② 交差する, 交差させる
名 十字架

ヘンリ-は通りを横断している。헨리는 거리를 건너고 있다.

マホメットは腕を組んだ。마호멧은 팔짱을 꼈다.

イエスキリストは十字架の上で亡くなりました。예수 그리스도는 십자가 위에서 돌아가셨다

名 瞬間, ちょっとの間

ちょっとの間も無駄にするな。한 순간도 헛되이 보내지 말아라.

ちょっと待って下さい。잠깐 기다려 주십시오.

副 突然(に), 急に, 不意に

その車は突然止まった。그 차는 갑자기 멈춰 섰다.

突然電話が鳴った。돌연 전화벨이 울렸다.

名 トラック, 貨物自動車

ヘンリ-はトラックを運転している。헨리는 트럭을 운전하고 있다.

動 ① 打つ, 殴る　② 当たる
名 ① 打撃, 命中
② 大当たり, ヒット

彼はバットでボールを打った。그는 베트로 공을 쳤다.

それは素晴らしい安打だった。그것은 멋진 안타였다.

その歌は大当たりでした。그 노래는 대인기였다.

名 事故, 偶然の出来事

ヘンリ-は事故にあった。헨리는 사고를 당했다.

人生に事故はつきもの。사고란 일어나게 마련이다.

動 ① 傷付ける, 怪我をさせる
② 害する, 傷付ける

彼は交通事故で傷を負った。그는 자동차 사고로 다쳤다.

彼は彼女の感情を傷付けた。그는 그녀의 감정을 상하게 했다.

名 ① 注意, 用心
② 世話, 保護
③ 心配, 気掛かり
動 気にする, 心配する

取扱注意。주의해서 다루시오(취급주의)

彼は医者の世話になっている。그는 의사의 보호를 받고 있다.

何か心配があるの? 무슨 걱정이라도 있니?

誰が気にするか。(誰が構うものか)누가 걱정하겠는가? 알게 뭐야.

形 注意深い, 用心深い
副 注意深く

通りを渡る時には気をつけなさい。거리를 건널 때는 조심해라.

私の言うことを注意深く聞いて。내가 말하는 것을 주의 깊게 들어라.

形 安全な
名 金庫

お金を安全な所に仕舞っておきなさい。돈을 안전한 장소에 두어라.

貴重品は金庫に保管して下さい。귀중품은 금고에 보관하십시오.

43 자연을 아끼자

nature [néitʃər]
명 ① 자연 ② 본성, 천성

EX Nature is a good mother.
He is honest by nature.

natural [nǽtʃərəl]
형 ① 자연의 ② 당연한
▶naturally 부 자연히, 당연히

EX natural science / social science
It is natural for him to think so.
Try to speak naturally.
"Are you going with him?" -"Naturally."

human [hjúːmən]
형 인간의 명 인간

EX Of course I make mistake, I'm only human.
a human being(race) / human nature

earth [əːrθ]
명 ① 지구 ② 땅, 흙

EX The earth is round.
The arrow fell to (the) earth.

land [lænd]
명 ① 육지, 토지 ② 영토

EX The sailors finally saw land.
Land prices have risen quickly.
He came from a distant land.

lake [leik]
명 호수, 못

EX There are boats on the lake.
Alaska is a land of many lakes.

air [ɛər]
명 ① 공기 ② 공중, 하늘

EX Mountain air is fresh.
The airplane is flying in the air.

fresh [freʃ]
형 신선한

EX You can buy fresh fruits here.

clear [kliər]
형 맑은, 깨끗한

EX It was a beautiful, clear morning.

dirty [də́ːrti]
형 더러운, 불결한 반 clean

EX Don't eat with dirty hands.

43 自然を大切に
しぜん たいせつ

名	① 自然 ② 性質, 天性 しぜん せいしつ てんせい	自然は良い母である。 자연은 훌륭한 어머니이다. しぜん よ はは 彼は生まれつき正直である。 그는 천성적으로(본래) 정직하다. かれ う しょうじき
形	① 自然の しぜん ② 当然の とうぜん	自然科学 자연과학　社会科学 사회과학 しぜんかがく しゃかいかがく 彼がそう考えるのは当然だ。 그가 그렇게 생각하는 것은 당연하다. かれ かんが とうぜん
副	① 自然に しぜん ② 当然に とうぜん	自然に話してごらん。 자연스럽게 얘기해 봐. しぜん はな 彼と一緒に行くの? — 勿論。 그와 함께 가니? - 물론. かれ いっしょ い もちろん
形	人間の, 人間的な にんげん にんげんてき 名 人間, 人 にんげん ひと	勿論僕も間違いする, 僕も人間だから。 물론 나도 실수를 하지, 나도 인간이니까. もちろんぼく まちが ぼく にんげん 人間(人類) 인간(인류)　人間性 인간성 にんげん じんるい にんげんせい
名	① 地球 ② 地, 地面, 土 ちきゅう ち じめん つち	地球は丸い。 지구는 둥글다. ちきゅう まる 矢が地に落ちた。 화살이 땅에 떨어졌다. や ち お
名	① 陸地, 土地 りくち とち ② 国, 国土 くに こくど	船員達はついに陸地を発見した。 선원들은 드디어 육지를 발견했다. せんいんたち りくち はっけん 土地の値段が急に上がった。 땅값이 급격히 상승다. とち ねだん きゅう あ 彼は遠い国から来た。 그는 먼 나라에서 왔다. かれ とお くに き
名	湖, 湖水 みずうみ こすい	湖にボートがある。 호수에 보트들이 있다. みずうみ アラスカには湖が沢山ある。 알래스카는 호수가 많은 땅이다. みずうみ たくさん
名	① 空気, 大気 くうき たいき ② 空中, 空 くうちゅう そら	山の空気は新鮮だ。 산의 공기는 신선하다. やま くうき しんせん 飛行機が空を飛んでいる。 비행기가 공중을 날고 있다. ひこうき そら と
形	新鮮な しんせん	ここで新鮮な果物が買えます。 여기서 신선한 과일을 살 수 있습니다. しんせん くだもの か
形	晴れた, きれいな, は 明るい, 明らかな あか あき	晴れた美しい朝だった。 맑게 갠 아름다운 아침이었다. は うつく あさ
形	汚い, 汚れた きたな よご	汚い手で食べるな。 더러운 손으로 먹지 마라. きたな て た

44 우리들의 여가생활

act [ækt]

동 ① 행동하다 ② …역을 하다

명 ① 행위 ② (연극의) 막

EX The boy acted like a baby.

He acted the part of Hamlet.

It is an act of kindness.

Act Ⅱ scene ⅲ (act two, scene three로 읽음)

activity [æktívəti]

명 활동

EX Their club activities start at three.

fishing [fíʃiŋ]

명 낚시

EX I am fond of fishing.

boat [bout]

명 보트, 작은배 ▷ ship은 일반적으로 큰 배

EX He is rowing a boat on the lake.

a fishing boat

guitar [gitá:r]

명 기타 ▷철자 · 강세에 유의

EX Mary is playing the guitar.

violin [vàiəlín]

명 바이올린

EX He played the violin to the piano.

finger [fíŋgər]

명 손가락

EX Her fingers are long and beautiful.

record 명 [rékərd] 동 [rikɔ́:rd]

명 ① 기록 ② 레코드, 음반

동 ① 기록하다 ②녹음하다

EX I have a record of his speech.

He played some records.

Great events are recorded in books.

I recorded the music on tape.

dance [dæns]

동 춤추다 명 댄스, 춤

EX She danced to the music.

May I have the next dance with you?

toy [tɔi]

명 장난감

EX The child is playing with many toys.

He cheered the baby with a toy.

私たちの余暇生活

動 ① 行動する　少年は赤ちゃんのように振る舞った。 그 소년은 아기처럼 행동했다.
　　② (~の役を)演じる　彼はハムレットの役を演じた。 그는 햄릿 역을(맡아) 했다.
名 ① 行い, 行為　それは親切な行いである。 그것은 친절한 행위이다.
　　② (劇の)幕　第2幕第3場 제2막 제3장

名 活動　彼らのクラブ活動は3時に始まる。 그들의 클럽활동은 3시에 시작된다.

名 釣　私は釣が好きだ。 나는 낚시를 좋아한다.

名 ボート, 小舟　彼は湖でボートを漕いでいる。 그는 호수에서 배를 젓고 있다.
　　　　　　　　　釣り船=漁船 낚시배=어선

名 ギター　メアリーはギターを弾いている。 메리는 기타를 치고 있다.

名 バイオリン　彼はピアノの演奏に合わせて, バイオリンを弾いた。
그는 피아노 반주에 맞춰 바이올린을 켰다.

名 指　彼女の指は長くて美しい。 그녀의 손가락은 길고 아름답다.

名 ① 記録,　私は彼の演説の記録を持っている。 나는 그의 연설문 기록을 가지고 있다.
　　② レコード, 音盤　彼はレコードを何枚か掛けた。 그는 음반을 몇 장 틀었다.
動 ① 記録する　大事な事件は本に記録される。 중요한 사건들은 책에 기록된다.
　　② 録音する　私はその音楽をテープに録音した。 나는 그 음악을 테이프에 녹음했다.

動 踊る　彼女は音楽に合わせて踊った。 그녀는 음악에 맞추어 춤을 추었다.
名 ダンス, 踊り　次は私と一緒に踊ってくれますか。 다음 춤은 저와 함께 추시겠습니까?

名 おもちゃ　その子は沢山のおもちゃで遊んでいる。 그 아이는 많은 장난감을 가지고 놀고 있다.
　　　　　　　彼はおもちゃで赤ちゃんを宥めた。 그는 장난감으로 아기를 얼렀다.

45 오늘 날씨는?

영어 속의 일본어 jie 0515

Japanese in English

정 열 편

---

shine [ʃain] 동 ① 빛나다, 반짝이다
② (구두를) 닦다 ▷① shine-shone[ʃoun]-shone
② shine-shined-shined

EX The sun shines and the tree grows.
Have you shined your shoes?

---

sunlight [sʌ́nlàit]
명 햇빛, 일광

EX He has lain in the sunlight for hours.

---

sunny [sʌ́ni]
형 햇빛 밝은, 햇빛이 잘 드는

EX It's too sunny by the window.

---

cloud [klaud]
명 구름 ▷clóudy 형 구름 낀, 흐린

EX Look at a white cloud in the sky.
It's cloudy today.

---

rainy [reini]
형 비가 오는, 비가 많이 오는

EX It is rainy today.
the rainy season

---

umbrella [ʌmbrélə]
명 우산

EX Take an umbrella with you.
Put up your umbrella. It's going to rain.

---

wind [wind]
명 바람 ▷wíndy 형 바람이 센

EX The wind turned his umbrella inside out.
It's very windy today.

---

blow [blou] 동 (바람이) 불다, …을 불다
명 타격, 일격 ▷blow-blew[bluː]-blown

EX The wind is blowing hard.
The man gave his horse a blow.

---

dry [drai]
형 마른, 건조한 동 말리다, 건조시키다

EX The ground is very dry.
Dry your wet clothes by the fire.

---

wet [wet]
형 젖은, 축축한 반 dry

EX The wet dog shook itself.
Bring me a wet towel, please.

今日の天気は?

動 ① 輝く, 光る, 照る ② (靴を)磨く	太陽は輝いて木は育つ。 해는 빛나고 나무는 자란다. 靴を磨いたんですか? 구두를 닦았습니까?
名 日光, 日差し	彼は何時間も日光に体を晒している。 그는 몇 시간 동안 햇빛을 쏘이고 있다.
形 日当たりのよい	窓辺は日当たりが良過ぎる。 창가에는 햇빛이 너무 잘 든다.
名 雲 形 曇った, 曇りの	空の白い雲を見てごらん。 하늘에 있는 흰 구름을 보아라. 今日は曇っている。 오늘은 날씨가 흐리다.
形 雨の, 雨降りの, 雨の多い	今日は雨だ。 오늘은 비가 온다. 雨季(梅雨) 우기, 장마철
名 傘	傘を持って行きなさい。 우산을 가지고 가거라. 傘を差して, 雨が降りそうだから。 우산을 펴라. 비가 오려고 한다.
名 風 形 風の強い	風に彼の傘が裏返しになった。 바람 때문에 그의 우산이 뒤집혔다. 今日は風がとても強い。 오늘은 바람이 매우 세다.
動 (風が)吹く 名 強打, 一撃; 打撃	風が強く吹いている。 바람이 세게 불고 있다. その男は自分の馬に一撃を加えた。 그 남자는 자기 말에게 일격을 가했다.
形 乾いた, 乾燥した 動 乾かす	地面はとても乾燥している。 땅이 매우 건조하다. 濡れた服を火のそばで乾かして。 젖은 네 옷을 불 옆에서 말려라.
形 濡れた, 湿った	水に濡れた犬が体を震わせた。 물에 젖은 개가 몸을 흔들었다. 濡れたタオルを持ってきて下さい。 젖은 수건 좀 가져다 주세요.

정다운 이웃

neighbor [néibər] 몡 이웃사람, 이웃
▷ 'gh'가 발음되지 않음에 유의

ⓔ You should love your neighbors as yourself.
Canada and the United States are neighbors.

visitor [vízitər]
몡 방문객, 손님 ▷vísit 통 방문하다

ⓔ I had some visitors this morning.
Helen visited her grandpa last week.

friendly [fréndli]
휑 다정한, 우호적인, 정다운

ⓔ Are you friendly with Bill?
China is our friendly nation.

unfriendly [ʌnfréndli]
휑 불친절한, 비우호적인 ▷un(=not) + friendly

ⓔ Don't be unfriendly to other people.

kindness [káindnis]
몡 친절, 친절한 행위

ⓔ Thank you for your kindness.

favor [féivər]
몡 호의, 친절한 행위

ⓔ May I ask a favor of you?
I am in favor of his opinion.

heart [hɑːrt]
몡 ① 심장 ② 마음 ▷발음에 유의

ⓔ He has a weak heart.
She has a kind heart.

secret [síːkrit]
몡 비밀

ⓔ This is a secret between us two.
What's the secret of your health?

borrow [bárou]
통 (…한테서) 빌리다

ⓔ I borrowed some money from him.

lend [lend] 통 (…에게) 빌려주다
빤 borrow ▷lend-lent[lent]-lent

ⓔ He lent me some money.
Will you lend me your skates?

親^{した}しい隣人^{りんじん}

名	近所^{きんじょ}の人^{ひと}, 隣^{となり}の人^{ひと}	自^{みずか}らを愛^{あい}するように隣人^{りんじん}を愛^{あい}しなさい。 네 이웃을 네 몸같이 사랑하라. カナダとアメリカは隣^{となり}の国^{くに}である。 캐나다와 미국은 이웃나라이다.
名 動	訪問客^{ほうもんきゃく}, 来客^{らいきゃく} 訪問^{ほうもん}する, 訪^{おとず}れる	今朝^{けさ}何人^{なんにん}か来客^{らいきゃく}がありました。 오늘 아침 나에게 몇 명의 손님이 왔다. ヘレンは先週^{せんしゅう}お爺^{じい}ちゃんを訪問^{ほうもん}した。 헬렌은 지난주에 할아버지를 방문했다.
形	親^{した}しい, 好意的^{こういてき}な, 友好的^{ゆうこうてき}な	君^{きみ}ビルと親^{した}しくしているの? 너 빌하고 친하니? 中国^{ちゅうごく}は我^わが国^{くに}の友好国^{ゆうこうこく}である。 중국은 우리의 우호국이다.
形	不親切^{ふしんせつ}な, 敵意^{てきい}のある	人^{ひと}に不親切^{ふしんせつ}にするな。 다른 사람들에게 불친절하게 대하지 말아라.
名	親切^{しんせつ}, 親切^{しんせつ}な行為^{こうい}	ご親切^{しんせつ}ありがとうございます。 친절하게 대해 주셔서 감사합니다.
名	好意^{こうい}, 親切^{しんせつ}, お願^{ねが}い	お願^{ねが}いがあるのですが。 부탁을 드려도 될까요? 私^{わたし}は彼^{かれ}の意見^{いけん}に賛成^{さんせい}です。 나는 그의 견해에 찬성한다.
名	① 心臓^{しんぞう} ② 心^{こころ}	彼^{かれ}は心臓^{しんぞう}が弱^{よわ}い。 그는 심장이 약하다. 彼女^{かのじょ}は優^{やさ}しい心^{こころ}の持^もち主^{ぬし}だ。 그녀는 다정한 마음씨의 소유자이다.
名	秘密^{ひみつ}, 秘訣^{ひけつ}	これは内緒^{ないしょ}だよ。 이것은 우리 둘만의 비밀이다. あなたの健康^{けんこう}の秘訣^{ひけつ}は何^{なん}ですか? 당신의 건강 비결은 무엇입니까?
動	(~から)借^かりる	私^{わたし}は彼^{かれ}からお金^{かね}を借^かりた。 나는 그에게서 돈을 좀 빌렸다.
動	(~に)貸^かす	彼^{かれ}は私^{わたし}にお金^{かね}を貸^かしてくれた。 그는 내게 돈을 좀 빌려주었다. あなたのスケートを貸^かしてくれる? 네 스케이트 내게 빌려 줄래?

47 동화의 나라

special [spéʃəl]
형 특별한

EX This is a special case.
Is there anything special in the papers?

base [beis]
명 ① 기초, 토대 ② (야구의) 베이스
동 …에 기초를 두다

EX The base of the statue is cement.
He stopped on the third base.
His story is based on facts.

difference [dífərəns]
명 차이점, 다름 ▷different 형 다른

EX There is a great difference between the two.
Man is different from other animals.

angel [éindʒəl]
명 천사 ▷발음에 유의

EX She is an angel of a girl.
I want an angel of a wife.

wing [wiŋ]
명 날개

EX The bird spread its wings and flew away.

touch [tʌtʃ]
동 손대다, 접촉하다, 만지다 명 접촉

EX Please don't touch me.
I felt a touch on my arm.

giant [dʒáiənt]
명 거인

EX The giant is a very big man.

mouse [maus]
명 생쥐 ▷복수형은 mice[mais]

EX The cat killed the mouse.
a field mouse / a house mouse

palace [pælis]
명 궁전

EX The king lives in a palace.

queen [kwiːn]
명 여왕, 왕비 반 king

EX The Queen is meeting the Prime Minister today.
The wife of a king is called a queen.

童話の国
どうわ の くに

形 特別な, 特殊な	これは特殊なケースである。 이것은 특별한 경우이다.
	新聞に何か特別な記事はありますか。 신문에 뭐 특별한 기사가 났니?
名 ① 基礎, 土台	その彫像の台はセメントだ。 그 조각상의 토대는 시멘트이다.
② (野球)ベース, 塁	彼は三塁で止まった。 그는 3루에서 멈췄다.
動 ~に基づく	彼の話は事実に基づいている。 그의 이야기는 사실에 기초를 두고 있다.
名 違い, 相違, 相違点	その二つの間には大きな違いがある。 그 둘 사이에는 큰 차이가 있다.
形 違った, 異なった	人間は動物とは違う。 인간은 다른 동물들과 다르다.
名 天使	彼女は天使のような少女である。 그녀는 천사같은 소녀이다.
	私は天使のような妻が欲しい。 나는 천사같은 아내를 원한다.
名 翼	その鳥は翼を広げて飛び去った。 그 새는 날개를 펼치고 날아갔다.
動 触れる, 触る	私に手を触れないで下さい。 제발 나를 건드리지 마시오.
名 接触, 手触り	私は腕に何かが触れるのを感じた。 나는 팔에 무엇이 닿는 것을 느꼈다.
名 巨人	巨人はとても大きい人だ。 거인은 매우 큰 사람이다.
名 ねずみ, ハツカねずみ	猫はねずみを殺した。 고양이는 생쥐를 죽였다.
	野ねずみ 들쥐　家ねずみ 집쥐
名 宮殿	王は宮殿に住んでいる。 왕은 궁전에 산다.
名 女王, 王妃	女王は今日首相に会う。 여왕은 오늘 수상을 접견한다.
	王の妻は王妃と呼ばれる。 왕의 부인은 왕비라고 불린다.

farm [faːrm]
명 농장

EX His farm is in the country.
a chicken farm

rice [rais]
명 쌀, 벼

EX The Koreans feed on rice.

vegetable [védʒitəbl]
명 채소, 야채

EX Vegetables are good for health.
fresh vegetables / vegetable soup

horse [hɔːrs]
명 말

EX Henry can ride a horse.
a race horse / a wild horse

pig [pig]
명 돼지

EX That pig is very fat.

cattle [kǽtl]
명 ① (집합적으로) 소 ② 가축

EX Cattle feed on grass.
He bought ten head of cattle.

nephew [néfjuː]
명 조카 ▷여성형은 niece[niːs]

EX His nephew married last month.

grandson [grǽndsʌn]
명 손자 ▷손녀는 granddaughter

EX His grandson is clever.

grandchild [grǽndtʃàild]
명 손자 · 손녀 ▷ 복수형은 grandchildren

EX The old man has five grandchildren.

elder [éldər] 형 (old의 비교급) 손위의
▷형제 등 혈연관계에서 연장(年長)을 뜻함

EX I have an elder sister.

田舎の農場
（いなか　のうじょう）

名 農場, 農園 （のうじょう　のうえん）	彼の農場は田舎にある。 그의 농장은 시골에 있다. 養鶏場（ようけいじょう） 양계장
名 米, 稲 （こめ　いね）	韓国人は米を常食としています。 한국인은 쌀을 먹고 산다. （かんこくじん　こめ　じょうしょく）
名 野菜, 植物 （やさい　しょくぶつ）	野菜は健康にいい。 채소는 건강에 좋다. （やさい　けんこう） 新鮮な野菜 신선한 채소　野菜スープ 야채 수프 （しんせん　やさい）　　（やさい）
名 馬 （うま）	ヘンリーは馬に乗ることが出来る。 헨리는 말을 탈 수 있다. （うま　の　でき） 競馬 경마　野生の馬 야생마 （けいば）　（やせい　うま）
名 豚 （ぶた）	あの豚はとても太っている。 저 돼지는 매우 살이 쪘다. （ぶた　ふと）
名 ① (集合的)牛 （しゅうごうてき　うし） ② 家畜 （かちく）	牛は草を食べて生きている。 소들은 풀을 뜯어 먹는다. （うし　くさ　た　い） 彼は10頭の牛を買った。 그는 소 열 마리를 샀다. （かれ　とう　うし　か）
名 甥　niece 姪 （おい）　　　（めい）	彼の甥は先月結婚した。 그의 조카는 지난달에 결혼했다. （かれ　おい　せんげつけっこん）
名 孫息子 （まごむすこ）	彼の孫息子は利口だ。 그의 손자는 영리하다. （かれ　まごむすこ　りこう）
名 孫(孫息子＋孫娘) （まご　まごむすこ　まごむすめ）	その老人は5人の孫がいる。 그 노인은 손자가 5명 있다. （ろうじん　にん　まご）
形 (oldの比較級)年上の （ひかくきゅう　としうえ）	私には姉が一人いる。 나에게는 누나가(언니가) 한 명 있다. （わたし　あね　ひとり）

영어 와 함께하는 일본어

쉽다! 빠르다! 정확하다!   jie 0515

Contents

도
약
편

Japanese in English

sightseeing [sáitsìːìŋ]
명 관광 ▷sight(경치) + seeing

(EX) His parents went sightseeing in Kyungju.
a sightseeing bus(train)

tour [tuər]
명 (관광·시찰) 여행 동 여행하다 (同) travel

(EX) He is on a tour in Europe.
I toured through Italy.

tourist [tú(ː)ərist]
명 여행자, 관광객

(EX) The tourist has a big suitcase.

temple [témpl]
명 사원, 사찰

(EX) That is an ancient Greek temple.
The temple was built about 440 B. C.

tire [taiər]
동 피로하게 하다 명 타이어, 고무바퀴
▷tired 형 피곤한

(EX) He tired me with his long talk.
The bicycle has a flat tire.
He is tired with traveling.

sail [seil]
동 항해하다 ▷sale(판매)과 동음임에 유의

(EX) The ship is sailing to China.
They sailed the Atlantic for three days.

flow [flou]
동 흐르다 명 흐름

(EX) All rivers flow into the sea.
There is a constant flow of traffic here.

float [flout]
동 뜨다, 떠다니다

(EX) Wood floats on water.
We saw white clouds floating in the sky.

sink [siŋk]
동 가라앉다 반 float

(EX) The ship is sinking.

drown [draun]
동 익사하다[시키다] ▷'ow' 발음에 유의

(EX) He was nearly drowned.
A drowning man will catch at a straw.

01 楽しい 旅行

名 見物, 観光	彼のご両親は慶州へ見物に出掛けた。 그의 부모님은 경주에 관광을 가셨다. 観光バス(列車) 관광버스(열차)
名 (観光, 視察) 旅行 動 旅行する	彼はヨーロッパ旅行に出掛けている。 그는 유럽을 여행 중이다. 私はイタリアのあちらこちらを旅行した。 나는 이탈리아를 두루 여행했다.
名 旅行者, 観光客	あの観光客は大きなスーツケースを持っている。 그 관광객은 큰 여행 가방을 가지고 있다.
名 寺, 寺院；神殿	あれは古代ギリシャの神殿である。 저것은 고대 그리이스 사원이다. あの寺は紀元前440年ころに建てられた。 그 절은 기원전 약 440년에 세워졌다.
動 疲れさせる：飽きさせる 名 タイヤ 形 疲れた：飽きた	彼の長話が私を飽きさせた。 그는 오래 이야기해서 나를 싫증나게 했다. 自転車のタイヤはパンクした。 자전거의 타이어가 바람이 빠졌다. 彼は旅行で疲れている。 그는 여행에 지쳤다.
動 帆で走る, 航海する	船は中国に向けて走っている。 배가 중국으로 향해하고 있다. 彼らは三日間大西洋を航海した。 그들은 3일간 대서양을 항해했다.
動 流れる, 注ぐ 名 流れ	全ての川は海に注いで行く。 모든 강은 바다로 흘러간다. ここの車の流れは絶えず続いている。 여기는 차량 행렬이 끊이지 않는다.
動 浮く, 浮かぶ；漂う	木材は水に浮く。 나무는 물 위에 뜬다. 私たちは空に浮かぶ白雲を見た。 우리는 하늘에 떠 있는 흰 구름을 봤다.
動 沈む, 沈没する	船が沈んでいる。 배가 가라앉고 있다.
動 溺れる, 溺死する(させる)	彼は溺れそうになった。 그는 거의 익사할 뻔했다. 溺れるものは藁をも掴む。 물에 빠진 사람은 지푸라기라도 잡으려고 한다.

02 삶과 죽음

birth [bəːrθ]
명 출생

EX Tommy's birth was a great joy to her parents.

breathe [briːð] 동 호흡하다, 숨쉬다
▶breath[breθ] 명 숨, 호흡 ▷'th' 발음에 유의

EX We breathe through our nose.
Take a deep breath.

survive [sərváiv]
동 ① 살아남다 ② …보다 오래 살다

EX He survived the car accident.
He survived his wife by five years.

alive [əláiv] 형 (서술적 형용사) 살아있는
▷an alive fish(×) a living fish(○)

EX He is still alive.
Is the fish alive or dead?

marry [mǽri] 동 …와 결혼하다
▷marry with her(×) marry her(○)

EX Mr. Kim married Miss Lee.
Are you married?
Please marry me.

dead [ded]
형 죽은 반 alive

EX He has been dead for five years.
The flowers in my garden are dead.

death [deθ]
명 죽음

EX Death may come at any moment.

quit [kwit] 동 그만두다, 멈추다 (同) stop
▷quit-quit-quit ▷quit 뒤에는 명사나 동명사가 옴

EX He quit his job for a better one.
My father quit smoking last month.

tomb [tuːm] 명 무덤, 묘지
▷'b' 가 발음되지 않음에 유의

EX I visit my grandfather's tomb every summer.

grave [greiv]
명 무덤, 묘지 (同) tomb 형 중대한

EX His grave was covered with the grass.
This is grave news.

生と死

名 誕生, 出生	トミーの誕生は彼女の両親にとって大きな喜びの種でした。 토미의 탄생은 그녀의 부모에게 큰 기쁨이었다.
動 息をする, 呼吸する 名 息, 呼吸	私たちは鼻を通じて息をする。 우리는 코로 숨 쉰다. 深呼吸をしなさい。 심호흡을 하세요.
動 ① 生き残る ② ~より長生きする	彼は交通事故で生き残った。 그는 교통사고에서 살아 남았다. 彼は妻の死後より5年間生きた。 그는 아내보다 5년을 더 살았다.
形 生きている	彼はまだ生きている。 그는 아직 살아 있다. その魚は生きているの, 死んじゃったの? 그 물고기는 살았느냐 죽었느냐?
動 (~と)結婚する	金さんは李さんと結婚した。 김씨는 이양과 결혼했다. 結婚していますか? 결혼했나요? 私と結婚して下さい。 저와 결혼해 주세요.
形 死んだ, 死んでいる	彼が死んで5年になる。 그가 죽은 지 5년이 된다. 庭の花が死んでる。 정원의 꽃이 죽어 있다.
名 死, 死亡	死はいつ来るか分からない。 죽음은 언제 찾아올지 모른다.
動 辞める, 止める	彼はもっと良い仕事を求めて勤めを辞めた。 그는 더 나은 직업을 갖기 위하여 직장을 그만두었다. 私の父は先月タバコを止めた。 나의 아버지는 지난달에 담배를 끊으셨다.
名 墓, 墓地	私は毎年夏におじいさんの墓参りをする。 나는 매년 여름 할아버지 묘를 찾아간다.
名 墓, 墓地 形 重大な	彼の墓は草で覆われていた。 그의 무덤은 풀로 덮혀 있었다. これは重大なニュースである。 이것은 중대한 뉴스이다.

03 법정에서

judge [dʒʌdʒ]
명 ① 재판관, 판사 ② 심판
동 ① 재판하다 ② 판단하다

🅔 He is a famous judge.
She refused to be a judge at the game.
The court judged him guilty.
Don't judge a person by his appearance.

decide [disáid]
동 ① 결정하다 ② 결심하다 (同) make up one's mind ▶decision[disíʒən] 명 결정

🅔 They decided it by a vote.
She decided to buy red shoes.
To make decisions is not easy.

case [keis] 명 ① 상자 ② 경우, 실례
③ 사건 a book(pencil) case 책꽂이(필통)

🅔 In this case, you're in the wrong.
This is a case of murder.

charge [tʃɑːrdʒ]
동 ① (요금을) 청구하다 ② 고발하다
③ 책임을 지우다 명 ① 요금 ② 책임

🅔 They charged me fifty dollars.
They charged him with driving without a license.
I am charged with the task.
What is the charge for a room?
Mr. Kim is in charge of our class.

steal [stiːl]
동 훔치다, 도둑질하다 ▷steal-stole-stolen

🅔 Someone has stolen my camera.
She had her purse stolen.

midnight [mídnàit]
명 한밤중, 자정

🅔 He came back at midnight.
He often studies till past midnight.

corner [kɔ́ːrnər]
명 ① 모퉁이 ② 구석

🅔 She pointed to the building on the corner.
There is a small desk in the corner of his room.

prove [pruːv]
동 ① 증명하다 ② 판명되다 ▶proof 명 증명, 증거 ▷prove – ~ed – ~ed, proven

🅔 We can prove that the earth is round.
The rumor about her proved (to be) false.
He gave a proof of his loyalty.

warn [wɔːrn]
동 경고하다, 주의시키다

🅔 I warned him not to go there.
He warned me not to be late.

prison [prízən] 명 형무소, 감옥

🅔 He is in prison.

03 法廷で

名 ① 裁判官, 判事 ② 審判 動 ① 裁く ② 判断する	彼は有名な判事である。 그는 유명한 판사이다. 彼女はそのゲームの審判になるのを断った。 그녀는 그 게임에 심판이 되기를 사양했다. 法廷は彼を有罪だと裁いた。 법정은 그를 유죄로 판결했다. 外見で人を判断するな。 겉모습으로 사람을 판단하지 말아라.
動 ① 決定する ② 決心する 名 決定, 決心	彼らは投票でそれを決めた。 그들은 투표로 그것을 결정했다. 彼女は赤い靴を買うことにした。 그녀는 빨간 구두를 사기로 결심했다. 決心することは易しくない。 결심을 한다는 것은 쉽지 않다.
名 ① 箱;ケース ② 場合, 実例 ③ 事件	この場合は, あなたが間違っている。 이 경우는 당신의 잘못입니다. これは殺人事件である。 이것은 살인사건이다.
動 ① (料金などを)請求する ② 告発する ③ 責任を負わせる 名 ① 料金 ② 責任	彼らは私に50ドルを請求した。 그들은 나에게 50달러를 청구했다. 彼は無免許運転で告発された。 그는 무면허 운전으로 고발되었다. 私はその仕事を託されている。 나에게 그 일이 부과되었다. 部屋代はいくらですか? 방요금은 얼마입니까? 金先生はうちのクラスの担任である。 김 선생님은 우리 반을 맡고 계신다.
動 盗む, 泥棒する	誰かが僕のカメラを盗んだ。 누군가 내 카메라를 훔쳐갔다. 彼女は財布を盗まれた。 그녀는 지갑을 도둑맞았다.
名 真夜中, 夜の12時	彼は真夜中に帰った。 그는 한밤중에 돌아왔다. 彼はしばしば夜の12時過ぎまで勉強する。 그는 흔히 자정 넘어까지 공부한다.
名 ① 角, 曲がり角 ② 隅	彼女は角の建物を指差した。 그녀는 모퉁이에 있는 건물을 가리켰다. 彼の部屋の隅に小さい机がある。 그의 방 구석에 작은 책상이 있다.
動 ① 証明する ② 分かる, 判明する 名 証明, 証拠	我々は地球が丸いことを証明できる。 우리는 지구가 둥글다는 것을 증명할 수 있다. 彼女に関する噂は嘘であることが分かった。 그녀에 대한 소문은 거짓으로 판명되었다. 彼は自分の忠誠心を証明した。 그는 자신의 충성심을 증명했다.
動 警告する, 注意させる	私は彼にそこへ行かないように警告した。 나는 그에게 거기에 가지 말라고 경고했다. 彼は私に遅れないように注意した。 그는 나에게 늦지 말라고 주의를 주었다.
名 刑務所, 監獄	彼は刑務所に入っている。=彼は服役中である。 그는 감옥에 있다. = 그는 수감중이다.

3. 법정에서 ••• 207

04 건강한 육체에 건강한 마음

harm [hɑ:rm]
명 해, 손상 동 해치다, 상하게 하다 (同) hurt
▶ hármful 형 해로운

EX Smoking does more harm than good.
Too much drinking harms your health.
Watching TV too long is harmful to your eyes.

ache [eik] 동 (머리 등이) 아프다
명 아픔, 통증 ▷ 'ch' 발음에 유의

EX My head(tooth) aches.
I have an ache in my back.

pain [pein]
명 ① 아픔, 고통 ② (~s) 수고

EX I have a pain in my neck.
No pains, no gains.

painful [péinfəl]
형 아픈, 괴로운

EX It was a painful experience.
a painful wound

weak [wi:k]
형 약한 반 strong

EX Henry is weak in math.
Joe is a weak old man.

ill [il]
형 ① 병든, 아픈 ② 나쁜 부 나쁘게
(同) sick (아픈) ▶ illness 명 질병

EX He is ill in bed.
Ill news runs fast.
You should not speak ill of others.
He died of illness.

patient [péiʃənt]
형 참을성 있는 명 환자

EX Be patient for a while.
The patient is in bed.

nurse [nə:rs] 명 ① 간호사
② 유모, 보모 동 간호하다, 돌보다

EX The nurse was kind to all patients.
She hired a new nurse.
The mother nursed her sick child.

sheet [ʃi:t]
명 ① (침대 등의) 시트 ② (종이 등의) 장, 매

EX She put clean sheets on the bed.
I need four sheets of glass.

medicine [médəsən]
명 ① 약 ② 의학

EX Take this medicine after meals.
His brother studies medicine in America.

영어속의 일본어 jie 0515

Japanese in English

도 약 편

04 健康な肉体と健全な心

名 害, 損害	喫煙は利より害になる。 흡연은 이익보다는 해가 된다.
動 害する, 傷つける	飲み過ぎは健康を害する。 지나친 음주는 건강을 해친다.
形 有害な	テレビを長見すれば目に有害だ。 TV를 너무 오래보면 눈에 해롭다.
動 (頭など)痛む	頭が(歯が)痛い。 머리가(이가) 아프다.
名 痛み, 疼き	背中が痛む(腰痛がある)나는 등에 통증이 있다.
名 ① 痛み, 苦痛	のどに痛みがある。 나는 목이 아프다. 苦は楽の種。
② (~s)苦労, 骨折り	苦労しなければ利益も得られない。 수고 없이는 얻는 것도 없다.
形 痛い, 苦しい, 骨の折れる	それは苦しい経験だった。 그것은 괴로운 경험이었다. 痛む傷。 아픈 상처
形 弱い	ヘンリーは数学に弱い。(数学が苦手だ)헨리는 수학에 약하다. ジョーは弱い老人である。 조우는 약한 노인이다.
形 ① 病気の, 痛い ② 悪い	彼は病気で寝ている。 그는 병으로 누워있다. 悪事千里を走る。(悪いニュースは早く伝わる)나쁜 소식은 빨리 퍼진다.
副 悪く	他人の悪口を言ってはいけない。 다른 사람들을 비방해서는 안 된다.
名 病気	彼は病気で亡くなった。 그는 병으로 죽었다.
形 忍耐強い, 辛抱強い	しばらくの間辛抱しなさい。 잠시만 참고 기다려라.
名 患者, 病人	患者が寝ている。 환자가 누워 있다.
名 ① 看護婦	その看護婦は凡ての患者に親切だった。 그 간호사는 모든 환자들에게 친절했다.
② 乳母	彼女は新しい乳母を雇った。 그녀는 새 유모를 고용했다.
動 看病する, 乳をやる	母親は病気の子供を看病した。 어머니는 아픈 아이를 간호했다.
名 ① (ベッド等の)シーツ, 敷布 ② (紙などの)~枚	彼女はベッドにきれいなシーツを敷いた。 그녀는 침대에 깨끗한 시트를 깔았다. 私はガラス板4枚が必要だ。 나는 판유리 4장이 필요하다.
名 ① 薬	この薬を食後に飲んで下さい。 이 약을 식후에 복용하세요.
② 医学	彼のお兄さんはアメリカで医学を勉強している。 그의 형은 미국에서 의학을 공부하고 있다.

05 우리 몸을 구성하는 것

condition [kəndíʃən]
명 ① 상태 ② 조건

ⓔⓧ I am in poor condition.
Health is a condition of happiness.

blood [blʌd]
명 피, 혈액 ▷ 'oo' 발음에 유의

ⓔⓧ What is your blood type?
a blood bank / blood pressure

bone [boun]
명 뼈

ⓔⓧ There are about two hundred bones
in the human body.

skin [skin]
명 피부, 살갗

ⓔⓧ She has attractive black skin.
She has a fair skin.

brain [brein]
명 ① 뇌 ② (~s) 두뇌

ⓔⓧ The brain is a vital organ.
Use your brains.

stomach [stʌ́mək]
명 ① 위 ② 배 ▷ 'ch' 발음에 유의

ⓔⓧ I hurt my stomach by eating too much.
I feel a pain in the stomach.

hunger [hʌ́ŋgər]
명 굶주림, 배고픔 ▶hungry 형 배고픈

ⓔⓧ Many people die of hunger every day.
Many people in Africa go hungry.

lip [lip]
명 입술

ⓔⓧ The clown has big red lips.
Mother touched her lips to the baby's face.

shoulder [ʃóuldər]
명 어깨

ⓔⓧ He put his hand on her shoulder.
He carried his baggage on his shoulder.

gesture [dʒéstʃər]
명 몸짓, 손짓

ⓔⓧ What does that gesture mean?
He made an angry gesture.

05 私たちの体を構成するもの

名	① 状態, 調子 : 状況, 事情	私は体の調子がよくない。 나는 몸이 좋지 않은 상태이다.
	② 条件	健康は幸せの必要条件である。 건강은 행복의 필요조건이다.
名	血, 血液	血液型は何ですか? 당신의 혈액형은 무엇입니까? 血液銀行 혈액은행 血圧 혈압
名	骨	人間の体には約200個の骨がある。 인간의 신체에는 약 200개의 뼈가 있다.
名	皮膚, 肌	彼女は魅力的な黒い肌をしている。 그녀는 매력적인 검은 피부를 가지고 있다. 彼女は肌が白い。 그녀는 피부색이 하얗다.
名	① 脳	脳は生命に関する器官である 뇌는 생명에 관계되는 기관이다.
	② (~s)頭脳	頭を使いなさい。 머리를 써라.
名	① 胃	私は食べ過ぎで胃を壊した。 나는 과식으로 위를 해쳤다.
	② 腹, お腹	私はおなかに痛みを感じる。 나는 복부에 통증을 느낀다.
名	飢え(餓え), 空腹	沢山の人々が毎日餓え死にする。 많은 사람들이 매일 굶어 죽는다.
形	空腹の, 飢えた	アフリカでは沢山の人が飢えている。 아프리카에서 많은 사람들이 굶주리고 있다.
名	唇	その道化師の唇は大きくて赤い。 그 광대의 입술은 크고 빨갛다. お母さんは唇を赤ん坊の顔に触れた。 어머니는 그녀의 입술을 아기의 얼굴에 대었다.
名	肩	彼は片手を彼女の肩の上に置いた。 그는 한 손을 그녀의 어깨 위에 놓았다. 彼は手荷物を肩に掛けた。 그는 짐을 어깨위에 짊어졌다.
名	身振り, ジェスチャー	その身振りは何を意味するの? 그 몸짓은 무슨 뜻이지? 彼は怒ったジェスチャーをした。 그는 화난 몸짓을 했다.

명절이 되면

Thanksgiving Day
[θæ̀ŋksgívⁱŋ dèi] 명 추수감사절

ᴇx Americans often eat turkey on Thanksgiving Day.

lunar [lú:nər]
형 달의, 태음의

ᴇx That is a lunar rainbow.
　　the lunar calendar

solar [sóulər]
형 해의, 태양의

ᴇx The Earth belongs to the solar system.
　　the solar calendar　/　the solar energy

relative [rélətiv]
명 친척 형 관계있는

ᴇx Cousins are near relatives.
　　These facts are relative to the case.

greeting [grí:tiŋ]
명 인사, (~s) 인사말 ▶greet 동 인사하다

ᴇx She gave me a friendly greeting.
　　I sent Christmas greetings to him.
　　She greeted me with a smile.

hug [hʌg]
동 포옹하다, 껴안다 ▷hug–hugged–hugged

ᴇx Henry hugged Mary tight.
　　The brothers hugged each other.

prepare [pripέər]
동 준비하다, 대비하다 ▶preparation 명 준비

ᴇx Father prepared a speech last night.
　　The preparation of dinner took an hour.

set [set]
동 ① 놓다 ② 맞추다, 조절하다
③ (해 등이) 지다 ▷ set–set–set

ᴇx I set a vase on the table.
　　Set the alarm before going to bed.
　　The sun set below the horizon.

bow 동 [bau] 명 [bou]
동 절하다 명 활

ᴇx He bowed slightly to me.
　　They hunted with bow and arrow.

ancestor [ǽnsestər]
명 조상, 선조

ᴇx His ancestors came from Spain.

祝祭日(しゅくさいじつ)になれば

名 感謝祭(かんしゃさい)
アメリカ人(じん)はよく感謝祭(かんしゃさい)に七面鳥(しちめんちょう)の肉(にく)を食(た)べる。 미국인들은 대게 추수 감사절에 칠면조 고기를 먹는다.

形 月(つき)の
あれは月夜(つきよ)の虹(にじ)だ。 저것은 달 무지개이다.
太陰暦(たいいんれき) 음력

形 太陽(たいよう)の
地球(ちきゅう)は太陽系(たいようけい)に属(ぞく)する。 지구는 태양계에 속한다.
太陽暦(たいようれき) 양력　太陽(たいよう)エネルギー 태양에너지

名 親戚(しんせき)
いとこは近(ちか)い親戚(しんせき)である。 사촌은 가까운 친척이다.
形 関係(かんけい)のある
こんな事実(じじつ)はその事件(じけん)に関係(かんけい)がある。 이러한 사실은 그 사건과 관계가 있다.

名 挨拶(あいさつ)
彼女(かのじょ)は私(わたし)に優(やさ)しく挨拶(あいさつ)をした。 그녀는 나에게 상냥하게 인사를 했다.
(~s)挨拶(あいさつ)の言葉(ことば)
私(わたし)は彼(かれ)にクリスマスの挨拶(あいさつ)(状(じょう))を伝(つた)えた。 나는 그에게 크리스마스 인사말을 전했다.
動 挨拶(あいさつ)する
彼女(かのじょ)は私(わたし)に微笑(ほほえ)んで挨拶(あいさつ)した。 그녀는 미소지으며 나를 맞이했다.

動 抱(だ)きしめる, 抱(いだ)く
ヘンリーはメアリーをしっかりと抱(だ)き締(し)めた。 헨리는 메리를 꼭 껴안았다.
その兄弟(きょうだい)はお互(たが)いに抱(だ)いた。 그 형제는 서로 껴안았다.

動 準備(じゅんび)する, 用意(ようい)する
父(ちち)はゆうべ演説(えんぜつ)の準備(じゅんび)をした。 아버지는 지난밤에 연설을 준비했다(하셨다.)
名 準備(じゅんび)
夕御飯(ゆうごはん)を用意(ようい)するのに1時間(じかん)掛(か)かった。 저녁 준비하는 데 한 시간이 걸렸다.

動 ① 置(お)く
私(わたし)はテーブルに花瓶(かびん)を置(お)いた。 나는 탁자 위에 꽃병을 놓았다.
② 合(あ)わせる, 調整(ちょうせい)する
床(とこ)に付(つ)く前(まえ)に目覚(めざ)まし時計(どけい)を合(あ)わせなさい。 잠자리에 들기 전에 자명종을 맞추어 놓아라.
③ (太陽(たいよう)など)沈(しず)む
太陽(たいよう)が地平線(ちへいせん)の下(した)に沈(しず)んだ。 태양이 지평선 아래로 졌다.

動 お辞儀(じぎ)をする
彼(かれ)は私(わたし)に軽(かる)くお辞儀(じぎ)をした。 그는 내게 가볍게 인사했다.
名 弓(ゆみ)
彼(かれ)らは弓(ゆみ)と矢(や)で狩(か)りをした。 그들은 활과 화살로 사냥했다.

名 先祖(せんぞ)(祖先(そせん))
彼(かれ)の先祖(せんぞ)はスペインの出身(しゅっしん)だ。 그의 선조는 스페인 출신이다.

07 사람들의 행동양식

영어단어 잘노는 일본어 jie 0515

Japanese in English

도
약
편

male [meil]
명 ① 남성, 남자 ② 수컷

EX Boys and men are males.
That monkey is a male.

female [fíːmeil]
명 ① 여성, 여자 ② 암컷 반 male

EX Girls and women are females.
That panda is a female.

manner [mǽnər]
명 ① 방식 ② 태도
③ (~s) 예절 (同) way(방식)

EX Do it in this manner.
I don't like his manner.
He has no manners.

polite [pəláit]
형 공손한, 예의바른 반 rude(무례한)

EX He's always polite to everyone.
You should use polite language when you speak to others.

gentle [dʒéntl]
형 온화한, 점잖은

EX She has a gentle heart.
He is gentle to everyone.

serve [səːrv]
동 ① 봉사하다, 근무하다 ② (음식을) 내놓다

EX He is serving in the U. S. Navy.
The waitress served the salad.

service [sə́ːrvis]
명 봉사, 근무, 서비스

EX She spent her life of service to others.

servant [sə́ːrvənt]
명 ① 하인 ② 공무원 ▷serve+ant(접미사)

EX I want an honest servant.
Police officers are public servants.

treat [triːt]
동 ① 다루다 ② 대접하다 ③ 치료하다
▶treatment 명 ① 취급, 대우 ② 치료

EX He treats us like children.
Let me treat you!
The dentist treated my sore tooth.
I received a kind treatment from them.
She received treatment in the hospital.

deal [diːl] 동 ① 처리하다, 다루다 (with)
② 취급하다, 거래하다 (in) (同) treat(다루다)
▷deal−dealt[delt]−dealt

EX How will you deal with this problem?
This store deals in furniture.

07 人々の行動様式

名 ① 男性, 男
② 雄

少年と男子は男性である。 소년들과 남자들은 남성이다.
あの猿は雄だ。 저 원숭이는 수컷이다.

名 ① 女性, 女
② 雌

少女と女子は女性である。 소녀들과 여자들은 여성이다.
あのパンダは雌だ。 저 팬더(곰)는 암컷이다.

名 ① やり方, 方法
② 態度, 様子
③ (~s)行儀, 礼儀

それをこんなふうにやりなさい。 그것을 이런 식으로 하시오.
私は彼の態度が気に入らない。 나는 그의 태도가 마음에 들지 않는다.
彼は行儀を知らない。 그는 예의범절을 모른다.

形 丁寧な, 礼儀正しい

彼はいつも皆に丁寧だ。 그는 항상 모두에게 공손하다.
他人に話す時には礼儀正しい言葉を使うべきだ。
남에게 말할 때는 공손한 말을 써야 한다.

形 温和な, 優しい
親切な, 穏やかな

彼女は優しい心の持ち主である。 그녀는 마음이 온순하다.(상냥한 마음씨를 가졌다)
彼は誰に対しても親切だ。 그는 모두에게 친절하다.

動 ① 仕える, 尽くす：勤める
② (飲食物を)出す

彼は米国海軍に勤めている。 그는 미국 해군에서 근무하고 있다.
ウェートレスはサラダを出して来た。 여종업원은 샐러드를 내왔다.

名 奉仕, 勤務, サービス

彼女は人に奉仕しながら一生を過した。
그녀는 일생을 다른 사람들에게 봉사하며 보냈다.

名 ① 召し使い, 使用人
② 公務員

私は正直な召し使いが欲しい。 나는 정직한 하인을 원한다.
警察官は公務員である。 경찰관은 공무원이다.

動 ① 扱う, 待遇する
② 奢る, 持て成す
③ 治療する, 手当てする
名 ① 取り扱い
② 治療

彼は私たちを子供のように扱う。 그는 우리들을 아이처럼 다룬다.
私が奢って上げますよ。 제가 당신을 대접하겠습니다.
歯医者は痛い歯を治して下さった。 치과 의사는 내아픈 이를 치료해 주셨다.
彼らは私を親切に扱ってくれた。 나는 그들의 친절한 대접을 받았다.
彼女は病院で治療を受けた。 그녀는 병원에서 치료를 받았다.

動 ① 処理する, ~を扱う
② 取り扱う, 取り引きする

この問題をどう処理なさいますか？ 이 문제를 어떻게 처리하겠습니까?
この店では家具を取り扱っています。 이 상점은 가구를 취급한다.

7. 사람들의 행동양식 ••• 215

08

어느 한심한 도둑

영어발음·뜻암기 일본어 jie 0515

Japanese in English

도 약 편

---

address [ədrés, ǽdress]
명 ① 주소 ② 연설 동 연설하다

EX Write your address on this card.
President made a short address.
The writer addressed the audience.

---

roof [ru(:)f]
명 지붕 ▷복수형은 roofs

EX The house has a red roof.
The roof of the car was wet.

---

fence [fens]
명 울타리, 담

EX The cow jumped over the fence.

---

gate [geit]
명 문, 출입문

EX Someone left the gate open.

---

lock [lɑk]
명 자물쇠 동 잠그다 반 key(열쇠)

EX You need a key to open a lock.
Lock the window when you go out.

---

shut [ʃʌt]
동 닫다, 폐쇄하다 (同) close 반 open

EX Please shut the door after you.
Shut the gas off before you go out.

---

knock [nɑk] 동 (문을) 두드리다,
노크하다 (권투) 녹아웃시키다

EX Someone knocked on the door at midnight.
He was knocked out in the first round.

---

tap [tæp]
동 가볍게 두드리다 명 (수도 등의) 꼭지

EX He tapped me on the shoulder.
Turn the tap on(off).

---

enter [éntər]
동 ① 들어가다 ② 입학하다

▶ éntrance 명 ① 출입구 ② 입학

EX May I enter?
John entered a school this year.
There are two entrances to the building.
entrance free / No entrance

---

trash [træʃ]
명 폐물, 쓰레기 (同) waste

EX The can is full of trash.
We must not throw trash on the street or into the rivers.

ある情けない泥棒

名 ① 住所（じゅうしょ）　② 演説（えんぜつ） 動 演説（えんぜつ）する	このカードに住所（じゅうしょ）をお書（か）き下（くだ）さい。 이 카드에 당신의 주소를 쓰세요. 大統領（だいとうりょう）は短（みじか）い演説（えんぜつ）をした。 대통령은 짧은 연설을 했다. その作家（さっか）は聴衆（ちょうしゅう）に演説（えんぜつ）した。 그 작가는 청중에게 연설했다.
名 屋根（やね）	その家（いえ）の屋根（やね）は赤（あか）い。 그 집의 지붕은 빨갛다. 自動車（じどうしゃ）の屋根（やね）は濡（ぬ）れていた。 자동차의 지붕은 젖어 있다.
名 囲（かこ）い，塀（へい），垣根（かきね），柵（さく）	乳牛（にゅうぎゅう）が垣根（かきね）を跳（と）び越（こ）えた。 젖소가 울타리를 뛰어 넘었다.
名 門（もん），出入（でい）り口（ぐち）	誰（だれ）かが門（もん）を開（あ）けっ放（ぱな）しにした。 누군가 문을 열린 채로 놔두었다.
名 錠（じょう），動 鍵（かぎ）を掛（か）ける 反 key(鍵（かぎ）)	錠（じょう）を開（あ）けるには鍵（かぎ）が必要（ひつよう）だ。 자물쇠를 열려면 열쇠가 필요하다. 出掛（でか）ける時（とき）は鍵（かぎ）を掛（か）けなさい。 나갈 때 창문을 잠가라.
動 閉（し）める，閉（と）じる	入（はい）っ(出（で）)た後（あと）ドアを閉（し）めて下（くだ）さい。 들어온(나간) 다음에 문을 닫아주세요. 外出（がいしゅつ）する前（まえ）にガスを止（と）めなさい。 외출하기 전에 가스를 잠가라.
動 ノックする，コツコツ叩（たた）く (ボクシング) ノックアウトさせる	誰（だれ）かが真夜中（まよなか）にドアをノックした。 누군가가 한밤중에 문을 두드렸다. 彼（かれ）は1ラウンドでノックアウトされた。 그는 1회전에서 녹아웃되었다.
動 軽（かる）く叩（たた）く 名 (水道（すいどう）の)栓（せん），蛇口（じゃぐち），コック	彼（かれ）は私（わたし）の肩（かた）を軽（かる）く叩（たた）いた。 그는 내 어깨를 가볍게 툭 쳤다. 蛇口（じゃぐち）を開（あ）けなさい(閉（し）めなさい)。 꼭지를 틀어라(잠가라)
動 ① 入（はい）る　② 入学（にゅうがく）する 名 ① 出入（でい）り口（ぐち）　② 入学（にゅうがく）	入（はい）ってもいいですか? 들어가도 됩니까? ジョンは今年入学（ことしにゅうがく）した。 존은 올해 입학했다. その建物（たてもの）には入（い）り口（ぐち）が二（ふた）つある。 그 건물에는 입구가 두 개 있다. 入場無料（にゅうじょうむりょう） 입장무료　入場禁止（にゅうじょうきんし） 입장금지
名 ゴミ，屑（くず），がらくた	その箱（はこ）はごみで一杯（いっぱい）である。 그 통은 쓰레기로 가득 차 있다. 通（とお）りや川（かわ）にごみを捨（す）ててはいけない。 우리는 거리나 강에 쓰레기를 버려서는 안 된다.

reporter [ripɔ́ːrtər]

명 기자, 보고자 ▶repórt 동 보고[보도]하다

EX Reporters rushed to the scene of the accident.
The papers are reporting this case.

press [pres]

동 ① 누르다 ② 강요하다
명 ① 누르기 ② 신문, 언론계

EX Press this button to open the box.
He pressed his opinion upon us.
Give the button another press.
He often writes articles for the daily press.

magazine [mæ̀gəzíːn]

명 1)잡지 2)군수품 창고, 화약고
3) 연발총의 탄창

EX The magazine comes out every Friday.
a weekly magazine / a monthly magazine

data [déitə, dǽtə]

명 데이터, 자료

EX He has collected the data for his report.
This data is correct.

list [list]

명 목록, 명부

EX Henry is writing a long list.
His name is not on the list.

information [ìnfərméiʃən]

명 ① 정보 ② 지식
▶infórm 동 알리다

EX I have no information on the matter.
He is a man of information.
They informed her of his arrival.
Information Age / information desk

source [sɔːrs]

명 원천, 근원

EX Oranges are a good source of vitamin C.
a source of information
the source of a trouble

view [vjuː]

명 ① 바라봄, 전망 ② 의견, 견해

EX The view of the lake is beautiful.
In my view, he is right.

opinion [əpínjən]

명 의견, 견해 (同) view

EX What is your opinion about them?
public opinion

09 記者への道

名 記者, 報告者, レポーター	記者たちが事件現場に押し寄せた。 기자들이 사건현장으로 몰려들었다.
動 報告(報道)する	新聞がこの事件を報道している。 신문이 이 사건을 보도하고 있다.
動 ① 押す	箱を開くにはこのボタンを押しなさい。 상자를 열려면 이 단추를 눌러라.
② 強いる	彼は私たちに自分の意見を押し付けた。 그는 우리에게 자기 견해를 강요했다.
名 ① 押すこと	そのボタンをもう一度押しなさい。 그 단추를 한 번 더 누르세요.
② 新聞, 言論界	彼はよく日刊紙に記事を載せる。 그는 종종 일간지에 기사를 쓴다.
名 雑誌	その雑誌は金曜日ごとに出る。 그 잡지는 매주 금요일에 나온다.
	週刊誌 주간지　月刊誌 월간지
名 データ, 資料	彼は報告書の為に資料を集めた。 그는 보고서를 위해 자료를 수집했다.
	このデータは正確だ。 이 데이터는 정확하다.
名 リスト, 名簿	ヘンリーは長いリストを書いている。 헨리는 긴 목록을 작성하고 있다.
	彼の名前は名簿に載っていない。 그의 이름이 명부에 올라 있지 않다.
名 ① 情報	私はその問題について情報を全く持っていない。 나는 그 문제에 대해 아무런 정보도 없다.
② 知識	彼は見聞が広い。 그는 견문이 넓은 사람이다.
動 知らせる	彼らは彼女に彼の到着を知らせた。 그들은 그녀에게 그의 도착을 알렸다.
	情報化時代 정보(화)시대　受け付け, 案内所 접수, 안내소
名 源, 根源, 元	オレンジはビタミンCの良い源である。 오렌지는 비타민C의 좋은 공급원이다.
	情報の出所 정보의 출처
	揉め事の原因 분쟁의 원인
名 ① 眺め, 展望, 景色	その湖の景色は美しい。 그 호수의 경치는 아름답다.
② 見方, 考え方, 意見	私の考えでは彼が正しい。 제 견해로는 그가 옳습니다.
名 意見, 見解, 考え	彼らについてどう思うの? 그들에 대한 네 의견은 어떠니?
	世論 여론

10 축제에서 생긴일

festival [féstivəl]
명 축제

㉠ We have a school festival in October.
a music festival

feast [fiːst]
명 잔치, 연회

㉠ We had a big feast.

event [ivént]
명 ① 행사 ② (중요) 사건 ③ (운동경기의) 종목

㉠ The athletic meeting is a big school event.
It was quite an event.
The high jump is my favorite event.

ceremony [sérəmòuni]
명 의식, 의례

㉠ Dick and Jane held their wedding ceremony last week.
an opening ceremony / a closing ceremony

celebrate [séləbrèit]
동 (식을 올려) 경축하다, 축하하다

㉠ We celebrated Yu-ri's birthday.
Americans celebrate Independence Day on July 4th every year.

host [houst] 명 (손님을 맞는) 주인, 주최자 반 guest (손님) ▷여성형은 hostess

㉠ We thanked our hosts for the lovely party.
a host country

handsome [hǽnsəm]
형 잘생긴 ▷ 'd' 가 발음되지 않음에 유의

㉠ That man is handsome.

ugly [ʌ́gli]
형 못생긴, 추한 반 handsome

㉠ The witch had an ugly face.

beauty [bjúːti]
명 ① 미, 아름다움 ② 미인

㉠ I love the beauty of the dawn.
She is a great beauty.

wink [wiŋk]
동 윙크하다, 눈짓하다 명 윙크, 눈짓

㉠ She winked at me.
He gave me a wink.

お祭りでの出来事

名 祭り，フェスティバル	うちの学校は10月に祭りがある。 우리 학교 축제는 10월에 있다. 音楽祭 음악제
名 祝宴，宴会，ご馳走	私たちは豪華な祝宴を設けた。 우리는 큰 잔치를 벌였다.
名 ① 行事 ② (重要な)出来事 ③ (競技などの)種目	運動会は大きな学校行事である。 운동회는 학교의 큰 행사이다. それは全く大事件だった。 그것은 대단한 사건이었다. 高跳びは私の好きな種目である。 높이뛰기는 내가 좋아하는 종목이다.
名 式，儀式；儀礼	ディックとジェーンは先週結婚式を挙げた。 딕과 제인은 지난주에 결혼식을 올렸다. 開会式 개회식　閉会式 폐회식
動 (式を挙げて)祝う	私たちはユリの誕生日を祝った。 우리는 유리의 생일을 축하했다. 毎年7月4日にアメリカ人は独立記念日を祝う。 해마다 7월 4일에 미국 사람들은 독립기념일을 경축한다.
名 (客を迎える)主人，主催者 反 guest(客)	私たちは素晴らしいパーティーを開いてくれた主人に礼を述べた。 우리는 멋진 파티에 대해 주인에게 감사했다. 主催国 주최국
形 顔立ちの良い，ハンサムな，美男子の，美しい	あの男の人はハンサムだ。 저 남자는 잘생겼다.
形 醜い，見苦しい	魔女は醜い顔をしている。 마녀는 못생긴 얼굴을 가졌다.
名 ① 美，美しさ ② 美人	私は夜明けの美しさが好きだ。 나는 동틀 때의 아름다움을 좋아한다. 彼女はなかなかの美人だ。 그녀는 대단한 미인이다.
動 ウィンクする，目配せする 名 ウィンク，目配せ	彼女は私にウィンクした。 그녀는 내게 윙크했다. 彼は私にウィンクした。 그는 나에게 윙크를 했다.

약속을 받아내기까지

complain [kəmpléin]
동 불평하다

EX Don't complain about the food.

explain [ikspléin]
동 설명하다 ▶explanátion 명 설명

EX Can you explain this problem?
I need your explanation about that.

bother [báðər]
동 성가시게 하다. 괴롭히다

EX Don't bother me while I work.
I am sorry to bother you.

blame [bleim]
동 나무라다, 비난하다

EX Don't blame him.
He blamed the fog for his accident.

realize [rí(:)əlàiz]
동 ① 깨닫다 ② (소망 등을) 실현하다

EX She realized her own danger.
He realized his plan.

forgive [fərgív] 동 용서하다 (同) pardon
▷forgive-forgave-forgiven

EX I can't forgive him any more.
Please forgive my mistake.

accept [əksépt]
동 ① 수락하다, 받아들이다 ② 인정하다

EX We won't accept your offer.
He accepted his own mistake.

allow [əláu]
동 허용하다, 허락하다 (同) permit[pərmít]

EX Smoking is not allowed here.
No one is allowed to run in the hall.

agree [əgrí:] 동 동의하다, 의견이 같다
반 disagree(일치하지 않다)

EX I can't agree to your plan.

promise [prámis]
동 약속하다 명 약속

EX He always breaks his promise.
She will keep her promise.

11 約束を取り付けるまで

動	不平を言う, 文句を言う	食べ物のことで不平を言ってはいけない。음식에 대해 불평하지 마라.
動	説明する	この問題を説明できる? 이 문제를 설명할 수 있겠니?
名	説明	それについてのあなたの説明が必要だ。나는 그것에 대한 너의 설명이 필요하다.
動	悩ます；困らせる, うるさがらせる；気にする	仕事中はこまらせるな。일하는 동안은 나를 귀찮게 하지 마라. ご迷惑をおかけしてすみません。귀찮게 해서 죄송합니다.
動	咎める, 非難する, ~のせいにする, 責める	彼を咎めるな。그를 책망하지 말아라. 彼は事故を霧のせいにした。그는 사고를 안개 탓으로 돌렸다.
動	① 悟る, 実感する ② (希望などを)実現する	彼女は自分の危険に気がついた。그녀는 자신의 위험을 깨달았다. 彼は計画を実現した。그는 자신의 계획을 실현했다.
動	許す, 勘弁する, 容赦する, 免除する	もうこれ以上彼を許せない。나는 더 이상 그를 용서할 수 없다. 是非私の間違いを許して下さい. 제발 저의 잘못을 용서해 주십시오.
動	① 受け入れる, 受け取る ② 認める	あなたの提案を受け入れないつもりだ。우리는 너의 제안을 받아들이지 않겠다. 彼は自分の誤りを認めた。그는 자신의 실수를 인정했다.
動	許す, 許可する	ここでの喫煙は許されていない。여기서는 금연이다. 誰も廊下で走ってはいけない。복도에서 뛰면 안 된다.
動	同意する, (意見が)一致する	私は君の計画に賛成できない。나는 네 계획에 찬성할 수 없다.
反	disagree 意見が合わない	
動	約束する	彼はいつも約束を破る。그는 언제나 약속을 어긴다.
名	約束	彼女は約束を守るだろう。그녀는 약속을 지킬 것이다.

12 평범한 것, 뛰어난 것

usual [júːʒuəl]
형 보통의, 일상의 반 unusual (드문)

ⓔ Is it usual for him to be so late?
He left home earlier than usual.

common [kámən] 형 ① 일반의, 보통의
② 공통의 (同) usual (보통의)

ⓔ Snow is common here.
English is a common language in the world.

regular [régjulər] 형 규칙적인, 정기적인
▶ régularly 부 정기적으로

ⓔ His way of living is quite regular.
He writes home regularly every week.

general [dʒénərəl]
형 일반적인, 전반적인 명 장군
반 special (특별한) ▶génerally 부 일반적으로

ⓔ Worry about crime is now very general.
He became a general.
Generally men are taller than women.

excellent [éksələnt]
형 뛰어난, 우수한 ▷철자에 유의

ⓔ He is excellent in English.
Tom is excellent in mathematics.

complete [kəmplíːt]
형 ① 완전한 ② 완성된
동 ① 완전하게 하다 ② 끝내다
(同) finish(끝내다)

ⓔ It was a complete failure.
Our plan was complete.
He completed his picture.
She completed her task at last.

perfect [pə́ːrfikt]
형 완벽한, 완전한 (同) complete

ⓔ The weather was perfect.
Practice makes perfect.

fantastic [fæntǽstik]
형 ① 환상적인, 공상적인 ② 매우 좋은

ⓔ Looking down at Seoul from the sky is fantastic.
That's fantastic!

magic [mǽdʒik]
명 마법, 마술 형 마법의

ⓔ Some people still believe in magic.
magic castle / magic forest

영어단어 장기기억 jie 0515

Japanese in English

도 약 편

12 平凡なこと, 優れたこと
へいぼん　　　　　　　　すぐ

形 いつもの, 普通(普段)の
ふつう　　ふだん

普通彼はそんなに遅いんですか? 그는 보통 그렇게 늦습니까?
ふつうかれ　　　　　　　　おそ

彼はいつもより早く家を出た。 그는 평소때보다 일찍 집을 나섰다.
かれ　　　　　　　はや　いえ　で

形 ① 一般の, 普通の
いっぱん　　　ふつう
② 共通の
きょうつう

ここに雪はありふれている。 이 곳은 눈이 흔하다.
ゆき

英語は世界共通語だ。 영어는 세계 공통어이다.
えいご　せかいきょうつうご

形 規則正しい, 定期的な
きそくただ　　　　ていきてき
副 定期的に
ていきてき

彼の生活様式はかなり規則正しい。 그의 생활방식은 아주 규칙적이다.
かれ　せいかつようしき　　　　きそくただ

彼は毎週定期的に家に手紙を出す。 그는 매주 정기적으로 집에 편지를 써 보낸다.
かれ　まいしゅうていきてき　いえ　てがみ　だ

形 一般の, 全般的な　名 将軍
いっぱん　　ぜんぱんてき　　　　しょうぐん
反 special(特別な)
とくべつ
副 一般的に
いっぱんてき

犯罪に対する心配はもうとても一般的だ。 범죄에 대한 걱정은 이제 아주 일반적이다.
はんざい　たい　　しんぱい　　　　　　いっぱんてき

彼は将軍になった。 그는 장군이 되었다.
かれ　しょうぐん

一般的に男の方が女より背が高い。 일반적으로 남자가 여자보다 키가 크다.
いっぱんてき　おとこ　ほう　おんな　　せ　たか

形 優れた, 優秀な
すぐ　　　　ゆうしゅう

彼は英語がとても上手だ。 그는 영어를 썩 잘한다.
かれ　えいご　　　　じょうず

トムは数学に優れている。 탐은 수학에 우수하다.
すうがく　すぐ

形 ① 完全な
かんぜん
② 完成した
かんせい
動 ① 完全なものにする
かんぜん
② 仕上げる
しあ

それは完敗だった。 그것은 완전한 실패였다.
かんぱい

私たちの計画が完成された。 우리의 계획이 완성되었다.
わたし　　　けいかく　かんせい

彼は絵を仕上げた。 그는 그림을 완성하였다.
かれ　え　しあ

彼女はとうとう任務を完成した。 그녀는 마침내 임무를 마쳤다.
かのじょ　　　　　　にんむ　かんせい

形 完全な, 完璧な,
かんぜん　かんぺき
申し分のない
もう　ぶん

天気は申し分なかった。 날씨는 더할 나위 없이 좋았다.
てんき　もう　ぶん

習うより慣れろ。(練習を積めば完全になる) 연습을 거듭하면 완전하게 된다.
なら　　　　な　　　れんしゅう　つ　　かんぜん

形 ① 空想的な, 幻想的な,
くうそうてき　　げんそうてき
風変わりな
ふうが
② 素晴らしい, 素敵な
すば　　　　すてき

空からソウルを見下ろすのは素敵だ。
そら　　　　　　　み お　　　　すてき
하늘에서 서울을 내려다보는 것은 환상적이다.

それは素晴らしい！ 그거 아주 멋진데!
すば

名 魔法, 魔術：手品
まほう　まじゅつ　てじな
形 魔法の
まほう

まだ魔法を信じている人たちがいる。 어떤 사람들은 아직도 마법을 믿는다.
まほう　しん　　　　ひと

魔法の城 마법의 성　魔法の林 마법의 숲
まほう　しろ　　　　　まほう　はやし

13 문화생활을 하려면

culture [kʌ́ltʃər]
명 ① 문화 ② 교양
▶cultural 형 문화의, 교양의

> He studied the culture of the Eskimos.
> He is a man of culture.
> The two countries make cultural exchanges.

concert [kánsə(ː)rt]
명 연주회, 음악회

> Many musicinans are attending the concert.
> a concert hall.

band [bænd]
명 ① 악단, 일단 ② 끈, 띠

> Here comes the band.
> The gift was tied with bands.

appreciate [əprí:ʃièit]
명 ① (~의 진가를) 인정하다 ② 감사하다

> His services were appreciated.
> I appreciate your kindness.

contest [kántest]
명 경쟁, 콘테스트

> He won the swimming contest.
> a beauty contest / a speech contest

clap [klæp] 동 (손뼉을) 치다, 박수를 치다
▷clap–clapped–clapped

> We clapped our hands.

theater [θí(ː)ətər]
명 극장, 영화관

> They went to the theater last night.

film [film]
명 ① 필름 ② 영화

> We developed the film.
> We saw a film about dogs.

drama [drá:mə]
명 ① 희곡 ② 연극 ③ (TV) 드라마
▶dramatic [drəmǽtik]
형 ① 연극의 ② 극적인

> She writes dramas.
> My father is interested in(the) drama.
> Do you know the TV drama, "First Love?"
> He is a dramatic critic.
> She made a dramatic recovery.

screen [skri:n]
명 ① 스크린, 영화 ② 칸막이

> The play was adapted for the screen.
> A screen divided the room into two.

영어속의일본어 jie 0515

Japanese in English

도 약 편

13 文化的な生活の為に

名 ① 文化 ② 教養
形 文化の, 教養の

彼はエスキモー人の文化を研究した。 그는 에스키모인의 문화를 연구했다.
彼は教養のある人だ。 그는 교양이 있는 사람이다.
その二つの国は文化交流している。 그 두 나라는 문화교류를 하고 있다.

名 演奏会, 音楽会,
コンサート

沢山の音楽家たちが, そのコンサートに参加している。
많은 음악가들이 그 연주회에 참가하고 있다.
コンサートホール 연주회장(콘서트 홀)

名 ① 楽団, バンド
② 紐, 帯

楽団が来ている。 악단이 오고 있다.
その贈り物は紐で縛ってあった。 그 선물은 끈으로 묶여 있었다.

動 ① (~の真価を)認める
② 感謝する

彼の奉仕は真価を認められた。 그의 공로는 제대로 인정받았다.
ご親切に感謝します。 당신의 친절에 감사드립니다.

名 コンテスト, 競争, 競技会

彼は水泳の競技会で優勝した。 그는 수영 대회에서 우승했다.
美人コンテスト 미인선발대회 弁論大会 웅변대회

動 手を叩く, 拍手する

私たちは拍手した。 우리는 손뼉을 쳤다.

名 劇場, 映画館

彼らはゆうべ劇場へ行った。 그들은 어젯밤 극장에 갔다.

名 ① フィルム
② 映画

私たちはそのフィルムを現像した。 우리는 그 필름을 현상했다.
私たちは犬に関する映画を見た。 우리는 개에 관한 영화를 봤다.

名 ① 戯曲 ② 演劇
③ (テレビ)ドラマ
形 ① 演劇の
② 劇的な

彼女は戯曲を書く。 그녀는 희곡을 쓴다.
私の父は演劇に興味を持っている。 나의 아버지는 연극에 흥미가 있다.
'初恋' というTVドラマを知っているの? '첫 사랑' 이라는 TV 드라마 아니?
彼は演劇評論家である。 그는 연극 평론가이다.
彼女は劇的に回復した。 그녀는 극적으로 회복되었다.

名 ① スクリーン, 映画
② 衝立て, 屏風

その演劇は映画に脚色された。 그 연극은 영화로 각색되었다.
衝立てでその部屋は二つに分けてあった。 칸막이로 그 방은 둘로 나뉘어져 있었다.

14 전치사를 배웁시다

beneath [biníːθ]
전 ···의 바로 밑에

EX The boat sank beneath the waves.
The dog sat beneath the table.

beyond [bijánd]
전 (장소 · 시간) ···을 넘어서, ···을 지나서

EX What lies beyond the mountains?
He worked beyond office hours.

within [wiðín]
전 (시간 · 거리) ···이내에

EX I'll be back within a minute.
He lives within three miles of London.

against [əgénst, –géin–]
전 ···에 거슬러, ···에 반대하여

EX Are you for or against his plan?
I'm against war.

according to [əkɔ́ːrdiŋ tu]
전 ···에 의하면, ···에 따라

EX According to Susan, everything went well.
Do it according to your promise.

throughout [θruːáut]
전 ① (시간) ···동안 죽 ② (장소) 도처에

EX It rained throughout the night.
Her name is famous throughout the world.

till [til]
전 접 ···까지 (同) until

EX I will wait till six o'clock.
Wait till I come back.

except [iksépt]
전 ···을 제외하고

EX They all went to school except John.
This store is open every day except Sunday.

despite [dispáit]
전 ···에도 불구하고 (同) in spite of

EX He went to the festival, despite his illness.
They didn't win despite all their efforts.

前置詞を学びましょう

| 前 | ~の(すぐ)下に(で) | ボートが波の下に沈んでしまった。배가 파도 밑으로 가라앉았다.
その犬はテーブルの下に座った。그 개는 탁자 밑에 앉았다. |

| 前 | (場所, 時間)~を越えて,
…を過ぎて | あの山の向こうに何があるだろうか? 저 산 너머에는 무엇이 있을까?
彼は勤務時間を過ぎて働いた。그는 업무 시간을 지나서 일했다. |

| 前 | (時間, 距離)~以内で | 一分以内に戻ります。일분 내로 돌아오겠다.
彼はロンドンから3マイル以内に住んでいる。그는 런던에서 3마일 이내에 산다. |

| 前 | ~ に逆らって,
…に反対して | 彼の計画に賛成ですか, 反対ですか? 당신은 그의 계획에 찬성합니까, 반대합니까?
私は戦争に反対だ。나는 전쟁에 반대한다. |

| 前 | ~によれば, (~によると),
…に従って | スーザンによれば, あらゆる事が上手く行ったそうだ。
수잔에 의하면 모든 일이 잘 되어 갔다.
約束に従ってそれをしろ。네 약속대로 그것을 해라 |

| 前 | ① (時間)~中(ずっと)
② (場所)至る所に | 夜中ずっと雨が降った。밤새도록 비가 내렸다.
彼女の名前は世界中至る所で有名である。
그녀의 이름은 세계 도처에 유명하다. |

| 前
接 | ~まで
~するまで | 私は6時まで待つつもりだ。나는 6시까지 기다릴 것이다.
私が帰るまで待っていなさい。내가 돌아올 때까지 기다려라. |

| 前 | ~を除いては,
~以外は, …の他は | ジョンを除いては彼ら皆学校へ行った。존을 제외하고 그들 모두는 학교에 갔다.
この店は, 日曜日以外は毎日開いている。이 가게는 일요일을 제외하고 매일 문을 연다. |

| 前 | ~にもかかわらず | 彼は病気にもかかわらず祭りへ行った。그는 아팠음에도 불구하고 축제에 갔다.
あらゆる努力にもかかわらず, 彼らは勝てなかった。
온갖 노력에도 불구하고 그들은 이기지 못했다. |

영어는 제로서부터 일본어 jie 0515

Japanese in English

도
약
편

lay [lei] 동 ① 놓다, 두다, 눕히다
② (알을) 낳다 ▷lay-laid[leid]-laid
▷ lie(눕다)-lay-lain[lein]

EX Lay the picture on the desk.
Hens lay eggs.

---

rest [rest]
명 ① 휴식 ② (the~) 나머지 동 쉬다

EX I need a rest.
Kitty ate the rest of the fish.
Rest for a while.

---

indoor [índɔ́ːr]
형 실내의, 옥내의 ▶indoors 부 실내에

EX Bowling is an indoor sport.
Come indoors if it rains.

---

outdoor [áutdɔ̀ːr]
형 실외의, 옥외의 ▶outdoors 부 실외에서

EX He is swimming in an outdoor pool.
The concert was held outdoors.

---

alone [əlóun]
형 부 혼자, 홀로

EX Please leave me alone.
Don't walk alone after dark.

---

comfortable [kʌ́mfərtəbl]
형 편안한, 안락한 ▶cómfort 명 위안, 안락

EX A soft, warm bed is comfortable.
She was a great comfort to him.

---

simple [símpl]
형 간단한, 단순한
▶símply 부 ① 간단히 ② 단지

EX That's a simple problem.
This letter was written simply.
It is simply a question of money.

Christian [krístʃən]
형 그리스도의, 기독교의 명 기독교인

EX the Christian church / a Christian name
When did you become a Christian?

---

religious [rilídʒəs]
형 ① 종교의 ② 신앙심이 깊은
▶relígion 명 종교

EX Easter is a religious holiday.
She is very religious.
What is your religion?

---

appointment [əpɔ́intmənt]
명 ① 임명 ② (모임 등의) 약속
▶appóint 동 임명하다

EX He received a good appointment in the company.
I have an appointment with him at five.
She was appointed professor.

15 日曜日には
<ruby>日曜日<rt>にちようび</rt></ruby>には

動 ① 置く, 横たえる
② (卵を)産む

机の上に絵を置いて。 책상 위에 그림을 내려놓아라.
雌鳥は卵を産む。 암탉들이 알을 낳는다.

名 ① 休み, 休息, 休養
② (the~)残り, その他
動 休む

私は休みが必要だ。 나는 휴식이 필요하다.
キティは残りの魚を食べた。 키티는 나머지 생선을 먹었다.
しばらく休んで。 잠시 쉬어라.

形 屋内の, 室内の
副 屋内に(で)

ボーリングは屋内スポーツだ。 볼링은 실내 운동이다.
雨が降れば中にお入り下さい。 비가 오면 안으로 들어오세요.

形 屋外の, 野外の
副 屋外に(で)

彼は屋外プールで水泳している。 그는 옥외 수영장에서 수영하고 있다.
そのコンサートは屋外で開かれた。 그 연주회는 실외에서 열렸다.

形 副 一人で, ただ~だけ

私の事は構わないで下さい。 제발 나를 혼자 있게 내버려두시오.
日が暮れたら一人で歩かないで。 어두워진 후에 혼자 다니지 마라.

形 気持ちの良い, 快適な
名 慰め, 安楽

柔らかくて暖かいベッドは快適だ。 부드럽고 따뜻한 침대는 편안하다.
彼女は彼にとって大きな慰めだった。 그녀는 그에게 큰 위안이었다.

名 簡単な, 単純な, 質素な
副 ① 簡単に
② ただ

それは簡単な問題だ。 그것은 간단한 문제이다.
この手紙は簡単に書かれてる。 이 편지는 간단히 쓰여졌다.
それはただお金に関する問題だ。 그것은 단지 돈에 관한 문제이다.

形 キリストの, キリスト教(徒)の
名 クリスチャン, キリスト教徒

キリスト教会 그리스도교회 洗礼名 (기독교)세례명
君はいつクリスチャンになったの? 너는 언제 기독교인이 되었니?

形 ① 宗教の ② 信心深い
名 宗教

復活祭は宗教上のお祭りである。 부활절은 종교상의 축제일이다.
彼女は信心深い。 그녀는 신앙심이 매우 깊다.
宗教は何ですか? 종교가 무엇입니까?

名 ① 任命 ②(会合などの)約束
動 任命する

彼は会社でいい地位に任命された。 그는 그 회사에서 좋은 자리에 임명되었다.
私は5時に彼と会う約束がある。 나는 다섯시에 그와 약속이 있다.
彼女は教授に任命された。 그녀는 교수로 임명되었다.

physical [fízikəl]

형 ① 신체의, 육체의 ② 물질의 반 mental

EX We had a physical examination last week.

a physical world / physical science

weight [weit]

명 무게, 중량 ▷ 'gh' 가 발음되지 않음에 유의

EX What is your weight?

The cat's weight is ten pounds.

fat [fæt]

형 살찐, 비만한 반 thin

EX How fat you are!

You'll get fat if you eat so much.

throat [θrout]

명 목구멍

EX I have a sore throat.

ENT ; ear, nose, and throat

thirsty [θə́ːrsti]

형 목마른, 갈증난

EX I'm thirsty.

Salty food makes one thirsty.

sight [sait]

명 ① 시각, 시력 ② 봄 ③ 광경 ▶see 동 보다

EX He lost his sight.

At a sight, I thought it was you.

What a beautiful sight!

stare [stɛər]

동 응시하다, 빤히 보다

EX Don't stare at foreigners.

It's rude to stare at someone.

blind [blaind]

형 눈 먼, 장님인

EX He loved a blind girl.

She went blind suddenly.

deaf [def] 형 귀머거리의, 귀 먼

▷dumb[dʌm] 말을 못하는

EX Beethoven became deaf in his late years.

Hellen Keller was blind and deaf.

nail [neil]

명 ① 손톱, 발톱 ② 못

EX Don't bite your nails.

I hit a nail on the wall.

toe [tou]

명 발가락

A foot has five toes.

a big toe / a little toe

16 私たちの身体は

形 ① 身体の, 肉体の
　 ② 物質の

私たちは先週健康診断を受けた。 우리는 지난주에 신체검사를 받았다.
物質の世界 물질 세계　自然科学(特に物理学) 자연 과학(특히 물리학)

名 重さ, 重量

体重はどのくらいありますか? 너의 몸무게는 얼마나 되니?
その猫の重さは10ポンドだ。 그 고양이의 무게는 10파운드이다.

形 太った, 肥えた

君はなんて太っているんだろう! 너는 참 뚱뚱하구나.
そんなに食べ過ぎると太りますよ。 그렇게 많이 먹으면 살찝니다.

名 喉

喉が痛い。 나는 목구멍이 아프다.
E.N.T；耳鼻咽喉科 이비인후(과)

形 喉が渇いた

私はとても喉が渇いた。 나는 목이 마르다.
塩辛い物を食べると喉が渇く。 짠 음식은 사람을 갈증나게 한다.

名 ① 視覚, 視力
　 ② 見ること, 一目
　 ③ 光景, 眺め

彼は視力を失った。 그는 시력을 잃었다.
見てすぐにそれが君だと思った。 얼핏 보고는 그 사람이 너라고 생각했다.
何て美しい光景なんだろう! 얼마나 아름다운 광경이냐!

動 じっと見つめる,
　 じろじろ眺める

外国人をじろじろ眺めるな。 외국인을 빤히 쳐다보지 말아라.
人をじっと見つめるのは失礼だ。 누군가를 빤히 쳐다보는 것은 무례하다.

形 目の見えない, 盲目の

彼は盲目の少女を愛した。 그는 눈 먼 소녀를 사랑했다.
彼女は急に目が見えなくなった。 그녀는 갑자기 눈이 멀었다.

形 耳が聞こえない, 聾唖の
　 dumb 口のきけない

ベートーベンは晩年になって, 耳が聞こえなくなった。
베토벤은 만년에 귀머거리가 되었다.
ヘレンケラーは目も耳も不自由だった。 헬렌 켈러는 맹인인데다 귀머거리였다.

名 ① (手, 足の)爪
　 ② 釘

爪を噛んではいけない。 손톱을 물어뜯지 말아라.
私は壁に釘を打った。 나는 벽에 못을 박았다.

名 足の指

片あしには5本の足の指がある。 발 한쪽에는 다섯 개의 발가락이 있다.
足の親指 엄지발가락　足の小指 새끼발가락

따분한 하루

lonely [lóunli]
혱 고독한, 쓸쓸한

EX He is leading a lonely life.
I feel lonely.

boring [bɔ́ːriŋ]
혱 지루한 반 interesting

EX This book is boring.
He's such a boring person.

sleepy [slíːpi]
혱 졸린 ▶sleep 동 자다 명 잠

EX He looks sleepy.
It's easy to sleep when it's quiet.
She had a good sleep last night.

asleep [əslíːp] 혱 자고 있는, 잠들어
▷fall asleep(O) an asleep baby(×)

EX The cat is asleep on the bed.

habit [hǽbit]
명 습관, 버릇

EX Habit is a second nature.
Biting nails is a bad habit.

awake [əwéik] 동 깨우다, 깨다
혱 깨어서, 잠자지 않고 반 asleep
▷awake-awoke, ~d-awoken, ~d

EX The telephone awoke me from my sleep.
He is still awake.
Are you awake or asleep?

switch [switʃ]
명 스위치 동 스위치를 돌리다

EX I switched on(off) the light.
Please switch on the television.
Please switch the radio off.

silent [sáilənt]
혱 ① 조용한, 침묵의 ▶sílence 명 고요, 침묵

EX Keep silent in the library.
Silence is golden.

calm [kɑːm] 혱 ① 고요한 ② 침착한
(同) quiet ▷'l' 이 발음되지 않음에 유의

EX The sea is calm today.
He is always calm.

noisy [nɔ́izi] 혱 시끄러운, 떠들썩한
반 silent, quiet ▶noise[nɔiz] 명 소음, 소란

EX It's very noisy in this office.
Don't make such a noise.

17 退屈な一日
たいくつ　いちにち

形 孤独な, 一人ぼっちの, 寂しい こどく　ひとり　さび	彼は孤独な生活を送っている。 그는 고독한 생활을 하고 있다. かれ　こどく　せいかつ　おく 私は寂しい。 나는 외롭다. わたし　さび
形 退屈な, うんざりさせる たいくつ	この本は退屈だ。 이 책은 지루하다. ほん　たいくつ 彼はとても退屈な人だ。 그는 무척 따분한 사람이다. かれ　たいくつ　ひと
形 眠い ねむ 動 眠る 名 眠り ねむ　ねむ	彼は眠そうに見える。 그는 졸린 듯이 보인다. かれ　ねむ　み 静かな時は眠りやすい。 조용할 때 잠자기가 쉽다. しず　とき　ねむ 彼女はゆうべよく眠った。 그녀는 지난밤 푹 잤다. かのじょ　ねむ
形 眠っている ねむ	猫がベッドの上で眠っている。 고양이가 침대에서 자고 있다. ねこ　うえ　ねむ
名 習慣, 癖 しゅうかん　くせ	習慣は第二の天性である。 습관은 제 2의 천성이다. しゅうかん　だいに　てんせい 爪をかむのは悪い癖だ。 손톱을 물어뜯는 것은 나쁜 습관이다. つめ　わる　くせ
動 目を覚ます, 目が覚める め　さ　め　さ 形 目が覚めて, 眠らずに め　さ　ねむ	電話の音で私は目が覚めた。 전화 소리에 나는 잠이 깼다. でんわ　おと　わたし　め　さ 彼はまだ眠らずにいる。 그는 아직 깨어 있다. かれ　ねむ 君は目覚めているの, 眠っているの? 너는 깨어 있니 자고 있니? きみ　めざ　ねむ
名 スイッチ 動 スイッチをひねる	私は電灯を付けた(消した)。 나는 전등을 켰다(껐다). わたし　でんとう　つ　け テレビを付けて下さい。 텔레비전을 켜 주세요. つ　くだ ラジオを消して下さい。 라디오를 꺼 주세요. け　くだ
形 静かな, 沈黙した しず　ちんもく 名 静けさ, 沈黙 しず　ちんもく	図書館では静かにして下さい。 도서관에서 조용히 하시오. としょかん　しず　くだ 沈黙は金。 침묵은 금이다.(때로는 아무 말 안하는 것이 상책이다.) ちんもく　きん
形 ① 穏やかな, 静かな おだ　しず ② 落ち着いた, 冷静な お　つ　れいせい	きょう海は穏やかだ。 바다는 오늘 고요하다. うみ　おだ 彼はいつも落ち着いている。 그는 언제나 침착하다(차분하다). かれ　お　つ
形 喧しい, 騒がしい やかま　さわ 名 騒音, 騒ぎ そうおん　さわ	この事務所はとても騒がしい。 이 사무실은 아주 시끄럽다. じむしょ　さわ そんなに騒ぐな。 그렇게 떠들지 말아라. さわ

18 바닷가에서

ocean [óuʃən]
명 대양

EX We are flying over the Pacific Ocean.
the Atlantic Ocean / the Indian Ocean

island [áilənd]
명 섬 ▷ 's' 가 발음되지 않음에 유의

EX They live on a small island.
The boat reached a small island.

coast [koust]
명 해안, 연안

EX Sokcho is on the east coast.
We walked together along the coast.

shore [ʃɔːr]
명 바닷가, 해안, 호숫가

EX We saw a boat about a mile from (off) the shore.

beach [biːtʃ]
명 해변, 해안, 물가

EX Let's go to the beach.
We went swimming at the beach.

port [pɔːrt]
명 항구

EX New York is one of the biggest ports
in the world.

sand [sænd]
명 모래

EX A cactus grows in sand.
We built a sand castle.

turtle [tə́ːrtl]
명 거북이

EX I have never seen a turtle.
a turtle ship

scene [siːn]
명 ① 장면, 배경 ② 경치

EX The first scene is a city street.
It was a beautiful scene.

sketch [sketʃ]
명 스케치, 사생화 동 스케치하다

EX I made a sketch of his face.
He sketched the animals in the zoo.

18 海辺で

名 大洋, 海洋 ┃ 私たちは太平洋の上を飛んでいる。 우리는 태평양 위를 날고 있다.
大西洋 대서양 インド洋 인도양

名 島 ┃ 彼らは小さな島に暮らしてる。 그들은 작은 섬에서 살고 있다.
その船は小さい島に着いた。 그 배는 작은 섬에 닿았다.

名 海岸, 沿岸 ┃ ソックチョは東海岸にある。 속초는 동해안에 있다.
私たちは海岸に沿って歩いた。 우리는 해안을 따라 같이 걸었다.

名 (海, 湖, 川の)岸 ┃ 私たちは岸から1マイルぐらい離れている所でボートを見た。
우리는 바닷가에서 1마일쯤 떨어진 곳에 보트 한 척을 보았다.

名 浜, 浜辺, 海辺 ┃ 海辺へ行こうよ。 해변에 가자.
私たちは浜で水泳した。 우리는 해변에서 수영을 했다.

名 港 ┃ ニューヨークは世界で一番大きい港の中の一つである。
뉴욕은 세계에서 가장 큰 항구 중의 하나이다.

名 砂 ┃ サボテンは砂の中に生える。 선인장은 모래에서 자란다.
私たちは砂の城を建てた。 우리는 모래성을 쌓았다.

名 海亀 ┃ 私は海亀を見たことがない。 나는 거북이를 본 적이 없다.
海亀型の鉄甲船。 거북선

名 ① 場面, シーン, 背景 ┃ 初めの場面は都市の通りだ。 첫 장면은 도시의 거리이다.
② 景色, 光景 ┃ それは美しい景色だった。 그것은 아름다운 경치였다.

名 スケッチ, 写生画 ┃ 私は彼の顔をスケッチした。 나는 그의 얼굴을 스케치했다.
動 スケッチする ┃ 彼は動物園で動物をスケッチした。 그는 동물원에서 동물을 스케치했다.

temperature [témpərətʃər]
몡 ① 기온, 온도 ② 체온

EX What's the temperature today?
The nurse took my temperature.

steam [stiːm]
몡 수증기, 스팀

EX These engines are driven by steam. .
a steam engine / a steam locomotive

heat [hiːt]
몡 ① 열 ② 더위 통 데우다, 뜨겁게 하다

EX The sun gives us light and heat.
I can't work in this heat.
Shall I heat some soup?

stove [stouv]
몡 스토브, 난로

EX Mother put the pot on the stove.
a gas stove / an oil stove

blanket [blǽŋkit]
몡 담요, 모포

EX I want a blanket.
I need two blankets.

boil [bɔil]
통 ① 끓다, 끓이다 ② 삶다

EX Will the water boil soon?
Mother boiled eggs for me.

melt [melt]
통 녹다, 녹이다

EX Sugar melts in water.
The sun melts snow.

iron [áiərn]
몡 ① 철, 쇠 ② 다리미 통 다리미질하다

EX Strike while the iron is hot.
Use this electric iron.
Henry is ironing his shirt.

burn [bəːrn]
통 ① 타다, 태우다 ② 데다

EX Dry wood burns easily.
Don't burn the trash.
She burned her hand on the hot iron.

flame [fleim]
몡 불꽃, 화염

EX Gas burns with a blue flame.
The house was in flames.

19 熱を加えると

名 ①	気温, 温度	今日の温度は何度ですか? 오늘 기온은 몇 도지?
②	体温	看護婦が私の体温を測った。 간호사가 내 체온을 쟀다.
名	水蒸気, スチーム	このエンジンは蒸気で動く。 이 엔진들은 증기로 움직인다. 蒸気機関 증기기관 蒸気機関車 증기기관차
名 ①	熱	太陽は我々に光と熱を与えてくれる。 태양은 우리에게 빛과 열을 준다.
②	暑さ	この暑さの中では働くことが出来ない。 나는 이 더위 속에서는 일할 수 없다.
動	熱くする, 熱する, 温める	スープをちょっと温めましょうか? 수프 좀 데울까요?
名	ストーブ	母は鍋をストーブの上に置いた。 어머니는 냄비를 난로에 올려놓았다. ガスストーブ 가스스토브 石油ストーブ 석유난로
名	毛布	毛布一枚下さい。 담요 하나 주세요. 私は毛布二枚必要だ。 나는 모포가 두 장 필요하다.
動 ①	沸く, 沸かす	水はすぐ沸くでしょうか? 물이 곧 끓을까요?
②	煮る, 茹でる, 炊く	お母さんは私に卵を茹でて下さった。 어머니는 나에게 계란을 삶아 주셨다.
動	溶ける, 溶かす	砂糖は水に溶ける。 설탕은 물에 녹는다. 太陽が雪を溶かす。 태양이 눈을 녹인다.
名 ①	鉄	鉄は熱いうちに打て。(好機を逃すな) 쇠는 달구어졌을 때 쳐라.(기회를 놓치지마라)
②	アイロン	この電気アイロンを使って。 이 전기다리미를 사용해라.
動	アイロンを掛ける	ヘンリーはシャツにアイロンを掛けている。 헨리는 셔츠를 다리고 있다.
動 ①	燃える, 燃やす	乾いた木はすぐ燃える。 마른나무는 쉽게 탄다. ゴミを燃やすな。 쓰레기를 태우지마라.
②	火傷する, 火照る	彼女は熱いアイロンで手を火傷した。 그녀는 뜨거운 다리미에 손을 데었다.
名	炎, 火炎	ガスは青い炎を出しながら燃える。 가스는 파란 불꽃을 내며 탄다. (その)家は炎に包まれていた。 집은 화염(불길)에 휩싸여 있었다.

20 우리의 소원은 통일

depend [dipénd] 통 ① 의존하다, 믿다 (on) ② …에 달려있다 (on)

(EX) Children depend on their parents.
It depends upon your efforts.

independence [indipéndəns] 명 독립 ▶indepéndent 형 독립한

(EX) When did America win her independence from England?
She is financially independent of her family.

liberty [líbərti] 명 자유 ▷liberty는 보통 속박으로부터 벗어난 자유를 의미함

(EX) Give me liberty, or give me death.
They fought against the government for liberty.

freedom [frí:dəm] 명 자유

(EX) Freedom of speech is very important in a democracy.

unite [ju:náit] 통 결합시키다, 하나가 되다

(EX) Five towns united and became a city.

unification [jù:nifikéiʃən] 명 통일 ▶unify[jú:nifài] 통 통일하다

(EX) We all look forward to the day of unification.
The country was unified in the 18th century.

possible [pásəbl] 형 가능한, 실행할 수 있는

(EX) Is it possible to live all alone?
I'll do everything possible to help you.

impossible [impásəbl] 형 불가능한 ▷im(=not)+possible

(EX) Nothing is impossible to him.
It's an impossible story.

necessary [nésəsèri] 형 필요한

(EX) Light and water are necessary to plants.

useless [jú:slis] 형 쓸모없는, 소용없는 반 useful

(EX) A parasol is useless in winter.
It is useless to ask him.

20　私たちの願いは統一

動 ① ～に頼る，…を信頼する　子供は親に頼っている。 아이들은 부모에게 의존한다.
② ~による，…次第である　それは君の努力次第だ。 그것은 너의 노력에 달려 있다.

名 独立，自立　アメリカはイギリスからいつ独立したんですか? 미국은 언제 영국으로부터 독립하였습니까?
形 独立した，自立した　彼女は経済的に家から自立している。 그녀는 경제적으로 집에서 독립했다.

名 自由　我に自由を与えよ，しからずんば死を与えよ。 자유가 아니면 죽음을 달라.
彼らは自由の為に政府に対抗して闘った。 그들은 자유를 위해 정부에 대항했다.

名 自由　言論の自由は民主国家でとても重要な物だ。 언론의 자유는 민주 국가에서 매우 중요하다.

動 結合する，一つにする，団結させる　五つの町が結合されて一つの市になった。 다섯 개의 마을이 통합하여 하나의 시가 되었다.

名 統一　我々は皆，統一の日を指折り数えて待っている。 우리는 모두 통일의 날을 손꼽아 기다리고 있다.
動 統一する　その国は18世紀に統一された。 그 나라는 18세기에 통일되었다.

形 可能な，実行できる　一人で生きることが出来るか。 혼자서만 사는 것이 가능할까?
君を助けることが出来るならなんでもするよ。 너를 도울 수 있는 가능한 일이라면 무엇이든 할게.

形 不可能な　彼には不可能なことは一つもない。 그에게는 불가능한 일이 하나도 없다.
それは有りえない話だ。 그것은 있을 수 없는 이야기이다.

形 必要な　光と水は植物に必要だ。 빛과 물은 식물이 자라는 데 필요하다.

形 役に立たない，無駄な　日傘は冬には無駄だ。 양산은 겨울에 쓸모가 없다.
彼に聞いて見ても役に立たない。 그에게 물어.봐야 소용이 없다.

21 이런 모양 저런 모양

figure [fígjər]
명 ① 모양 ② 숫자, 계산 ③ 모습, 몸매
동 생각하다

EX The statue has a fine figure.
He is poor at figures.
She has a slender figure.
I figure he won't come.

shape [ʃeip]
명 모양, 형태 (同) form

EX These are different shapes.
Admiral Yi made a ship in the shape of a sea turtle

tube [tjuːb]
명 관, 튜브

EX This is a test tube.
This is a tube of paint.

hole [houl]
명 구멍

EX There is a hole in my trousers(socks).

circle [sə́ːrkl]
명 ① 원 ② 집단, 서클

EX They danced in a circle.
a reading circle / business circle

square [skwɛər]
명 ① 정사각형 ② 광장 형 사각형의

EX A square has four equal sides.
This square is full of shops.
I need a square box.

straight [streit]
형 곧은, 똑바른 부 똑바로, 곧장

EX The road is very straight.
Go straight (ahead) along this road.

bend [bend]
동 구부리다, 굽다 ▷bend–bent–bent

EX The strong man bent an iron bar.
The road bends to the right.

surface [sə́ːrfis]
명 표면, 외관 ▷발음에 유의

EX Men reached the surface of the moon.
He is soft on the surface.

bottom [bάtəm]
명 밑바닥, 밑부분

EX He almost fell to the bottom of the well.
I love you from the bottom of my heart.

②1 あんな形, こんな形

名 ① 姿, 風采, 外観
その像は堂々とした姿をしている。 그 동상은 아름다운 모양을 하고 있다.

② 数字, 計算
彼は数字が苦手だ。 그는 숫자에 약하다.

③ 体型, スタイル
彼女はスタイルがいい。 그녀는 몸매가 날씬하다.

動 思う
彼は来ないだろうと思う。 나는 그가 오지 않을 거라고 생각한다.

名 形；姿
これらは互いに形が違う。 이것들은 서로 다른 모양이다.
李提督は海亀のような形の船を作った。 이 장군은 바다거북 모양의 배를 만들었다.

名 管, チューブ
これは試験管である。 이것은 시험관이다.
これはペンキのチューブである。 이것은 페인트 튜브이다.

名 穴, 窪み
僕のズボン(靴下)に穴があいてる。 내 바지(양말)에는 구멍이 나 있다.

名 ① 円, 丸, 輪
彼らは輪になって踊った。 그들은 원을 이루어 춤을 추었다.

② 仲間, ~界
読書会 독서회　実業界 실업계

名 ① 正方形, 四角形
正方形は4つの面が同じだ。 정사각형은 네 변의 길이가 같다.

② 広場
この広場は店で一杯だ。 이 광장은 가게들로 가득 차 있다.

形 正方形の
私は正方形の箱が必要だ。 나는 사각형의 상자가 필요하다.

形 真っ直ぐな
その道路は真っ直ぐだ。 그 길은 매우 똑바르다.

副 まっすぐに
この道路に沿ってまっすぐに行きなさい。 이 길을 따라 똑바로 가시오.

動 曲げる, 曲がる
力強い男の人が鉄棒を曲げた。 힘이 센 남자가 철봉을 구부렸다.
道路は右に曲がる。 도로는 오른쪽으로 구부러진다.

名 表面, うわべ, 外観
人間は月の表面に着いた。 인간은 달 표면에 도달했다.
彼は, 上辺はソフトだ。 그는 겉보기에는 부드럽다.

名 底, 下, 最下部
彼は井戸の底に落ちるところだった。 그는 우물 밑바닥에 떨어질 뻔했다.
心の底から愛します。 진심으로 너를 사랑해.

succeed [səksíːd]

동 ① 성공하다 (in)

② 계승하다, …의 뒤를 잇다(to)

▶success 명 성공 succession 명 계승, 연속

EX They succeeded in landing on the moon.

He succeeded to the throne.

The play was a great success.

It rained for five days in succession.

---

successful [səksésfəl]

형 성공적인, 성공한

EX Our meeting was successful.

---

fail [feil]

동 실패하다 (반) succeed

EX He failed in the entrance examination.

---

fortune [fɔ́ːrtʃən]

명 ① 운, 운명 ② 부, 재산 (同) luck (운)

EX Fortune favors the brave.

He left a great fortune to his son.

---

fortunate [fɔ́ːrtʃənit]

형 운이 좋은, 행운의

EX I am fortunate to have such good friends.

---

talent [tǽlənt]

명 재능 (同) gift

EX She has a talent for music.

He is a popular TV talent.

---

method [méθəd]

명 방법 (同) way

EX I think it's a good method.

This is a new method of learning English.

---

purpose [pə́ːrpəs]

명 목적 (同) aim

What's the purpose of your visit?

EX He went to Germany for the purpose of studying music.

---

anxious [ǽŋkʃəs]

형 ① 걱정하는 (about) ② 갈망하는 (for)

▶anxiety[æŋzáiəti] 명 걱정, 불안

I am anxious about his health.

EX She is anxious for wealth.

He is in great anxiety.

---

bet [bet]

동 ① 내기를 하다 ② 장담하다

명 내기 ▷bet−bet(ted)−bet(ted)

We'll bet on your winning.

I bet it will rain tomorrow.

He lost the bet.

成功する為に

動 ① 成功する(in)
② 引き継ぐ, 跡を継ぐ
名 成功　**名** 継承, 連続

彼らは月への着陸に成功した。 그들은 달 착륙에 성공했다.

彼は王位の跡を継いだ。 그는 왕위를 계승했다.

その劇は大成功だった。 그 연극은 대성공이었다.

雨が5日連続して降った。 5일 연속해서 비가 내렸다.

形 成功した, 上手くいった

我々の会議はうまくいった。 우리의 모임은 성공적이었다.

動 失敗する,
(試験などに)落ちる

彼は入学試験に落ちた。 그는 입학시험에 실패했다.

名 ① 運, 運命, 幸運
② 富, 財産

運命の女神は勇者に味方する。 운은 용감한 사람 편에 선다.

彼は息子に莫大な財産を残した。 그는 아들에게 막대한 재산을 남겼다.

形 運の良い, 幸運な,
幸せな

私はそんなにいい友達がいて運がよい。
나는 그런 좋은 친구들을 가졌으니 운이 좋다.

名 才能

彼女には音楽の才能がある。 그녀는 음악에 재능이 있다.

彼は人気のあるテレビのタレントだ。 그는 인기있는 텔레비전 탤런트이다.

名 方法

私はそれがよい方法だと思う。 나는 그것이 좋은 방법이라고 생각한다.

これが新しい英語の学習の方法である。 이것이 새로운 영어 학습법이다.

名 目的

訪問の目的は何ですか。 방문 목적이 무엇입니까?

彼は音楽の勉強を目的にしてドイツに行った。
그는 음악을 공부할 목적으로 독일에 갔다.

形 ① 心配している
② 心から願っている
名 心配, 不安

私は彼の健康を心配しています。 나는 그의 건강을 걱정하고 있다.

彼女は財産を心から願っている。 그녀는 재산을 갈망하고 있다.

彼は大変心配している。 그는 대단히 걱정하고 있다.

動 ① 賭ける, 賭けをする
② きっと(確かに)…だ
名 賭け

我々は君の勝利に賭けよう。 우리는 네가 이기는 데 걸 것이다.

あすはきっと雨が降るはずだ。 내일 틀림없이 비가 올거야.

彼は賭けに負けた。 그는 내기에 졌다.

영어단어 정복하기 일본어 jie 0515

Japanese in English

도 약 편

sunrise [sʌ́nràiz]
명 해돋이, 일출

EX We started at sunrise.

treasure [tréʒər]
명 보물

EX They are looking for hidden treasure.
They went in search of treasure.

adventure [ədvéntʃər]
명 모험

EX He had many adventures in Africa.
The adventures of Tom Sawyer.

slip [slip] 동 미끄러지다 명 미끄러지기
▷slip–slipped–slipped

EX She slipped on the ice.
A slip can be dangerous.

roll [roul]
동 구르다, 굴리다 명 ① 두루마리 ② 명부

EX A rolling stone gathers no moss.
He bought a roll of cloth.
The teacher called a roll.

resource [risɔ́ːrs]
명 자원 ▷보통 복수형으로 쓰임.

EX The country has rich natural resources.

flag [flæg]
명 깃발, 기

EX The British flag has three crosses on it.
The national flag was fluttering in the wind.

symbol [símbəl]
명 상징

EX The dove is a symbol of peace.

fool [fuːl]
명 바보

EX He is not a fool.
All Fool's Day (=April Fool's Day)

silly [síli]
형 어리석은, 바보같은 (同) foolish, stupid

EX Don't be silly.
It was a silly question.

宝島　Ⅰ
たからじま

名 日の出
ひ で

我々は日の出に出発した。 우리는 해돋이 때에 출발했다.
われわれ ひ で しゅっぱつ

名 宝物, 財宝
たからもの ざいほう

彼らは隠された宝物を探している。 그들은 숨겨진 보물을 찾고 있다.
かれ かく たからもの さが

彼らは宝物を探しに行った。 그들은 보물을 찾으러 갔다.
かれ たからもの さが い

名 冒険
ぼうけん

彼はアフリカで多くの冒険をした。 그는 아프리카에서 많은 모험을 하였다.
かれ おお ぼうけん

トムソーヤの冒険。 톰 소여의 모험
ぼうけん

動 滑る
すべ

名 滑り
すべ

彼女は氷の上で滑って転んだ。 그녀는 얼음 위에서 미끄러져 넘어졌다.
かのじょ こおり うえ すべ ころ

滑って転ぶことは危ない。 미끄러져 넘어지는 것은 위험하다.
すべ ころ あぶ

動 転がる, 転がす
ころ ころ

名 ① 巻いたもの, 一巻き
ま ひとま

② 名簿, 出席簿
めいぼ しゅっせきぼ

転がる石に苔は生えない。 구르는 돌에는 이끼가 끼지 않는다.
ころ いし こけ は

彼は一巻きの布を買った。 그는 옷감 한 두루마리를 샀다.
かれ ひとま ぬの か

先生は出席を取った。 선생님은 출석을 부르셨다.
せんせい しゅっせき と

名 資源
しげん

その国は天然資源に富んでいる。 그 나라는 천연자원이 풍부하다.
くに てんねんしげん と

名 旗
はた

イギリスの国旗には3つの十字架がある。 영국 국기에는 3개의 십자가가 들어 있다.
こっき みっ じゅうじか

国旗が風にはためいていた。 국기가 바람에 나부끼고 있었다.
こっき かぜ

名 象徴, シンボル
しょうちょう

はとは平和の象徴である。 비둘기는 평화의 상징이다.
へいわ しょうちょう

名 馬鹿者, 愚か者
ばかもの おろ もの

彼は馬鹿者ではない。 그는 바보가 아니다.
かれ ばかもの

4月馬鹿の日；エィプリルフール 만우절
し がつばか ひ

形 馬鹿な, 愚かな
ばか おろ

馬鹿なことを言うな！ 어리석은 소리(짓) 하지 마시오.
ばか い

それは馬鹿げた質問だった。 그것은 어리석은 질문이었다.
ばか しつもん

접속사와 부사

whether [ʰweðər]
접 …인지 어떤지 (同) if

> EX I don't know whether he will come or not.

though [ðou] 접 …이지만,
비록 …일지라도 (同) even if[though]

> EX Though my car is very old, it runs well.
> Though I fail, I shall try again.

although [ɔːlðóu] 접 비록 …일지라도,
…이지만 (同) even if, though
▷although는 though 보다 문어적임

> EX Although he studied hard, he failed in the exam.
> Although it was true, they did not believe it.

otherwise [ʌðərwaiz]
부 ① 그렇지 않으면 ② 달리

> EX Start now, otherwise you will be late.
> She seems to think otherwise.

unless [ənlés]
접 만일 …하지 않는다면 (同) if … not

> EX Unless we run, we will miss the bus.
> We shall go unless it rains.

therefore [ðɛ́ərtɔ̀ːr]
부 그러므로, 그 결과

> EX I have no money and therefore I can't buy the book.
> I think ; therefore, I am.

besides [bisáidz]
전 …외에 또 부 게다가, 더욱이
▷beside(…의 옆에)와 혼동하지 말 것

> EX There were three more visitors besides me.
> It is cold ; besides, it is raining.

instead [instéd]
부 그 대신에

> EX If you don't want to go, I will go instead.
> She stayed at home, and I went instead.

nor [nɔːr] 접 …도 또한 ~않다
▷neither A nor B : A도 아니고 B도 아니다

> EX I have neither a dog nor a cat.
> Neither snow nor rain fell.

接続詞と副詞

接	~かどうか, AかBか	彼が来るかどうか分からない。 그가 올지 안 올지 나는 모르겠다.
接	~けれども, たとえ…でも	僕の車は古いけれどもよく走る。 비록 나의 차는 매우 낡았지만, 잘 달린다. たとえ失敗してもまたやって見るつもりだ。 비록 실패할지라도 나는 다시 시도하겠다.
接	~けれども, たとえ…でも	一生懸命勉強したが彼は試験に落ちた。 비록 그는 열심히 공부했지만 시험에 떨어졌다. それは事実だったが, 彼らは信じなかった。 그것이 사실이었지만, 그들은 그것을 믿지 않았다.
副	① さもなければ, さもないと ② 別に	すぐ行きなさい。さもないと遅れますよ。 지금 출발해라, 그렇지 않으면 늦을 거야. 彼女はそうは考えていないようだ。 그녀는 다르게 생각하는 것 같다.
接	もし~でなければ	もし走らなければ私たちはバスを乗りそこなうだろう。 만약 뛰지 않는다면 우리는 버스를 놓칠 것이다. 雨が降らなければ我々は行くつもりだ。 비가 오지 않으면 우리는 갈 것이다.
副	それゆえに, そのため(に), 従って	私はお金がない, 従ってあの本が買えない。 나에게는 돈이 없다. 그러므로 나는 그 책을 살 수 없다. 我思う。ゆえに我あり。 나는 생각한다, 그러므로 나는 존재한다.
前 副	~の他に, …以外に, ~に加えて その上, なお, 更に	私の他に三人の訪問客がいた。 나 외에 세 명의 방문객이 더 있었다. 寒いのにその上雨まで降っている。 춥고 게다가 비까지 오고 있다.
副	代わりに, その代わりに	君が行きたくなければ私が代わりに行こう。 만약 네가 가고 싶지 않다면 내가 대신 가겠다. 彼女は家にいて, その代わりに私が行った。 그녀는 집에 있었고 대신 내가 갔다.
接	~でも…でもない, どちらも~ない	私には犬も猫もいない。 나에게는 개도 없고 고양이도 없다. 雪も雨も降らなかった。 눈도 비도 오지 않았다.

25 노력하는 자만이

영어야 놀자 일빵빵 jie 0515

Japanese in English

도 약 편

effort [éfərt]
명 노력

EX Nothing can be got without effort.
I made an effort to help him.

diligent [dílidʒənt]
형 부지런한, 근면한 반 lazy[leizi]

EX She is a diligent student.

progress 명 [prágres] 동 [prəgrés]
명 전진, 진보 동 진보하다, 전진하다

EX The ship made slow progress.
Science is progressing every day.

develop [divéləp]
동 발달[발전]시키다, 발전하다

EX Exercise develops your muscles.
He developed modern music.

limit [límit]
명 ① 한계, 한도 ② 제한
동 제한하다, 한정하다

EX Her ambition knows no limits.
Does he drive within the speed limit?
Father limited my pocket money to 30,000 won.

experience [ekspí(:)əriəns]
명 경험, 체험 명 경험하다, 겪다.

EX She learned it from experience.
He experienced many difficulties.

worse [wə:rs] 형 (bad, ill의 비교급)
더 나쁜 부 더 나쁘게 반 better
▷최상급은worst

EX The patient is worse today.
She played the piano worse than before.

continue [kəntínju(:)]
동 계속하다, 계속되다 (同) go on

EX Please continue the story.
The war continued for ten years.

final [fáinəl]
형 최후의, 최종의 (同) last

EX Is that your final offer?
the final examination / the final decision

master [mǽstər]
동 ① 지배하다 ② 숙달하다
명 ① 주인 ② 정통한 사람, 대가
반 servant(하인)

EX The Romans mastered Europe.
It is not easy to master English.
A dog knows his own master.
Chaplin was a master of the art of pantomime.

25 努力する者だけが

名	努力, 骨折り	努力なしには何も得られない。 노력 없이는 아무 것도 얻을 수 없다. 私は彼を助けようと努力した。 나는 그를 돕기 위해 노력했다.
形	勤勉な, 熱心な	彼女は勤勉な学生である。 그녀는 부지런한 학생이다.
名 動	前進, 進歩 前進する, 進歩する	あの船はゆっくり前進した。 그 배는 서서히 전진했다. 科学は毎日のように進歩している。 과학은 나날이 진보하고 있다.
動	発達させる, 発達する, 発展する, 開発させる	運動は筋肉を発達させる。 운동은 근육을 발달시킨다. 彼は近代音楽を発展させた。 그는 근대음악을 발전시켰다.
名 動	① 限界, 限度 ② 制限 制限する, 限定する	彼女の野望は限界がない。 그녀의 야망은 한이 없다. 彼は制限速度で運転しますか? 그는 제한 속도 내에서 운전합니까? お父さんは私の小遣いを3万ウォンに制限されました。 아버지는 내 용돈을 30,000원으로 제한하셨다.
名 動	経験, 体験 経験する, ~を味わう	彼女はそれを経験から身につけた。 그녀는 그것을 경험에서 배웠다. 彼は沢山の困難を経験した。 그는 많은 어려움을 겪었다.
形 副	(bad , illの比較級) ~より悪い, もっと悪い ~より悪く, もっと悪く	患者はきょう具合がもっと悪い。 환자는 오늘 상태가 더 나쁘다. 彼女は前よりもっと悪くピアノを引いた。 그녀는 전부다 더 서투르게 피아노를 쳤다.
動	続ける, 続く	その話を続けて下さい。 그 이야기를 계속하십시오. 戦争は10年間続いた。 전쟁은 10년간 계속되었다.
形	最後の, 最終の	それがあなたの最後の提案なのですか。 그게 당신의 마지막 제안입니까? 期末試験 기말시험 最終的な決定 최종결정
動 名	① 支配する ② 習得する ① 主人 ② 名人, 大家	ローマ人がヨーロッパを支配した。 로마인들이 유럽을 지배했다. 英語を習得するのは易しくない。 영어를 숙달하는 것은 쉽지 않다. 犬は自分の主人が分かる。 개는 자신의 주인을 안다. チャップリンはパントマイムの大家だった。 채플린은 팬터마임 예술의 대가(大家)였다.

direction [dirékʃən, dai]
명 ① 방향 ② 지도, 지휘
▶direct 동 지도[지시]하다

EX Is this the right direction?
The school play is under the direction of our teacher.
The conductor directed the orchestra.

east [iːst]
명 ① 동, 동쪽 ② (the E−) 동양
▶éastern 형 동쪽의, 동양의

EX The sun rises in the east and sets in the west.
China and Korea are in the East.
She lives in the eastern part of the city.

west [west]
명 ① 서, 서쪽 ② (the W−) 서양
▶wéstern 형 서쪽의 서양의

EX Ireland is to the west of England.
We have learned much from the West.
The western sky is red this evening.

south [sauθ] 명 남, 남쪽 ▶ southern
[sʌðərn] 형 남쪽의 ▷ 'th' 발음에 유의

EX We traveled toward the south.
The southern road is closed.

north [nɔːrθ] 명 북, 북쪽
▶northern[nɔ́ːrðərn] 형 북쪽의

EX Russia is in the north of China.
We took the northern road.

unlike [ʌnláik] (전) …과 달리
형 닮지 않은, 다른 ▷ un(=not) + like (같은)

EX Unlike his father, he likes sports.
The picture is quite unlike him.

unknown [ʌnnóun] 형 알려지지 않은,
알 수 없는 ▷un(=not) + known(알려진)

EX His name was unknown to the world.

unusual [ʌnjúːʒuəl]
형 ① 보통이 아닌, 드문
② 별난 ▷un(=not) + usual

EX His visit was very unusual.
She wore unusual costume to the party.

unfortunately [ʌnfɔ́ːrtʃənitli]
부 불행하게도, 공교롭게도
▷un(=not) + fortunately

EX Unfortunately he couldn't come.
Unfortunately, I have another engagement.

26　方角と接頭語
ほうがく　　せっとうご

名 ① 方向
　　② 指導, 指揮
動 指導(指示)する

こちらが正しい方向ですか? 이 쪽이 올바른 방향입니까?
学芸会は我々の先生が指導される。 학예회는 우리 선생님께서 지도하신다.
あの指揮者はオーケストラを指揮した。 그 지휘자는 오케스트라를 지휘했다.

名 ① 東, 東部
　　② (the E-)東洋
形 東の, 東洋の

太陽は東から昇って西に沈む。 태양은 동쪽에서 떠서 서쪽으로 진다.
中国と韓国は東洋にある。 중국과 한국은 동양에 있다.
彼女はその都市の東部に住んでいる。 그녀는 그 도시의 동부에 살고 있다.

名 ① 西, 西部
　　② (the W-)西洋
形 西の, 西洋の

アイルランドはイングランドの西にある。 아일랜드는 잉글랜드 서쪽에 있다.
我々は西洋から多くを学んできた。 우리는 서양에서 많은 것을 배워 왔다.
今晩西の空が赤い。 오늘 저녁 서쪽 하늘이 붉다.

名 南, 南部
形 南の

私たちは南に向かって旅をした。 우리는 남쪽을 향해 여행했다.
南の道は閉められている。 남쪽 길은 폐쇄되어 있다.

名 北, 北部
形 北の

ロシアは中国の北部にある。 러시아는 중국의 북부에 있다.
私たちは北の道を選んだ。 우리는 북쪽의 길을 택했다.

前 ~と違って
形 …と似ていない

お父さんと違って彼はスポーツ好きだ。 아버지와는 달리, 그는 스포츠를 좋아한다.
その絵は彼に全然似ていない。 그 그림은 전혀 그를 닮지 않았다.

形 知られていない, 未知の

彼の名前は世に知られていなかった。 그의 이름은 세상에 알려지지 않았다.

形 ① 普通でない, 異常な,
　　珍しい
　　② 独特の, 変わった

彼の訪問はとても珍しかった。 그의 방문은 매우 이례적이었다.
彼女はパーティーで変わった身なりをしていた。
그녀는 파티에 별난 복장을 하고 있었다.

副 不運にも, 不幸にも,
　　あいにく

不幸にも彼は来られなかった。 불행히도 그는 올 수 없었다.
あいにく私は別の約束があるよ。 공교롭게도 나는 다른 약속이 있어.

27 잘못된 진실이란 없다

truth [truːθ]
몡 진실, 진리 ▶true 혱 진실된

㉓ I'm telling the truth.
The rumor sounds true.

worth [wəːrθ]
혱 …만큼 가치가 있는 몡 가치

㉓ The book is worth reading.
His work had real worth.

trust [trʌst]
동 신뢰하다, 신용하다 몡 신뢰

㉓ I don't trust him.
She has trust in me.

correct [kərékt]
혱 옳은, 정확한 동 바로잡다
▶correctly (부) 올바르게

㉓ Your answer is correct.
The teacher corrected my spelling..
He wrote all the words correctly.

doubt [daut] 동 의심하다 몡 의심
▷ 'b'가 발음되지 않음에 유의

㉓ He doubted her honesty.
I have no doubts about his success.

suppose [səpóuz]
동 ① 가정하다 ② 생각하다

㉓ Let's suppose he is right.
I suppose (that)he will come.

false [fɔːls] 혱 ① 그릇된, 틀린
② 거짓의 (同) wrong 반 true

㉓ False news travels quickly.
He gave me a false report.

fault [fɔːlt]
몡 ① 잘못 ② 결점

㉓ It was my fault.
Everybody has some faults.

error [érər]
몡 잘못, 실수

㉓ Correct errors, if any.
The first baseman made an error.

mistake [mistéik]
몡 실수, 잘못 동 잘못알다, 잘못 판단하다

㉓ I took the wrong bus by mistake.
I often mistake her for her mother.

間違った真実などない

名 真実, 真理 形 本当の, 真実の	私は真実を話している。 나는 진실을 말하고 있어. その噂は本当らしい。 그 소문은 사실인 것 같다.
形 値打ちがある, 価値がある 名 価値, 値打ち	その本は読む価値がある。 그 책은 읽을 만한 가치가 있다. 彼の作品は非常に価値があった。 그의 작품은 정말 가치가 있었다.
動 信頼する, 信用する 名 信頼, 信用	私は彼を信頼していない。 나는 그를 신뢰하지 않는다. 彼女は私を信頼している。 그녀는 나를 신뢰한다(믿는다).
形 正しい, 正確な 動 訂正する, 直す 副 正しく	あなたの答えが正しい。 네 답이 옳다(맞다). 先生は間違った綴りを訂正して下さった。 선생님은 내가 틀린 철자를 고쳐 주셨다. 彼は単語を全部正しく書いた。 그는 모든 낱말을 정확히 썼다.
動 疑う 名 疑い	彼は彼女の正直さを疑った。 그는 그녀의 정직함을 의심하였다. 私は彼の成功を少しも疑わない。 나는 그의 성공을 조금도 의심하지 않는다.
動 ① 仮定する ② ～と思う, 推測する	彼が正しいと仮定しよう。 그가 옳다고 가정하자. 私は彼が来ると思う。 나는 그가 올 것으로 생각한다.
形 ① 間違った, 誤った, 正しくない ② 偽りの, 嘘の	間違ったニュースは速く広がる。 잘못된 소식은 빨리 퍼진다. 彼は私に偽りの報告書をくれた。 그는 나에게 허위 보고서를 주었다.
名 ① 過ち, 誤り ② 欠点, 短所	それは私の過ちだった。 그것은 내 잘못이었다. 誰でも皆いくつかの欠点はある。 누구나 다 몇 가지의 결점이 있다.
名 誤り, 間違い, しくじり, エラー	誤りがあれば正しなさい。 잘못이 있으면 고쳐라. 一塁手がエラーした。 1루수가 실책을 하였다.
名 間違い, 誤り 動 間違える, 誤解する	私は間違って違うバスに乗った。 나는 실수로 버스를 잘못 탔다. 私はたまに彼女を彼女のお母さんと間違える。 나는 종종 그녀를 그녀의 어머니로 착각한다.

hardly [háːrdli]
부 거의 …않다 (同) seldom

EX I could hardly believe her story.
I hardly have time for reading.

nearly [níərli]
부 거의, 하마터면

EX I have nearly finished my work.
He was nearly hit by a car.

lately [léitli]
부 최근에, 요즈음

EX Have you been there lately?

likely [láikli]
형 …할 것 같은, 있음직한 ▷품사에 유의

EX Look at the clouds. It is likely to rain.
It is likely to snow today.

mostly [móustli]
부 ① 대개, 대부분 ② 주로

EX We are mostly out on Sundays.
The medicine was mostly sugar and water.

rather [ræðər]
부 ① 오히려, 차라리 ② 다소

EX I would rather stay at home than go out.
He was rather angry.

especially [ispéʃəli]
부 특히, 유달리 (同) specially

EX Our garden is beautiful, especially in spring.
He looks handsome, especially when
he is angry.

recently [ríːsəntli] 부 요즈음, 최근에,
근래에 (同) lately ▶recent 형 최근의

EX I happened to meet her recently.
He is interested in the recent news.

perhaps [pərhǽps]
부 아마, 혹시 (同) maybe

EX Perhaps she knows the fact.
Would you like some tea, perhaps?

forward [fɔ́ːrwərd]
부 앞으로, 전방으로

EX The police told the crowd to move forward.
She drove the car forward.

注意すべき副詞, 形容詞

副 ほとんど~ない	彼女の話はほとんど信じられない。 나는 그녀의 이야기를 거의 믿을 수 없다. 本を読む時間がほとんどない。 나는 독서할 시간이 거의 없다.
副 ほとんど, ほぼ；そろそろ；危うく, もう少しで	仕事をほぼ終えました。 나는 내 일을 거의 끝냈다. 彼は危うく車に引かれるところだった。 그는 하마터면 차에 치일 뻔 했다.
副 最近, 近頃	最近そこへ行ったことがありますか？ 너는 최근에 거기에 가 보았니?
形 ~しそうな, ありそうな	あの雲を見て, 雨になりそうだ。 구름을 봐, 비가 올 것 같아. きょうは雪が降りそうだ。 오늘 눈이 올 것 같다.
副 ① 大抵, 大部分 ② 主に	私たちは日曜日には大抵出掛ける。 우리는 일요일에는 대개 외출한다. その薬は主に水と砂糖だった。 그 약의 성분은 주로 설탕과 물이었다.
副 ① むしろ, どちらかと言えば ② やや, いくぶん, かなり, だいぶ	出掛けるよりも, むしろ家で過したい。 외출하느니 차라리 집에 있겠다. 彼はかなり怒っていた。 그는 다소 화가 났다.
副 特に, 取り分け	我々の庭は美しい, 特に春の。 우리 정원은 봄에 특히 아름답다. 彼は特に腹を立てている時, ハンサムに見える。 그는 특히 화가 났을 때 멋있어 보인다.
副 この頃, 最近 形 最近の	私はこの頃たまたま彼女に会った。 나는 최근에 그녀를 우연히 만났다. 彼は最近のニュースに関心がある。 그는 최근의 뉴스에 관심이 있다.
副 もしかすると, 恐らく, 多分, もしかしたら	もしかすると彼女は事実を知っているかもしれない。 아마도 그녀는 사실을 알 것이다. お茶でもいかがですか？ 혹시 차 좀 드시겠어요？
副 前方へ, 先へ	警察は群集に前方へ行くように指示した。 경찰은 군중들에게 앞으로 움직이라고 지시했다. 彼女は車を前方へ走らせた。 그녀는 차를 앞으로 몰았다.

29 보물섬 2

영어랑 자연스럽게 일본어 jie 0515

Japanese in English

도 약 편

guide [gaid]
동 안내하다, 인도하다 명 안내인, 가이드

EX A lighthouse guides ships to a harbor.
We hired a guide for our sightseeing.

stick [stik]
명 ① 막대기 ② 지팡이

EX She likes a stick of candy.
The old man is walking with a stick.

clever [klévər]
형 영리한, 총명한 (同) bright 반 stupid

EX A clever boy learns fast.

distance [dístəns]
명 거리 ▶dístant 형 먼

EX The distance from here to the town is five miles.
The stars are distant from the earth.

spot [spɑt]
명 ① 반점, 얼룩 ② 지점, 장소 ③ 현장

EX I have a black dog with white spots.
This is a nice spot for a picnic.
The thief was caught on the spot.

chain [tʃein]
명 ① 쇠사슬 ② 연쇄, 연속

EX Keep the dog on a chain.
a chain of events
a chain of mountains

curious [kjú(ː)əriəs]
형 호기심이 강한 ▶curiósity 명 호기심

EX He is curious about everything.
The child was full of curiosity.

rub [rʌb]
동 문지르다, 비비다 ▷rub–rubbed–rubbed

EX He rubbed his hands with soap.
The cat is rubbing its back.

jewel [dʒúːəl]
명 보석

EX What is your favorite jewel?

sunset [sʌ́nsèt]
명 일몰, 해질녘 반 sunrise

EX The scene of the sunset was wonderful.
This flower opens at sunset.

たからじま
宝島 Ⅱ

動 案内する，導く	灯台は船を港に案内する。 등대는 배들을 항구로 인도한다.
名 案内人，ガイド	私たちは観光の為にガイドを雇った。 우리는 관광을 위해 안내인을 고용했다.
名 ① 棒，棒状の物	彼女はキャンディーが好きだ。 그녀는 막대 사탕을 좋아한다.
② 杖，ステッキ	その老人はステッキを突いて歩いている。 그 노인은 지팡이를 짚고 걷고 있다.
形 利口な，賢い；器用な	利口な子供は速く学ぶ。 영리한 아이는 빨리 배운다.

名 距離	ここから町までの距離は5マイルである。 이곳에서 읍까지의 거리는 5마일이다.
形 遠い	星は地球から遠い所にある。 별들은 지구에서 먼 곳에 있다.
名 ① 斑点，染み	私は白い斑点のある黒い犬を飼っている。 나는 하얀 반점이 있는 검은 개를 기르고 있다.
② 地点，場所	ここは遠足の場所に丁度いい。 이 곳은 소풍 장소로 그만이다.
③ 現場	その泥棒は現場で捕まった。 그 도둑은 현장에서 잡혔다.
名 ① 鎖，一続き	犬を鎖でつないでおきなさい。 개를 사슬에 묶어 두시오.
② 連鎖，連続	一連の出来事 일련의 사건
	山並み；山脈 산맥
形 好奇心の強い	彼は何でも知りたがる。 그는 모든 것에 호기심을 갖고 있다.
名 好奇心	あの子は好奇心が強かった。 그 아이는 호기심이 많았다.
動 こする	彼は石鹸を手にこすった。 그는 비누를 손에 문질렀다.
	猫が背中をこすっている。 고양이가 등을 비비고 있다.
名 宝石	あなたが一番好きな宝石は何ですか？ 네가 가장 좋아하는 보석은 무엇이니?
名 日没，日の入り，	日没の光景は素晴らしかった。 일몰 광경은 훌륭했다.
夕焼け，日暮れ	この花は日暮れに咲く。 이 꽃은 해질녘에 핀다.

dictionary [díkʃənèri]
명 사전

EX A dictionary contains much information about words.
Look up this word in the dictionary.

grammar [grǽmər]
명 문법 ▷철자에 유의

EX Do you like English grammar?
We must learn English grammar.

sentence [séntəns]
명 ① 문장 ② 판결, 선고 동 판결을 내리다

EX This is a long sentence.
He received a light sentence.
He was sentenced to death.

accent [ǽksent]
명 악센트, 강세

EX Where is the accent in the word?
She speaks English with a Spanish accent.

spell [spel]
동 철자하다 ▶spélling 명 철자법, 스펠링

EX How do you spell your name?
He is poor at spelling.
spelling bee(match)

copy [kápi]
동 복사하다, 베끼다 명 사본

EX Don't copy your friend's answer.
Please make a copy of this letter.
This is a copy of a famous picture.

memory [méməri]
명 ① 기억(력) ② 회상

EX She has a good(bad) memory.
I have happy memories of childhood.

memorize [méməràiz]
동 암기하다, 기억하다 (同) learn by heart

EX I memorize a poem every week.
She has memorized all her friends' phone numbers

certain [sə́ːrtən]
형 ① 확신하는 ② 어떤 (同) sure(확신하는)
▶cértainly 부 확실히

EX I am certain of his success.
Certain plants grow in the desert.
Jim will certainly come on time.

remind [rimáind] 동 생각나게 하다,
상기시키다 ▷re(=again) + mind → 마음 속으로
다시 가져오다 → 상기시키다

EX This album always reminds me of my school days.

今日の英語の宿題は

名 辞書, 辞典, 字引	辞書には単語についての多くの情報がある。 사전에는 단어에 대한 많은 정보가 들어 있다. この単語を辞書で調べなさい。 이 단어를 사전에서 찾아봐라.
名 文法	君は英語の文法が好きなの? 너는 영문법을 좋아하니? 私たちは英語の文法を習わなければならない。 우리는 영문법을 배워야 한다.
名 ① 文章 ② 判決, 宣告 動 判決を下す	これは長い文だ。 이것은 긴 문장이다. 彼は軽い刑を受けた。 그는 가벼운 판결을 받았다. 彼に死刑の宣告が下された。 그는 사형을 선고받았다.
名 アクセント, なまり	どこにその単語のアクセントがありますか? 어디에 그 단어의 악센트가 있습니까? 彼女はスペイン語なまりで英語を話す。 그녀는 스페인어 말투로 영어를 한다.
動 綴る 名 綴り(方, 法), スペル	お名前はどう綴りますか。 이름자를 어떻게 쓰죠(철자하죠)? 彼は綴りが下手だ。 그는 철자법에 서툴다. 綴り字コンテスト。 철자시합
動 コピーを取る, 写す 名 写し	友達の答えを写さないで。 친구의 답을 베끼지 말아라. この手紙をコピーしてください。 이 편지 좀 복사해 주세요. これは有名な絵の模写です。 이것은 유명한 그림의 복사본이다.
名 ① 記憶力 ② 思い出	彼女は記憶力がいい(悪い)。 그녀는 기억력이 좋다(나쁘다). 私は幼い時の楽しい思い出がある。 나는 어린시절의 즐거운 추억이 있다.
動 暗記する, 記憶する	私は毎週一つの詩を暗記する。 나는 매주 시 한편을 암기한다. 彼女は友達の電話番号を全部記憶している。 그녀는 자기 친구들의 전화번호를 모두 기억하고 있다.
形 ① 確信している ② ある 副 確かに, 必ず	私は彼の成功を確信しています。 나는 그의 성공을 확신하고 있다. ある植物は砂漠で成長する。 어떤 식물들은 사막에서 자란다. ジムは必ず定刻に来るだろう。 짐은 틀림없이 정각에 올 것이다.
動 思い出させる, 気付かせる	このアルバムを見るといつも学生時代の事を思い出す。 이 앨범을 보면 언제나 학창시절이 생각난다.

31 깊은 산 속 옹달샘

rabbit [rǽbit]
명 토끼

EX He ran away like a rabbit.

pond [pɑnd]
명 연못, 못

EX Ducks are swimming in a pond.

stream [striːm]
명 시내, 개울

EX Mary is crossing a stream.

wood [wud]
명 ① 목재, 나무 ② (~s) 숲

EX The table is made of wood.
The woods are beautiful just now.

bush [buʃ]
명 ① 관목 ② 수풀, 덤불

EX A bird in the hand is worth two in the bush.
They saw a rabbit jump out of a bush.

hunt [hʌnt]
동 사냥하다 명 사냥

EX Some animals hunt at night.
They went hunting in the woods.

butterfly [bʌ́tərflài]
명 나비

EX A butterfly is on the flower.
Kitty is running after a butterfly.

cave [keiv]
명 동굴, 굴

EX There is a treasure in the cave.
During the Stone Age people lived in caves.

valley [vǽli]
명 골짜기, 계곡

EX The mountain valley is very deep.
A river flows through the valley.

narrow [nǽrou]
형 좁은, 한정된 반 broad, wide (넓은)

EX The hole was too narrow.
He has a narrow circle of friends.

深い山の中の小泉
ふか やま なか こいずみ

名 ウサギ(兎) — 彼はうさぎのように逃げてしまった。 그는 토끼처럼 달아나 버렸다.

名 池 — あひるの群れが池で泳いでいる。 오리들이 연못에서 헤엄치고 있다.

名 小川, 流れ — メアリーは小川を渡っている。 메리는 개울을 건너고 있다.

名 ① 木材, 材木, 木 — その食卓は木で作られた。 그 식탁은 나무로 만든 것이다.
② 森, 林 — 森はちょうど今美しい。 숲은 바로 지금이 아름답다.

名 ① 低木 — あすの百よりきょうの五十。 수중의 새 한 마리는 숲속의 두 마리와 같다.
② 薮, 茂み — 彼らは薮からウサギが跳び上がるのを見た。 그들은 토끼가 덤불에서 뛰어나오는 것을 보았다.

動 狩る, 狩りをする — ある動物は夜狩りをする。 어떤 동물들은 밤에 사냥한다.
名 狩り — 彼らは森へ狩りに行った。 그들은 숲으로 사냥을 갔다.

名 チョウ(蝶) — 一匹のチョウが花の上に止まっている。 나비 한 마리가 꽃에 앉아 있다.
キティは蝶を追い掛けている。 키티는 나비를 뒤쫓고 있다.

名 ほら穴, 洞窟 — ほら穴の中には宝物がある。 동굴 안에는 보물이 있다.
石器時代の人は洞窟の中に住んだ。 석기시대에 사람들은 동굴에서 살았다.

名 谷, 谷間, 峡谷 — その谷はとても深い。 그 산골짜기는 아주 깊다.
その谷間を川が流れている。 강이 계곡 사이로 흐르고 있다.

形 狭い, 限られた — あの穴は狭過ぎた。 그 구멍은 너무 좁았다.
彼は友達が少ししかいない。 그는 친구들이 적다.

32 여기는 올림픽 경기장

stadium [stéidiəm]
명 경기장, 스타디움

> EX A lot of people ran toward the stadium.
> We will play football in this stadium.

marathon [mǽrəθàn]
명 마라톤 경주

> EX He won the gold medal in a marathon.

match [mætʃ]
명 ① 성냥 ② 상대 ③ 시합
동 ① 필적하다 ② 어울리다

> EX He struck a match.
> I am no match for you.
> We lost the match.
> No one can match him in tennis.
> His tie doesn't match his coat.

shoot [ʃuːt] 동 (총 등을) 쏘다, 발사하다
▷shoot–shot[ʃɑt]–shot

> EX The hunter shot a deer.
> I shot at the bird, but missed it.

net [net] 명 그물, 망

> EX They caught fish with a net.

strike [straik] 동 ① 때리다, 치다
② (생각 등이) 떠오르다 ▷strike–struck–struck

> EX Did you strike him?
> A bright idea struck me.

athlete [ǽθliːt] 명 운동 선수, 경기자
▶athletic[æθlétik] 형 경기의, 운동의

> EX He trains athletes.
> Our athletic meeting was very interesting.

champion [tʃǽmpiən]
명 우승자, 선수권 보유자

> EX The swimming champion is very young.

appear [əpíər] 동 ① 나타나다
② …처럼 보이다 (同) look (…처럼 보이다)

> EX An old man appeared on the stage.
> It appears to me that he is wrong.

cheer [tʃiər]
명 환호, 갈채 동 기운을 북돋우다.
▶chéerful 형 명랑한, 쾌활한

> EX We gave three cheers for him.
> The good news cheered him up.
> A cheerful person smiles a lot.

영어 속에 감추어진 일본어 jie 0515

Japanese in English

도 약 편

32 ここはオリンピック競技場(きょうぎじょう)

名 競技場(きょうぎじょう), スタジアム	沢山(たくさん)の人(ひと)が競技場(きょうぎじょう)の方(ほう)へ走(はし)って行(い)った。 많은 사람들이 경기장 쪽을 달려갔다. 私達(わたしたち)はこのスタジアムでサッカーをするつもりだ。 우리는 이 경기장에서 축구를 할 것이다.
名 マラソン競走(きょうそう)	彼(かれ)はマラソン競走(きょうそう)で金(きん)メダルを取(と)った。 그는 마라톤 경주에서 금메달을 땄다.
名 ① マッチ ② 相手(あいて) ③ 試合(しあい) 動 ① 同等(どうとう)である, 匹敵(ひってき)する, 適(かな)う ② 似合(にあ)う物(もの)(人(ひと))	彼(かれ)はマッチを擦(す)った。 그는 성냥을 켰다. 私(わたし)はあなたに適(かな)わない。 나는 너와 상대가 되지 않는다. 私(わたし)たちは試合(しあい)に負(ま)けた。 우리는 시합에서 졌다. テニスでは, 彼(かれ)に適(かな)う者(もの)はいない。 테니스에서 그와 필적할 사람은 없다. 彼(かれ)のネクタイはコートに似合(にあ)わない。 그의 넥타이는 코트와 어울리지 않는다.
動 (銃(じゅう)などを)撃(う)つ, 射(い)る, 発射(はっしゃ)する	その漁師(りょうし)は鹿(しか)を撃(う)った。 그 사냥꾼은 사슴을 쏘았다. 鳥(とり)を狙(ねら)って撃(う)ったが取(と)り逃(に)がした。 나는 새를 겨냥하여 쏘았지만 빗나갔다.
名 網(あみ), ネット	彼(かれ)らは網(あみ)で魚(さかな)を捕(と)った。 그들은 그물로 물고기를 잡았다.
動 ① 打(う)つ, 叩(たた)く, 殴(なぐ)る ② 心(こころ)に浮(う)かぶ	君(きみ)が彼(かれ)を殴(なぐ)ったの? 네가 그를 때렸니? 素晴(すば)らしい考(かんが)えが浮(う)かんだ。 멋진 생각이 떠올랐다.
名 運動選手(うんどうせんしゅ), 競技者(きょうぎしゃ) 形 運動競技(うんどうきょうぎ)の	彼(かれ)は運動選手(うんどうせんしゅ)たちを訓練(くんれん)させる。 그는 운동선수들을 훈련시킨다. 我々(われわれ)の競技会(きょうぎかい)はとても楽(たの)しかった。 우리 운동회는 매우 재미있었다.
名 優勝者(ゆうしょうしゃ), 選手権保持者(せんしゅけんほじしゃ), チャンピオン	その水泳(すいえい)のチャンピオンはとても若(わか)い。 그 수영 우승자는 매우 어리다.
動 ① 現(あら)われる, 出現(しゅつげん)する ② ~のように見(み)える, …らしい	一人(ひとり)の老人(ろうじん)が舞台(ぶたい)の上(うえ)に現(あら)われた。 한 노인이 무대 위에 나타났다. 私(わたし)には彼(かれ)が間違(まちが)っているように見(み)える。 내게는 그가 틀린 것처럼 보인다.
名 歓声(かんせい), 喝采(かっさい) 動 元気付(げんきづ)ける, 勵(はげ)ます 形 明(あか)るい, 快活(かいかつ)な	私(わたし)たちは彼(かれ)の為(ため)に万歳三唱(ばんざいさんしょう)をした。 우리는 그를 위하여 만세 3창을 했다. そのいい便(たよ)りは彼(かれ)を元気付(げんきづ)けた。 그 희소식은 그를 기운 나게 했다. 性格(せいかく)の明(あか)るい人(ひと)は良(よ)く笑(わら)う。 명랑한 사람은 많이 웃는다.

single [síŋgl]
형 ① 단 하나의 ② 1인용의 ③ 독신의

EX I answered in a single word.
He rented a single room.
Is she married or single?

double [dʌ́bl]
형 ① 두 배의 ② 2인용의 ③ 이중의
명 두 배

EX She did double work yesterday.
He uses a double bed.
The store uses double windows.
Eight is the double of four.

quarter [kwɔ́ːrtər]
명 ① 4분의 1 ② 15분

EX She cut the apple into quarters.
It is a quarter to six.

billion [bíljən]
명 (미) 10억, (영) 1조

EX I want to make ten billion dollars.
There are billions of trees in Canada.

total [tóutəl] 형 전체의, 총계의
명 총계 (同) sum[sʌm] (합계)

EX The total number of students in this class is forty.
It costs a total of $200.

amount [əmáunt]
명 ① 총계 ② 양, 금액

EX What is the amount he owes you?
I have only a small amount of money.

plenty [plénti]
명 ① (양이) 많음 ② 충분함 ▷plenty of 많은

EX I brought plenty of food.
I had plenty of sleep last night.

grade [greid]
명 ① 등급 ② 학년 ③ 성적

EX This is the best grade of wine.
What grade are you in?
He got a good grade in math.

degree [digríː]
명 ① 정도 ② (각도·온도계 등의) 도

EX This job demands a high degree of skill.
Water freezes at 0 degrees Centigrade.
This angle is sixty degrees.

rate [reit]
명 ① 비율 ② 요금

EX The death rate is low in our country.
She paid her telephone rates.

level [lévəl]
명 ① 수준, 정도 ② 수평 형 수평의

EX The level of our school is very high.
Mt. Everest is 8,848 meters above sea level.
The floor is not level ; it slants.

33 数，量，程度

形 ① たった一つの	私は一言で答えた。 나는 단 한 마디로 대답했다.
② 一人用の，シングルの	彼は一人用の部屋を借りた。 그는 1인용 방을 빌렸다.
③ 独身の	彼女は結婚していますか，それとも独身ですか？ 그녀는 결혼했습니까, 독신입니까?
形 ① 2倍の　② 二人用の	彼女は昨日2倍の仕事をした。 그녀는 어제 두 배의 일을 했다.
③ 二重の	彼女はダブルベッドを使っている。 그는 2인용 침대를 사용하고 있다.
名 2倍	その店は二重窓になっている。 그 가게는 이중 창문을 사용한다.
	8は4の2倍である。 8은 4의 두 배이다.
名 ① 四分の一	彼女はりんごを四つに切った。 그녀는 사과를 네 쪽으로 잘랐다.
② 15分	6時15分前だ。 6시 15분 전이다.
名 10億	私は100億のお金を儲けたい。 나는 100억 달러를 벌고 싶다.
	カナダには数えられない多くの木がある。 캐나다에는 헤아릴 수 없이 많은 나무가 있다.
形 全体の，総計の	このクラス全体の学生数は40名である。 이 학급의 전체 학생 수는 40명이다.
名 総計	それは総計200ドル掛かる。 그것은 총 200달러가 든다.
名 ① 総計，総額	彼があなたに借りた総額はいくらですか？ 그가 네게 빚진 돈이 얼마니?
② 量，額	私は小額のお金しか持っていない。 나는 소액의 돈 밖에 없다.
名 ① 沢山，たっぷり	私は食べ物をたっぷり持ってきた。 나는 음식을 충분히 가지고 왔다.
② 十分	私は昨夜十分に寝た。 나는 지난밤 충분히 잤다.
名 ① 等級　② 学年	これは最高級ワインである。 이것은 최고급 포도주이다.
③ 成績	君は何年生ですか？ 너는 몇 학년이니?
	彼は数学で良い成績を取った。 그는 수학에서 좋은 점수를 받았다.
名 ① 程度	この仕事は高度の技術を必要とする。 이 일은 고도의 기술을 필요로 한다.
② (角度，温度計の) 度	水は摂氏零度で凍る。 물은 섭씨 0도에서 언다.
	この角度は60度だ。 이 각은 60도이다.
名 ① 割合，率	我が国では死亡率が低い。 우리나라에서는 사망률이 낮다.
② 料金，値段	彼女は電話料金を払った。 그녀는 전화요금을 지불했다.
名 ① 水準，程度　② 水平	私たちの学校は水準がとても高い。 우리 학교의 수준은 대단히 높다.
形 水平の，平らな	エベレストは海抜 8,848メートルである。 에베레스트 산은 해발 8,848미터이다.
	床は平らでなくて傾いている。 바닥이 평평하지 않고 기울었다.

33. 수 · 양 · 정도 ●●● 267

34 승리를 기원하면서

victory [víktəri]
명 승리

EX The goddess of victory smiled on him.
He won a victory in the tennis match.

wonder [wʌndər]
명 놀라움, 경이 동 ···에 놀리다
② 궁금히 여기다

EX We were filled with wonder.
We wondered at his talent.
I wonder why she did that.

glory [glɔ́ːri]
명 영광 ▶glórious 형 영광스러운

EX She got all the glory.
Our team won a glorious victory.

honor [ánər]
명 ① 명예 ② 존경, 경의
동 존경하다, 표창하다

EX They fought for honor.
We all pay honor to him.
The President honored the astronauts.

expect [ikspékt]
동 ① 기대하다 ② 예상하다
(同) look forward to
▶expectátion 명 기대, 예상

EX She is expecting a letter from him.
We expect rain tomorrow.
He was delighted beyond expectation.
Against my expectation, he lost the game.

prize [praiz]
명 상, 상품

EX He won the first prize in the marathon.

congratulation [kəngrætʃuléiʃən]
명 ① 축하 ② (~s) 축하인사말

EX Congratulations!
Congratulations on your success!

fair [fɛər]
형 ① (날씨가) 맑은 ② 올바른, 공평한
③ 피부가 흰

EX I hope the weather will be fair.
His judgment is fair.
She has fair skin and hair.

disappear [disəpíər]
동 사라지다 반 appear

EX She disappeared in the crowd.
The ship disappeared in the fog.

remain [riméin]
동 ① 남다, 머물다 ② 여전히 ···이다

EX A few apples remained on the tree.
Only Korea remains divided.

勝利を祈って
しょうり いの

名 勝利 しょうり	勝利の女神が彼に微笑んだ。 승리의 여신이 그에게 미소지었다. しょうり めがみ かれ ほほえ 彼はテニスの試合で勝利を得た。 그는 테니스 시합에서 승리를 했다. かれ しあい しょうり え	

名 驚き，驚異；不思議
おどろ きょうい ふしぎ
動 ① 驚く，不思議に思う
おどろ ふしぎ おも
  ② ～かしら(だろう)と思う
おも

私たちは驚異の念で一杯だった。 우리는 놀라움으로 가득 찼다.
わたし きょうい ねん いっぱい
私たちは彼の才能に驚いた。 우리는 그의 재능에 놀랐다.
わたし かれ さいのう おどろ
彼女はなぜそんな事をしたんだろう。 나는 그녀가 왜 그렇게 했는지 궁금하다.
かのじょ こと

名 栄光
えいこう
形 栄光ある
えいこう

彼女は凡ての栄光を得た。 그녀는 모든 영예를 얻었다.
かのじょ すべ えいこう え
うちのチームは輝かしい勝利を得た。 우리 팀은 영광스러운 승리를 거두었다.
かがや しょうり え

名 ① 名誉
めいよ
  ② 尊敬，敬意
そんけい けいい
動 尊敬する，表彰する
そんけい ひょうしょう

彼らは名誉の為に戦った。 그들은 명예를 위해 싸웠다.
かれ めいよ ため たたか
私たちは皆彼を尊敬している。 우리는 모두 그를 존경하고 있다.
わたし みんなかれ そんけい
大統領は宇宙飛行士たちを表彰した。 대통령은 우주비행사들을 표창하였다.
だいとうりょう うちゅうひこうし ひょうしょう

動 ① 期待する
きたい
  ② 予期する，予想する
よき よそう
名 ① 期待
きたい
  ② 予想
よそう

彼女は彼からの手紙を心待ちにしている。 그녀는 그의 편지를 기대하고 있다.
かのじょ かれ てがみ こころま
明日は雨になるだろう。 (우리는) 내일 비가 오리라고 예상한다.
あした あめ
彼は期待した以上に喜んだ。 그는 기대이상으로 기뻐했다.
かれ きたい いじょう よろこ
私の予想に反して彼はその試合で負けた。 내 예상과는 달리 그는 그 게임에 졌다.
わたし よそう はん かれ しあい ま

名 賞，賞品
しょう しょうひん

彼はマラソン競技で一等賞を取った。 그는 마라톤 대회에서 일등상을 탔다.
かれ きょうぎ いっとうしょう と

名 ① 祝い
いわ
  ② (～s) 祝いの言葉
いわ ことば

おめでとう！ 축하합니다!
ご成功おめでとうございます。 당신의 성공을 축하합니다!
せいこう

形 ① (天気) 晴れた
てんき は
  ② 公正な，公平な
こうせい こうへい
  ③ (皮膚が) 色白の
ひふ いろじろ

天気が晴れて欲しい。 나는 날씨가 맑기를 바란다.
てんき は ほ
彼の判決は公正だ。 그의 판결은 공정하다.
かれ はんけつ こうせい
彼女は色白で金髪だ。 그녀는 피부가 희고 금발이다.
かのじょ いろじろ きんぱつ

動 見えなくなる，
み
  (姿を)消す
すがた け

彼女は人込みの中に姿を消した。 그녀는 군중 속으로 사라졌다.
かのじょ ひとご なか すがた け
その船は霧の中へ姿を消した。 그 배는 안개속으로 사라졌다.
ふね きり なか すがた け

動 ① 留まる，残る
とど のこ
  ② ～のままである

いくつかのりんごが木に残っていた。 몇 개의 사과가 나무에 남아 있었다.
き のこ
韓国だけが今でも分断されたままである。 한국만이 여전히 분단된 채로 있다.
かんこく いま ぶんだん

35 날씨와 부정대명사 · 부사

climate [kláimit] 명 기후 ▷weather는
특정한 때의 날씨, climate는 특정지역의 기후

EX Korea has a mild climate.
Busan has a nice climate in this season.

sunshine [sʌ́nʃàin]
명 햇볕, 일광 ▷sun + shine(빛남)

EX He is taking a nap in the sunshine.

fog [fɔg]
명 안개

EX Henry is lost in the fog.
The fog cleared.

storm [stɔːrm]
명 폭풍, 폭풍우

EX I was caught in a storm.
After a storm comes a calm.

shower [ʃáuər]
명 ① 소나기 ② 샤워

EX We had a shower this evening.
Henry is taking(having) a shower.

somebody [sʌ́mbàdi]
대 어떤 사람, 누군가 (同) someone

EX There's somebody at the door.
Somebody has taken my pen.

nobody [nóubàdi]
대 아무도 …않다

EX Nobody remembered my birthday.
Nobody came to see me.

none [nʌn]
대 ① 아무도…않다 ② 조금도 …않다

EX I liked none of them.
She had none of her mother's beauty.

somewhere [sʌ́mʰwɛ̀ər]
부 어딘가에, 어딘가로

EX I put my camera somewhere around here.
They live somewhere in Seoul.

anywhere [éniʰwɛ̀ər]
부 ① (긍정문) 어디든지 ② (부정문) 아무 데도

EX You can go anywhere.
I didn't go anywhere yesterday.

天気と否定代名詞, 副詞

名	きこう 気候	韓国の気候は温暖です。 한국은 기후가 온화하다. 釜山はこの季節の気候がいい。 부산은 이 계절에 기후가 좋다.
名	ひなた にっこう 日向, 日光	彼は日向で昼寝をしている。 그는 햇볕을 쬐며 낮잠을 자고 있다.
名	きり 霧	ヘンリーは霧の中で道に迷った。 헨리는 안개 속에서 길을 잃었다. 霧が晴れた。 안개가 걷혔다.
名	あらし ぼうふう ぼうふうう 嵐, 暴風, 暴風雨	私は嵐にあった。 나는 폭풍우에 갇혀 있었다. 嵐の後に凪が来る。 폭풍우 뒤에 고요가 온다. 비 온 뒤에 땅이 굳어진다.
名	にわかあめ ① 俄雨 ② シャワー	今夜俄雨が降った。 오늘 저녁에 소나기가 왔다. ヘンリーはシャワーを浴びている。 헨리는 샤워를 하고 있다.
代	だれ ひと 誰か, ある人	げんかんに誰か来ている。 문가에 누군가 있다. 誰かが私のペンを持って行った。 누군가 내 펜을 가져갔다.
代	だれ 誰も~ない	誰も私の誕生日を覚えていなかった。 아무도 내 생일을 기억하지 않았다. 誰も私に会いに来なかった。 아무도 나를 보러 오지 않았다.
代	だれ ① 誰も(どれも)~ない ひと ② 一つも…ない	私はそれらの内でどれも気に入らなかった。 나는 그것들 중 어느 것도 마음에 들지 않았다. 彼女は母親の美しさをちっとも持っていない。 그녀는 엄마의 미모를 조금도(전혀) 닮지 않았다.
副	どこかに(へ,で)	私はこの辺のどこかにカメラを置いた。 나는 이 근처의 어딘가에 카메라를 놓아두었다. 彼らはソウルのどこかに住んでいる。 그들은 서울 어딘가에 살고 있다.
副 代	こうていぶん ① (肯定文) どこに(へ)でも ひていぶん ② (否定文) どこに(へ)も	どこへでも行っていいよ。 너는 어디든지 가도 좋다. 昨日どこにも行かなかった。 나는 어제 아무 데도 가지 않았다.

36 친구에게 보내는 편지

영어와 일본어까지 익혀지는 일본어 jie 0515

Japanese in English

도 약 편

communication [kəmjùːnikéiʃən]
명 전달, 통신 ; 의사소통
▶commúnicate 동 전달하다, 통신하다

EX Radio is an important means of communication.
Communication with deaf people is difficult.
I have a message to communicate to you.
We communicate through speech.
He can't communicate with his son.

modern [mádərn]
형 현대의, 근대의 반 ancient[éinʃənt], old

EX What do you think of modern art?

various [vέ(ː)əriəs] 형 다양한,
가지각색의 ▶variety[vəráiəti] 명 다양성

EX I met various people there.
The store has a variety of toys.

sort [sɔːrt]
명 종류, 부류 (同) kind

EX I don't like that sort of book.

postcard [póustkàːrd]
명 우편엽서

EX Mary is writing a postcard.
I'm collecting picture postcards.

message [mésidʒ]
명 전갈, 전언

EX I left a message for her.

pal [pæl]
명 친구 (同) friend

EX I have many pen pals.

mailman [méilmæ̀n]
명 우편배달부 (同) postman

EX The mailman brings letters.

receive [risíːv] 동 받다, 수령하다
반 give ▶reception 명 수취, 수령, 응접

EX Mary received a letter.
a wedding reception / reception room

reply [riplái]
동 대답하다 명 대답 (同) answer

EX Please reply to her question.
I asked him, but he gave no reply.

36 友達に送る手紙

图 伝達, 通信(の手段) ; 意思疎通	ラジオは重要な伝達の手段です。 라디오는 중요한 전달의 수단이다.
	耳が聞こえない人々との意思疎通は難しい。 청각 장애자와 의사소통하기는 어렵다.
動 知らせる, 伝える, 通信する, 意思を通じ合う	君に知らせる言付けがある。 너에게 알릴 전갈이 있다.
	我々は言葉で通じ合う。 우리는 말로 의사소통한다.
	彼は息子と意思の疎通が出来ない。 그는 아들과 의사소통을 할 수 없다.

形 現代の, 近代の	現代美術についてどう思いますか? 현대 미술에 대해 어떻게 생각합니까?

形 色々な, 様々の	私はそこで色々な人に会った。 나는 거기서 다양한 사람들을 만났다.
图 多様性	その店には様々なおもちゃがある。 그 상점에는 가지각색의 장난감이 있다.

图 種類, 部類	私はそんな種類の本は好きじゃない。 나는 그런 종류의 책은 좋아하지 않는다.

图 葉書	メアリーは葉書を書いている。 메리는 우편엽서를 쓰고 있다.
	私は絵葉書を集めている。 나는 그림엽서를 수집하고 있다.

图 言付け, 伝言	私は彼女に言付けを残した。 나는 그녀에게 전갈을 남겼다.

图 友達, 仲間	私はペンパル(文通友達)が多い。 나는 펜팔 친구가 많다.

图 郵便集配人	郵便集配人は手紙を配達する。 우체부는 편지를 배달한다.

動 受け取る, 受ける, 貰う	メアリーは手紙を貰った。 메리는 편지를 한 통 받았다.
图 受け付け	結婚披露宴 결혼 피로연 応接間 응접실

動 返事をする, 答える	彼女の質問に答えなさい。 그녀의 질문에 대답하세요.
图 返事, 答え	彼に質問したが彼は何の返事もしなかった。 내가 그에게 질문했지만 그는 아무 대답이 없었다.

37 우리 손으로 살기좋은 사회를

society [səsáiəti]
명 사회, 사교

EX The habits of society are always changing.
Each of us is a member of society.

social [sóuʃəl]
형 사회의, 사회적인, 사교적인

EX Man is a social being.
She has a social nature.
a social science / social problems

movement [múːvmənt]
명 ① 움직임 ② (사회적) 운동
▶move 동 움직이다, 이사가다

EX She watched the baby's movements.
a peace movement / the labor movement
Don't move.

community [kəmjúːnəti]
명 지역공동체, 지역사회.

EX He worked for a religious community.
There are several Korean communities in USA.

citizen [sítizən]
명 시민, 국민

EX She is an American citizen but lives in Seoul.
Citizens should obey the law.

population [pápjuléiʃən]
명 인구

EX Seoul has a large population.
What is the population of this city?

increase 동 [inkríːs] 명 [ínkriːs]
동 증가하다, 늘다 명 증가, 증대
반 decrease

EX The number of students increased.
a sudden increase in population.
an increase in price

instance [ínstəns]
명 예, 경우 (同) example

EX I like winter sports, for instance, skating
and skiing.

title [táitl]
명 제목, 표제

EX What is the title of the book?

sign [sain]
명 ① 신호 ② 기호
동 ① 서명하다 ② 신호하다

EX She made a sign to me to come.
Mark the plus sign.
Sign here, please.
The police officer signed for us to stop.

私たちの手で住み良い社会を

名	社会，世間；協会，会；交際，社交	社会の慣習はいつも変わりつつある。 사회 관습은 항상 변하고 있다. 我々の各々は社会の一員である。 우리들 각자는 사회의 일원이다.
形	社会の，社会的な，社交的な	人間は社会生活を営む動物である。 인간은 사회적 동물이다. 彼女の性格は社交的だ。 그녀의 성격은 사교적이다. 社会科学 사회과학　社会問題 사회문제
名 動	① 動き，動作；身振り ② （社会的な）運動 動く；引っ越す	彼女は赤ん坊の身振りを見守った。 그녀는 그 아기의 움직임을 지켜보았다. 平和運動 평화운동　労働運動 노동운동 動かないで。 움직이지 말아라.
名	共同体，共同社会，地域社会	彼は宗教団体の為に働いた。 그는 종교단체를 위하여 일했다. アメリカにはいくつかの韓国人社会がある。 미국에는 몇몇 한국인 지역사회가 있다.
名	市民，住民，国民，公民	彼女は米国民だがソウルに住んでいる。 그녀는 미국시민이지만 서울에 산다. 市民は法に従うべきだ。 국민은 법에 따라야 한다.
名	人口	ソウルの人口は多い。 서울은 인구가 많다. この都市の人口はどのくらいですか？ 이 도시의 인구는 얼마나 됩니까?
動 名	増加する，増える 増加，増大	学生数が増えた。 학생 수가 증가했다. 人口の急増 인구의 급증　値上がり 가격의 상승
名	例，実例；場合	私は冬のスポーツ，例えばスケートとスキーが好きだ。 나는 겨울 스포츠, 예를 들면 스케이트와 스키를 좋아한다.
名	題名，書名，表題	その本の題名はなんですか？ 그 책의 제목은 무엇입니까?
名 動	① 合図　② 記号 ① 署名する ② 合図する，信号を送る	彼女は私に来るように合図した。 그녀는 오라고 내게 신호했다. プラス記号（+）を印して。 플러스 기호(+)를 표시해라. ここに署名して下さい。 여기에 서명하세요. 警察官は私たちに止まれと合図をした。 경찰관은 우리에게 멈추라고 신호했다.

form [fɔːrm]
명 ① 모양, 형태 ② 양식 동 형성하다

EX This candy is in the form of a star.
Fill in the form, please.
Clouds are forming over the hill.

flat [flæt]
형 평평한 (부) 평평하게 ; 꼭, 정확히

EX The earth is not flat.
He ran up the stairs in ten seconds flat.

thick [θik]
형 두꺼운 반 thin

EX This is a thick stone wall. .
This brick is two inches thick.

sharp [ʃɑːrp]
형 날카로운, 예리한

EX She has a sharp knife.

dull [dʌl] 형 ① 무딘, 둔한 ② 지루한
반 sharp(날카로운)

EX This knife is very dull.
Her story was dull.

type [taip]
(명) 유형, 타입

EX This type of car is old.
I don't like that type of woman.

rough [rʌf]
형 거친, 울퉁불퉁한 ▷발음에 유의

EX He uses rough words.
The surface of the road is rough.

tough [tʌf]
형 ① 강인한, 질긴 ② 어려운

EX He is a tough guy.
It was a tough winter.

smooth [smuːð]
형 매끄러운 반 rough

EX Feel this. It is smooth.
The sea was smooth.

mild [maild]
형 ① 온화한 ② 유순한 (同) gentle (온화한)

EX It's mild today.
She is as mild as a lamb.

物の特徴

名 ① 形, 姿 ② 形式, 書式 動 形作る, 形成する	このキャンディーは星の形をしている。이 사탕은 별모양을 하고 있다. この書式に記入して下さい。그 서식에 기입하세요. 丘の上に雲が出来ている。언덕 위에 구름이 형성되고 있다.
形 平らな, 水平の 副 丁度, きっかり, フラットで	地球は平らではない。지구는 평평하지 않다. 彼は10秒フラットで階段を駆け上がった。그는 정확히 10초에 계단을 뛰어 올라갔다.
形 厚い	これは厚い石垣である。이것은 두꺼운 돌벽이다. この煉瓦は2インチの厚さだ。그 벽돌은 2인치의 두께이다.
形 鋭い, 鋭利な	彼女は鋭いナイフを持っている。그녀는 날카로운 칼을 가지고 있다.
形 ① 鈍い, 愚かな ② 退屈な	このナイフはよく切れない이 칼은 너무 무디다. 彼女の話は退屈だった。그녀의 이야기는 재미가 없었다.
名 型, タイプ, 種類	この型の車は古い。이런 유형의 차는 구식이다. 私はそんなタイプの女は好きじゃない。나는 그런 타입의 여자는 좋아하지 않는다.
形 荒い, ざらざらした, 凸凹の	彼は荒い言葉を使う。그는 거친 말을 쓴다. 道の表面が凸凹だ。길 표면이 울퉁불퉁하다.
形 ① 強い, 固い ② 困難な	彼は不屈の男だ。그는 지칠줄 모르는 강인한 남자이다. 厳しい冬であった。견디기 어려운 겨울이었다.
形 滑らかな	これを触ってみて。滑らかですね。이것을 만져보세요. 매끄러운데요. 海は静かだった。바다는 잔잔했다.
形 ① 穏やかな, 温和な ② 優しい	きょうの天気は穏やかだ。오늘은 날씨가 온화하다. 彼女は羊のように優しい。그녀는 양처럼 순하다.

pleasant [plézənt]

형 즐거운, 기분 좋은

EX We had a pleasant trip last week.

pleasure [plézər]

명 즐거움, 기쁨

EX "Thank you for helping me." - "My pleasure."

humor [hjú:mər]

명 익살, 유머 ▶húmorous 형 익살스러운

EX He has a wonderful sense of humor.

His joke is really humorous.

sigh [sai]

동 한숨쉬다, 탄식하다 명 한숨

EX I sighed with relief.

She greeted him with a sigh of relief.

shame [ʃeim]

명 부끄러움, 수치

EX The child has no shame.

Shame on you!

pity [píti]

명 ① 동정, 연민 ② 유감

EX I did so out of pity for her.

It's a pity that you can't join us.

cry [krai]

동 ① 울다 ② 소리지르다 (同) shout(소리치다)

EX The baby began to cry.

They cried me to stop.

tear 명 [tiər] 동 [tɛər] 명 눈물
동 찢다 ▷tear-tore[tɔːr]-torn[tɔːrn]

EX Tears rolled down her cheeks.

She tore the letter into pieces.

shock [ʃɑk] 명 충격, 쇼크
동 충격을 주다, 깜짝 놀라게 하다

EX The news is a shock to us.

His bad manners shocked me.

hate [heit] 동 미워하다, 싫어하다
(同) dislike 반 love, like

EX He hates me for it.

He hates cats.

人は感情の動物
（ひと　かんじょう　どうぶつ）

形	楽しい，気持ちの良い，愉快な	我々は先週，楽しい旅行に行った。 우리는 지난주에 즐거운 여행을 했다.
名	楽しみ，喜び	手伝ってくれてありがとう。 저를 도와주셔서 감사합니다. どういたしまして。 제가 즐거웠습니다.
名 形	こっけい，ユーモア こっけいな	彼はユーモアの分かる人だ。 그는 상당한 유머 감각이 있다. 彼の冗談は本当にこっけいな味がする。 그의 농담은 정말 웃긴다.
動 名	ため息をつく，嘆く ため息	私はほっとしてため息をついた。 나는 안도의 한숨을 쉬었다. 彼女はほっとため息をついて彼を迎えた。 그녀는 안도의 한숨을 쉬며 그를 맞이했다.
名	恥ずかしさ，恥	その子は恥が無い。 그 아이는 부끄러움이 없다. 恥を知れ！(全く残念だ) 창피한 줄 알아라!
名	① 哀れみ，同情，気の毒 ② 残念(な事)	私は彼女を気の毒に思ってそうした。 나는 그녀를 동정해서 그렇게 했다. (君が)私たちの仲間にならなくて残念だ。 우리와 함께 할 수 없다니 유감입니다.
動	① 泣く ② 叫ぶ，大声で言う	赤ちゃんは泣き出した。 아기는 울기 시작했다. 彼らは私に止まれと叫んだ。 그들은 나에게 멈추라고 소리쳤다.
名 動	涙 裂く，引き裂く	涙が彼女のほおを伝って落ちた。 눈물이 그녀의 빰에 흘러내렸다. 彼女はその手紙をびりびりに引き裂いた。 그녀는 그 편지를 갈기갈기 찢었다.
名 動	衝撃，ショック ショックを与える，ぎょっとする(させる)	その知らせは我々に衝撃だった。 그 소식은 우리에게 충격적인 일이다. 彼の悪い行儀は私にショックを与えた。 그의 나쁜 행동은 내게 충격을 주었다.
動	憎む，嫌う	彼はその事のため私を憎む。 그는 그 일 때문에 나를 미워한다. 彼は猫が嫌いだ。 그는 고양이를 싫어한다.

40 내 꿈은 멋있는 보디가드

guard [gɑːrd]
명 감시인, 경호원, 보초 동 지키다, 보호하다

EX There is a guard at the gate.
The dog guards the house at night.

protect [prətékt]
동 보호하다, 지키다

EX Protect your teeth against decay.
This book is protected by copyright.

safety [séifti]
명 안전, 무사 ▶safe 형 안전한

EX Safety is important to everyone.
They were safe from their enemy.

situation [sìtʃuéiʃən]
명 ① 상황, 입장 ② 위치

EX They are in a difficult situation.
Our school stands in a fine situation.

note [nout]
명 ① 메모 ② 주목, 주의
동 ① 메모하다 ② 주목하다

EX I left the note.
Take note of the warning.
Note down my words.
Note the way she did it.

brave [breiv]
형 용감한, 씩씩한

EX He was a brave soldier.
None but the brave deserve(s) the fair.

courage [kə́ːridʒ]
명 용기

EX He didn't have the courage to go there.
Sometimes it takes courage to say "yes".

power [páuər]
명 힘 ▶pówerful 형 강력한

EX The power of love is great.
She is a very powerful person in the organization.

afraid [əfréid] 형 두려워하여,
무서워하여 ▶항상 서술적으로만 쓰임

EX There's no need to be afraid.
I'm not afraid of anything.

hide [haid]
동 숨다, 감추다 ▶hide-hid[hid]-hidden

EX He hid the money under his bed.
She hid herself behind the screen.
I can't hide my love.

40 私の夢は格好いいボディーガード

名	見張り番, 番人, 守衛	門の所に守衛がいる。	정문에는 감시인이 있다.
動	見張る, 監視する；守る	犬は夜家を守る。	개는 밤에 집을 지킨다.

動	保護する, 守る	虫歯が出来ないように歯を保護しなさい。	충치가 생기지 않도록 치아를 보호하시오.
		この本は版権によって保護されている。	이 책은 판권에 의해 보호받고 있다.

名	安全, 無事	安全は皆に大事なことである。	안전은 모두에게 중요하다.
形	安全な	彼らは敵から安全だった。	그들은 적으로부터 안전했다.

名	① 情勢, 形勢；立場	彼らは困難な立場にある。	그들은 어려운 상황에 처해 있다.
	② 位置	我が校は素晴らしい位置にある。	우리 학교는 좋은 위치에 있다.

名	① メモ, 覚え書き	私はメモを残した。	나는 메모를 남겼다.
	② 注目, 注意	その警告に注目しろ！	그 경고에 주목하라!
動	① メモする, 書き留める	私の言葉をメモして置いて。	내 말을 메모해 두어라.
	② 注目する, 注意する	彼女がそれをした方法に注目せよ。	그녀가 그것을 한 방법에 주목해라.

形	勇敢な, 勇ましい	彼は勇敢な軍人だった。	그는 용감한 군인이었다.

名	勇気	彼はそこへ行く勇気がなかった。	그는 거기에 갈 용기가 없었다.
		時にはイエスと言うには勇気が必要である。	때로는 "네"라고 말하려면 용기가 필요하다.

名	力	愛の力は偉大だ。	사랑의 힘은 위대하다.
形	強力な, 力強い	彼女はその組織の中で実力者だ。	그녀는 그 조직에서 매우 강력한 인물이다.

形	恐れて, 怖がって	恐れる事はない。	두려워할 필요가 없다.
		私は何も怖くない。	나는 아무 것도 무섭지 않다.

動	隠す, 隠れる	彼は金をベッドの下に隠した。	그는 돈을 침대 아래에 숨겼다.
		彼女は仕切りの後ろに隠れた。	그녀는 칸막이 뒤에 숨었다.
		私の恋を隠せない。	내 사랑을 감출 수 없어.

41 다양한 음식, 다양한 용기

bowl [boul]
명 주발, 사발 ▷ 'ow' 발음에 유의

EX He ate a bowl of soup.

plate [pleit]
명 (납작하고 둥근) 접시

EX The French fries are on a plate.
a plate of doughnut / a name plate

chopstick [tʃápstik]
명 젓가락 ▷보통 복수형으로 쓰임

EX Can you use chopsticks?
a pair of chopsticks

straw [strɔː]
명 ① 빨대 ② 지푸라기

EX She is drinking juice with a straw.
A drowning man will catch at a straw.

carton [káːrtən]
명 (판지로 만든 작은) 상자

EX I bought a carton of chocolates.
two cartons of milk

taste [teist]
통 ① 맛을 보다 ② … 한 맛이 나다
명 ① 맛 ② 기호

EX She tasted the sauce.
This soup tastes of onion.
Sugar has a sweet taste.
He has a taste for music.

beef [biːf] 명 쇠고기
▷돼지고기는 pork, 닭고기는 chicken임

EX He likes roast beef.

steak [steik]
명 (쇠고기 등의) 두껍게 썬 고기, 스테이크

EX "How would you like your steak?"
- "Medium, please."

beer [biər]
명 맥주

EX He prefers beer to wine.

chocolate [tʃɔ́ːkəlit]
명 초콜릿

EX I bought a box of chocolates on February 14.

41 色々な食べ物, 色々な器
いろいろ　た　もの　いろいろ　うつわ

名 鉢, 椀, どんぶり
はち　わん

彼はスープを一杯食べた。 그는 수프 한 사발을 먹었다.
かれ　　　　　　いっぱいた

名 ① (平らで丸い)皿
　　たい　　まる　さら
② (金属の)板
　　きんぞく　いた

フレンチフライがお皿に盛ってある。 프랑스식 감자 튀김이 접시에 담겨 있다.
　　　　　　　　さら　も
ドーナツ一皿 도넛 한 접시　名札 명패
　　　　ひとさら　　　　　なふだ

名 箸
　はし

箸を使えますか? 젓가락질 할 줄 아니?
はし　つか
箸一膳 젓가락 한 벌
はしいちぜん

名 ① ストロー
② わら

彼女はストローでジュースを飲んでいる。 그녀는 빨대로 주스를 마시고 있다.
かのじょ　　　　　　　　　　の
溺れる者はわらをも掴む。 물에 빠진 사람은 지푸라기라도 잡으려고 한다.
おぼ　もの　　　　　　つか

名 (厚紙の)容器, カートン
　あつがみ　ようき

私はチョコレートを1カートン買った。 나는 초콜릿 한 상자를 샀다.
わたし　　　　　　　　　　　　か
牛乳2パック 우유 두 상자
ぎゅうにゅう

動 ① 味を見る, 味わう
　　あじ　み　あじ
② 味がする
　　あじ
名 ① 味 ② 好み, 趣味
　　あじ　　この　しゅみ

彼女はソースの味を見た。 그녀는 소스의 맛을 보았다.
かのじょ　　　　　あじ　み
このスープはたまねぎの味がする。 이 수프는 양파 맛이 난다.
　　　　　　　　　　　　あじ
砂糖は甘い味がする。 설탕은 단맛이다.
さとう　あま　あじ
彼は音楽に趣味がある。 그는 음악에 취미가 있다.
かれ　おんがく　しゅみ

名 牛肉, ビーフ
　ぎゅうにく
pork 豚肉 chicken 鶏肉
　　ぶたにく　　　　けいにく

彼はローストビーフが好きだ。 그는 구운 쇠고기를 좋아한다.
かれ　　　　　　　　　す

名 (牛肉などの)厚い切り身,
　ぎゅうにく　　あつ　き　み
ステーキ

ステーキはどうしましょうか? 스테이크를 어떻게 해드릴까요?
ミディアムでお願いします。 중간 정도로 익혀주세요.
　　　　　　ねが

名 ビール

彼はワインよりビールのほうが好きだ。 그는 포도주보다 맥주를 더 좋아한다.
かれ　　　　　　　　　　　す

名 チョコレート

私は2月14日にチョコレートを一箱買った。
わたし　がつ　か　　　　　　　　　　ひとはこか
나는 2월 14일 초콜릿 한 상자를 샀다.

42 나도 명탐정

consider [kənsídər]
통 ① 숙고하다 ② …라고 여기다 ③ 고려하다

EX Let's consider this problem.
We consider him (to be) a great poet.
Would you consider going with us?

examine [igzǽmin]
통 ① 검사하다, 조사하다 ② 시험하다

EX Examine our new plan, please.
They examined the students in English.

factor [fǽktər]
명 요소, 요인

EX Wealth may be a factor of happiness.

hint [hint]
명 힌트, 암시 통 암시하다

EX Please give me a hint.
He hinted at his intention.

sense [sens]
명 ① 감각, 느낌 ② 의미

EX He has no sense of direction.
In a sense, her talk is true.

cause [kɔːz]
명 원인, 이유 통 야기시키다 (同) bring about

EX What was the cause of the fire?
The fire caused much damage.

effect [ifékt]
명 ① 결과 ② 영향, 효과 반 cause(원인)

EX Fever is an effect of disease.
Our talk had a good effect on him.

reason [ríːzən]
명 ① 이유 ② 이성

EX What was the reason for your absence?
Only man has the power of reason.

result [rizʌ́lt]
명 결과 통 ① 결과로서 일어나다 (from)
② …로 끝나다 (in)

EX This result is a victory for democracy.
Her success resulted from her efforts.
Her efforts resulted in success.

solve [salv]
통 해결하다, 풀다 ▶solútion 명 해결

EX Can you solve this math problem?
The police are seeking a solution to the crime.

42 私も名探偵

<ruby>私<rt>わたし</rt></ruby>も<ruby>名探偵<rt>めいたんてい</rt></ruby>

動 ① <ruby>良<rt>よ</rt></ruby>く<ruby>考<rt>かんが</rt></ruby>える，<ruby>熟考<rt>じゅっこう</rt></ruby>する
この<ruby>問題<rt>もんだい</rt></ruby>をよく<ruby>考<rt>かんが</rt></ruby>えよう。 이 문제를 잘 생각해보자.
② ~と<ruby>思<rt>おも</rt></ruby>う，…とみなす
<ruby>私達<rt>わたしたち</rt></ruby>は<ruby>彼<rt>かれ</rt></ruby>を<ruby>偉大<rt>いだい</rt></ruby>な<ruby>詩人<rt>しじん</rt></ruby>だと<ruby>思<rt>おも</rt></ruby>う。 우리는 그를 위대한 시인이라고 생각한다.
③ <ruby>考慮<rt>こうりょ</rt></ruby>に<ruby>入<rt>い</rt></ruby>れる
<ruby>私<rt>わたし</rt></ruby>たちと<ruby>一緒<rt>いっしょ</rt></ruby>に<ruby>行<rt>い</rt></ruby>くのを<ruby>考慮<rt>こうりょ</rt></ruby>してみませんか。 우리와 함께 가는 것을 고려해 보시겠어요?

動 ① <ruby>検査<rt>けんさ</rt></ruby>する，<ruby>調査<rt>ちょうさ</rt></ruby>する
<ruby>私<rt>わたし</rt></ruby>たちの<ruby>新<rt>あたら</rt></ruby>しい<ruby>計画<rt>けいかく</rt></ruby>を<ruby>検査<rt>けんさ</rt></ruby>して<ruby>見<rt>み</rt></ruby>なさい。 우리의 새로운 계획을 검토해 보십시오.
② <ruby>試験<rt>しけん</rt></ruby>する ③ <ruby>診察<rt>しんさつ</rt></ruby>する
<ruby>彼<rt>かれ</rt></ruby>らは<ruby>学生<rt>がくせい</rt></ruby>たちを<ruby>英語<rt>えいご</rt></ruby>で<ruby>試験<rt>しけん</rt></ruby>した。 그들은 학생들에게 영어시험을 보게 했다.

名 <ruby>要素<rt>ようそ</rt></ruby>，<ruby>要因<rt>よういん</rt></ruby>
<ruby>富<rt>とみ</rt></ruby>は<ruby>幸福<rt>こうふく</rt></ruby>の<ruby>一<rt>ひと</rt></ruby>つの<ruby>要素<rt>ようそ</rt></ruby>かもしれない。 부는 행복의 한 요소일 수도 있다.

名 ヒント，<ruby>暗示<rt>あんじ</rt></ruby>
ヒントをちょうだい。 힌트 좀 주십시오.
動 <ruby>暗示<rt>あんじ</rt></ruby>する，<ruby>仄<rt>ほの</rt></ruby>めかす
<ruby>彼<rt>かれ</rt></ruby>は<ruby>自分<rt>じぶん</rt></ruby>の<ruby>意向<rt>いこう</rt></ruby>を<ruby>仄<rt>ほの</rt></ruby>めかした。 그는 자기의 의향을 암시했다.

名 ① <ruby>感覚<rt>かんかく</rt></ruby>，<ruby>感<rt>かん</rt></ruby>じ，~<ruby>感<rt>かん</rt></ruby>
<ruby>彼<rt>かれ</rt></ruby>は<ruby>方向音痴<rt>ほうこうおんち</rt></ruby>だ。 그는 방향 감각이 전혀 없다.
② <ruby>意味<rt>いみ</rt></ruby>
ある<ruby>意味<rt>いみ</rt></ruby>で<ruby>彼女<rt>かのじょ</rt></ruby>の<ruby>話<rt>はなし</rt></ruby>は<ruby>本当<rt>ほんとう</rt></ruby>だ。 어떤 의미에서 그녀의 말은 사실이다.

名 <ruby>原因<rt>げんいん</rt></ruby>，<ruby>理由<rt>りゆう</rt></ruby>
その<ruby>火事<rt>かじ</rt></ruby>の<ruby>原因<rt>げんいん</rt></ruby>は<ruby>何<rt>なん</rt></ruby>だったの？ 그 화재의 원인은 무엇이었니?
動 <ruby>引<rt>ひ</rt></ruby>き<ruby>起<rt>お</rt></ruby>こす，~の<ruby>原因<rt>げんいん</rt></ruby>となる
その<ruby>火事<rt>かじ</rt></ruby>はひどい<ruby>害<rt>がい</rt></ruby>を<ruby>引<rt>ひ</rt></ruby>き<ruby>起<rt>お</rt></ruby>こした。 그 화재는 큰 손해를 가져왔다.

名 ① <ruby>結果<rt>けっか</rt></ruby>
<ruby>熱<rt>ねつ</rt></ruby>は<ruby>病気<rt>びょうき</rt></ruby>の<ruby>結果<rt>けっか</rt></ruby>である。 열은 질병의 결과이다.
② <ruby>影響<rt>えいきょう</rt></ruby>；<ruby>効果<rt>こうか</rt></ruby>
<ruby>私<rt>わたし</rt></ruby>たちの<ruby>対話<rt>たいわ</rt></ruby>は<ruby>彼<rt>かれ</rt></ruby>に<ruby>良<rt>よ</rt></ruby>い<ruby>影響<rt>えいきょう</rt></ruby>を<ruby>与<rt>あた</rt></ruby>えた。 우리의 대화는 그에게 좋은 영향을 끼쳤다.

名 ① <ruby>理由<rt>りゆう</rt></ruby>，<ruby>訳<rt>わけ</rt></ruby>
あなたの<ruby>欠席<rt>けっせき</rt></ruby>の<ruby>理由<rt>りゆう</rt></ruby>は<ruby>何<rt>なん</rt></ruby>でしたか？ 네가 결석한 이유는 무엇이었니?
② <ruby>理性<rt>りせい</rt></ruby>
<ruby>人間<rt>にんげん</rt></ruby>だけが<ruby>理性<rt>りせい</rt></ruby>の<ruby>力<rt>ちから</rt></ruby>を<ruby>持<rt>も</rt></ruby>っている。 인간만이 이성의 힘을 지녔다.

名 <ruby>結果<rt>けっか</rt></ruby>
この<ruby>結果<rt>けっか</rt></ruby>は<ruby>民主主義<rt>みんしゅしゅぎ</rt></ruby>の<ruby>勝利<rt>しょうり</rt></ruby>だ。 이 결과는 민주주의의 승리이다.
動 ① <ruby>結果<rt>けっか</rt></ruby>として<ruby>生<rt>しょう</rt></ruby>じる
<ruby>彼女<rt>かのじょ</rt></ruby>の<ruby>成功<rt>せいこう</rt></ruby>は<ruby>努力<rt>どりょく</rt></ruby>した<ruby>結果生<rt>けっかしょう</rt></ruby>じた。 그녀의 성공은 자신이 노력한 결과였다.
② ~に<ruby>終<rt>お</rt></ruby>わる
<ruby>彼女<rt>かのじょ</rt></ruby>の<ruby>努力<rt>どりょく</rt></ruby>は<ruby>成功<rt>せいこう</rt></ruby>に<ruby>終<rt>お</rt></ruby>わった。 그녀의 노력은 성공으로 끝났다.

動 (<ruby>問題<rt>もんだい</rt></ruby>など)<ruby>解<rt>と</rt></ruby>く，<ruby>解決<rt>かいけつ</rt></ruby>する
この<ruby>数学問題<rt>すうがくもんだい</rt></ruby>が<ruby>解<rt>と</rt></ruby>けますか？ 이 수학 문제를 풀 수 있습니까?
名 <ruby>解決<rt>かいけつ</rt></ruby>
<ruby>警察<rt>けいさつ</rt></ruby>はその<ruby>犯罪<rt>はんざい</rt></ruby>の<ruby>解決策<rt>かいけつさく</rt></ruby>を<ruby>探<rt>さが</rt></ruby>している。 경찰은 그 범죄의 해결책을 찾고 있다.

영어 속에 녹아있는 일본어 jie 0515

Japanese in English

도 약 편

conversation [kànvərséiʃən]
명 회화, 대화

EX Let's learn English conversation.
They are having a long conversation.

speech [spiːtʃ]
명 ① 말, 이야기 ② 연설

EX We cannot express our thoughts without speech.
He made a speech on peace.

proverb [právəːrb]
명 속담, 격언 (同) saying

EX Most proverbs give us a lesson.

express [iksprés]
동 표현하다 형 급행의, 속달의
▶expréssion 명 표현

EX Express your ideas clearly.
I took the express train.
Please send goods by express.
an idiomatic expression / a polite expression

mention [ménʃən]
동 언급하다, 말하다

EX Don't mention it again.

discuss [diskʌ́s] 동 토론하다, 의논하다
▶discússion 명 의논, 토론

EX We discussed the problem yesterday.
Now, the question is under discussion.

repeat [ripíːt]
동 되풀이하다, 반복하다

EX Don't repeat the same mistakes.

declare [diklέər]
동 ① 선언하다 ② 단언하다

EX Germany declared war against France.
Mahomet declared that he was right.

main [mein]
형 주요한, 주된

EX They live on the main road.
The main course(dish) is meat with vegetables.

chief [tʃiːf]
명 우두머리, 장(長) 형 주요한

EX The chief of a family is usually father.
the chief of police
His chief merit is kindness.

43 討論の場
とうろん ば

名 会話, 対話 かいわ たいわ	英会話を習いましょう。 영어 회화를 배웁시다. えいかいわ なら 彼らは長い間話し合っている。 그들은 긴 대화를 나누고 있다. かれ なが あいだはな あ
名 ① 言葉, 話し ことば はな ② 演説 えんぜつ	言葉がなければ考えを表現出来ない。 말없이는 생각을 표현할 수 없다. ことば かんが ひょうげんでき 彼は平和について演説した。 그는 평화에 관해 연설을 했다. かれ へいわ えんぜつ
名 諺, 格言 ことわざ かくげん	大抵の諺は我々に教訓を与える。 대부분의 속담은 우리에게 교훈을 준다. たいてい ことわざ われわれ きょうくん あた
動 表現する, 言い表す ひょうげん い あらわ 形 急行の, 速達の きゅうこう そくたつ 名 表現, 表情 ひょうげん ひょうじょう	君の考えをはっきり表現して。 네 생각을 분명하게 표현해라. きみ かんが ひょうげん 私は急行列車に乗った。 나는 급행열차를 탔다. わたし きゅうこうれっしゃ の 速達で物を送って下さい。 속달편으로 물건을 부쳐 주세요. そくたつ もの おく くだ 慣用的な表現 관용 표현 丁寧な表現 정중한 표현 かんようてき ひょうげん ていねい ひょうげん
動 言及する, 口にする げんきゅう くち	二度とそれを口にするな！ 두 번 다시 그것을 언급하지 마라. にど くち
動 話し合う, 討論する, 論議する はな あ とうろん ろんぎ 名 論議, 討論, 討議 ろんぎ とうろん とうぎ	私たちは昨日その問題について話し合った。 우리는 어제 그 문제를 토의했다. わたし きのう もんだい はな あ 今その問題は討議中です。 지금 그 문제는 논의 중이다. いま もんだい とうぎちゅう
動 繰り返す, 反復する く かえ はんぷく	同じ間違いを繰り返すな！ 똑같은 실수를 반복하지 말아라. おな まちが く かえ
動 ① 宣言する, 布告する せんげん ふこく ② 断言する だんげん	ドイツはフランスに宣戦布告した。 독일은 프랑스에 선전포고를 했다. せんせんふこく マホメットは自分が正しいと断言した。 마호멧은 자기가 옳다고 단언했다. じぶん ただ だんげん
形 主な, 主要な, メイン おも しゅよう	彼らは大通りの辺に住んでいる。 그들은 중심 도로변에 살고 있다. かれ おおどお へん す メイン料理は野菜をあしらった肉だ。 주된 일품요리는 채소가 곁들여진 고기이다. りょうり やさい にく
名 (集団の)長 しゅうだん ちょう 形 主要な, 主な しゅよう おも	家長は大抵父だ。 가장(家長)은 주로 아버지이다. かちょう たいていちち 警察署長 경찰서장 けいさつしょちょう 彼の主な長所は親切だ。 그의 주된 장점은 친절이다. かれ おも ちょうしょ しんせつ

44 우주시대의 꿈

universe [júːnəvə̀ːrs]
명 ① 우주, 천지만물 ② 세계

Ex Our world is a small part of the universe.
The whole universe knows it.

planet [plǽnit]
명 행성

Ex Is there life on other planets?

age [eidʒ]
명 ① 나이 ② 시대

Ex What is your age? (How old are you?)
the Stone (Bronze, Iron) Age

century [séntʃəri]
명 1세기, 100년

Ex We will live in the twenty-first century.

period [pí(ː)əriəd]
명 ① 기간 ② 시대 ③ 마침표

Ex The report covers a period of five years.
The actors will wear costumes of the period.
Put a period at the end of sentence.

pilot [páilət]
명 (비행기 등의) 조종사, 파일럿

Ex I want to become a pilot.
A pilot flies an airplane.

interest [intərist]
명 ① 흥미, 관심 ② 이자
동 흥미[관심]를 일으키다

Ex His main interest is cars.
Interest rates have risen again.
This book interested me.

passenger [pǽsəndʒər]
명 승객, 탑승객

Ex Passengers poured out.
There were many passengers on the bus.

danger [déindʒər] 명 위험
반 safety(안전) ▶dángerous 형 위험한

Ex His life is in danger.
The river is dangerous to swim in.

spaceship [spéisʃìp]
명 우주선

Ex Sometime we will travel into space by spaceship.
Have you ever seen a spaceship?

continent [kántinənt] 명 대륙

Ex Asia is the largest continent in the world.

宇宙時代の夢
うちゅうじだい ゆめ

名 ① 宇宙, 天地万物 ② 全世界	我々の世界は宇宙の小さな一部分である。 우리 세계는 우주의 작은 일부분이다. 全世界の人々がそれを知っている。 전 세계 사람이 그것을 알고 있다.
名 惑星	外の惑星にも生物がいるだろうか? 다른 행성에도 생물체가 있을까?
名 ① 年齢, 年 ② 時代, 時期	おいくつですか? 몇 살이니? 石器(青銅器, 鉄器)時代 석기(청동기, 철기)시대
名 世紀, 100年	我々は21世紀に生きるだろう。 우리는 21세기에 살 것이다.
名 ① 期間 ② 時代 ③ ピリオド, 終止符	この報告書は5年の期間を扱っている。 이 보고서는 5년의 기간을 다루고 있다. 俳優たちはその時代の服を着るつもりだ。 배우들은 그 시대의 옷을 입을 것이다. 文の終わりにはピリオドをつけて。 문장 끝에는 마침표를 찍어라.
名 (飛行機などの)操縦士, パイロット	私はパイロットになりたい。 나는 조종사가 되고 싶다. パイロットは飛行機を操る。 조종사는 비행기를 조종한다.
名 ① 興味, 関心 ② 利子, 利息 動 興味を起こさせる	彼の主な関心は自動車だ。 그의 주 관심사는 자동차이다. 利子率はまた上がった。 이자율이 또 올랐다. この本は私に興味を起こさせた。 이 책은 내게 흥미를 주었다.
名 乗客, 旅客	乗客たちがどっと出て来た。 승객들이 쏟아져 나왔다. バスには多くの乗客が乗っていた。 버스에는 많은 승객이 타고 있었다.
名 危険 safety 安全 形 危ない, 危険な	彼の命が危ない状態です。 그의 생명이 위험에 처해 있다. その川で泳ぐのは危険です。 그 강은 수영하기에 위험하다.
名 宇宙船	いつか私たちは宇宙船に乗って宇宙を旅行するだろう。 언젠가 우리는 우주선을 타고 우주를 여행할 것이다. 君は宇宙船を見たことがあるの? 너는 우주선을 본 적이 있니?
名 大陸	アジアは世界で一番大きな大陸だ。 아시아는 세계에서 가장 큰 대륙이다.

45 멋쟁이가 외출할 때

blouse [blaus]
명 블라우스

EX She often wears a blouse.

pants [pænts]
명 바지, 팬츠 (同) trousers[tráuzərz]

EX I want a pair of pants.
Where did you get these pants?

design [dizáin]
동 디자인하다, 설계하다 명 디자인, 설계
▶desígner 명 디자이너

EX Who designed this building?
She is an expert on dress design.
He is a famous fashion designer.

tight [tait]
형 꽉 조인, (옷 등이) 꼭 끼는

EX This skirt is too tight.

loose [luːs]
형 ① 느슨한, 헐렁한 ② 풀린 반 tight

EX She wears a loose sweater.
Her dog got loose and ran away.

ribbon [ríbən]
명 리본, 장식끈

EX
She has a red ribbon in her hair.
Please tie it with a ribbon.

sock [sɑk]
명 양말 ▷보통 복수형으로 쓰임

EX How many pairs of socks do you have?

brush [brʌʃ]
명 솔 동 솔질하다, 닦다

EX Peter cleans his shoes with a brush.
Have you brushed your teeth?
She brushed her hair.

mask [mæsk]
명 가면, 마스크

EX They all wear masks.

grace [greis] 명 ① 우아함, 고상함
② 은총 ③ (식사 전후의) 감사 기도

EX She danced with grace.
Will you please say grace?

おしゃれ者が外出する時

名 ブラウス	彼女は時々ブラウスを着る。 그녀는 종종 블라우스를 입는다.
名 ズボン	私はズボンが一本欲しい。 나는 바지 한 벌을 원한다. このズボンはどこで買ったの？ 이 바지를 어디서 샀니?
動 設計する, デザインする 名 設計, デザイン, 計画 名 デザイナー	誰がこの建物を設計したの？ 누가 이 건물을 설계했니? 彼女は服のデザインの専門家だ。 그녀는 의상디자인 전문가이다. 彼は有名なファッション デザイナーだ。 그는 유명한 패션 디자이너이다.
形 ぴったりした, きつい	このスカートはきつ過ぎる。 이 스커트는 너무 몸에 꼭 낀다.
形 ① 緩い, 緩んだ, だぶだぶの ② 繋がれていない, 放れて	彼女はだぶだぶのセーターを着ている。 그녀는 헐렁한 스웨터를 입고 있다. 彼女の犬は放れて逃げ出した。 그녀의 개는 풀려서 도망쳤다.
名 リボン, 飾り紐	彼女は髪に赤いリボンを巻いている。 그녀는 빨간 머리띠를 하고 있다. それをリボンで縛って下さい。 그것을 리본으로 묶어 주십시오.
名 靴下, ソックス	君は靴下を何足持っているの？ 너는 양말을 몇 켤레 갖고 있니?
名 ブラシ, 刷毛, 筆 動 ブラシを掛ける, 磨く	ピーターはブラシで靴を磨く。 피터는 솔로 신발을 닦는다. 歯を磨いたの？ 이 닦았니? 彼女は髪の毛にブラシを掛けた。 그녀는 머리에 빗질을 했다.
名 面, 仮面, 覆面, マスク	彼らは皆マスクを被っている。 그들은 모두 가면을 쓰고 있다.
名 ① 優雅, 上品 ② 神の恵み ③ (食事の前後の)感謝の祈り	彼女は上品に踊った。 그녀는 우아하게 춤을 추었다. 感謝のお祈りをして下さいませんか？ 감사 기도를 해주시겠어요?

여기는 화성 우주공항

reach [riːtʃ]
동 도착하다, 닿다 (同) arrive at, get to

EX They will reach Seoul tonight.
Can I reach you by telephone?

rush [rʌʃ]
동 돌진하다, 서두르다 명 ① 돌진 ② 쇄도

EX The bull rushed at me.
He rushed to a conclusion.
They made a rush for the door.
rush hour

heaven [hévən]
명 ① 하늘 ② 천국

EX Heaven helps those who help themselves.
Can I go to the heaven when I die?

pole [poul]
명 ① 막대기, 장대 ② 극(極)

EX a fishing pole / a telephone pole
The flag flies at the top of the pole.
The North Pole / the South Pole

grand [grænd]
형 웅장한, 위엄있는 (同) great

EX The palace is grand.

huge [hjuːdʒ]
형 거대한, 막대한 (同) big 반 small, tiny

EX What is that huge building?
America is a huge country.

colorful [kʌ́lərfəl]
형 색채가 다양한, 화려한

EX She likes colorful events.
This city has a colorful history.

foreign [fɔ́ːrin] 형 외국의, 외래의
▶fóreigner 명 외국인 ▷ 'g' 가 발음되지 않음

EX I want to master five foreign languages.
He is the only foreigner that I know.

adapt [ədǽpt]
동 적응시키다 (to)

EX Cats can adapt themselves to indoor life.

return [ritə́ːrn]
동 ① 돌아오[가]다 ② 돌려주다
명 돌아옴

EX She will return soon.
Did you return the books to the library?
I waited for her return.

46 ここは火星の宇宙空港

動 着く, 到着する, 届く, 達する, 連絡する	彼らは今夜ソウルに到着するだろう。 그들은 오늘밤 서울에 도착할 것이다. 電話であなたに連絡出来ますか? 전화로 당신에게 연락할 수 있습니까?
動 突進する, 急ぐ, 急がせる 名 突進, 殺到	雄牛は私に向かって突進して来た。 황소가 내게 돌진해 왔다. 彼は軽率に結論を下した。 그는 성급하게 결론을 내렸다. 彼らは門に向かって突進した。 그들은 문을 향해서 돌진했다. ラッシュアワー 러시 아워, 출퇴근의 혼잡 시간
名 ① 天, 空 ② 天国	天は自ら助くる者を助く。 하늘은 스스로 돕는 자를 돕는다. 死んだら天国に行けるだろうか? 죽으면 천국에 갈 수 있을까?
名 ① 棒, 竿, 柱 ② 極	釣竿 낚싯대 電柱 전신주 旗は棒のてっぺんで翻る。 깃발은 막대기 꼭대기에서 휘날린다. 北極 북극 = the Arctic 南極 남극 = the Antarctic
形 雄大な ; 気高い	その宮殿は雄大だ。 그 궁전은 웅장하다.
形 巨大な, 莫大な	あの巨大な建物は何ですか? 저 거대한 건물은 무엇입니까? アメリカは巨大な国だ。 미국은 거대한 나라이다.
形 カラフルな, 多彩な, 華やかな, 派手な	彼女は多彩な行事が好きだ。 그녀는 다채로운 행사를 좋아한다. この都市の歴史は波乱万丈だ。 이 도시의 역사는 파란 만장하다.
名 外国の, 外来の 名 外国人	私は五つの外国語をマスターしたい。 나는 5개 국어를 마스터하고 싶다. 彼は私が知っている唯一の外国人だ。 그는 내가 알고 있는 유일한 외국인이다.
動 適応する(させる), 順応する	猫は室内生活に適応出来る。 고양이는 실내 생활에 적응할 수 있다.
動 ① 帰る, 戻る ② 返す, 戻す 名 ① 帰り ② 返却	彼女はすぐ帰るだろう。 그녀는 곧 돌아올 것이다. 図書館に本を返したの? 도서관에 책들을 돌려주었니? 私は彼女の帰りを待っていた。 나는 그녀가 돌아오기를 기다렸다.

compare [kəmpέər]
동 ①비교하다 (with, to) ② 비유하다 (to)

❿ Compare this one with that one.
We often compare life to a voyage.

similar [símələr]
형 비슷한, 닮은 (반) different

❿ It is similar to mine.

alike [əláik]
형 서로 같은, 비슷한 (부) 똑같이

❿ Twins usually look alike.
She loved her children alike.

equal [í:kwəl]
형 동등한, 같은

❿ The two boys are equal in size.

exact [ígzǽkt]
형 정확한, 엄밀한 ▶exáctly 부 정확하게

❿ This watch is exact.
Do exactly as I said.

mark [mɑ:rk]
명 ① 표시, 흔적 ② 기호 ③ 점수
동 표시하다

❿ What does this mark mean?
a question mark / an exclamation mark
He got 95 marks in English.
He marked the place on the map.

separate 동 [sépərèit] 형 [sépərit]
동 분리시키다, 헤어지다 형 분리된, 떨어진

❿ He separated the cream from the milk.
We sat at separate tables.

apart [əpá:rt]
부 떨어져서, 따로

❿ They walked apart.
Keep the boys apart.

divide [diváid]
동 나누다, 분할하다 (同) separate 반 unite

❿ She divided the cake into five pieces.

select [silékt] 동 선택하다, 고르다
(同) choose, pick out ▶selection 명 선택

❿ Select the book you want.
Her selection of a hat took a long time.

share [ʃεər] 명 몫, 할당
동 ① 공유하다 ② 분배하다, 나누다

❿ Did you get your share of the cake?
He shared joys and sorrows with his wife.
He shared the money among the three.

仲良く分けよう

動	① 比較する, 比べる(with)	これとあれを比較して見なさい。 이것과 저것을 비교해 보시오.
	② AをBに例える(to)	人生はよく航海に例えられる。 우리는 흔히 인생을 항해에 비유한다.
形	同じような, 似ている	それは私のと似ている。 그것은 내 것과 비슷하다.
形	似ている, 同じ	双子は大抵似ている。 쌍둥이는 대개 서로 같아 보인다.
副	同じように, 同様に; 平等に	彼女は子供たちを平等に愛していた。 그녀는 자식들을 똑같이 사랑했다.
形	等しい, 平等の, 同じ	その二人の少年は体格が等しい。 그 두 소년은 덩치가 똑같다.
形	正確な, 厳密な	この時計は正確だ。 이 시계는 정확하다.
副	正確に	私の言った通り正確にしろ。 내가 말한 대로 정확히 해라.
名	① 印, 跡 ② 記号, 符号 ③ 点数, 評点	この印は何の意味ですか? 이 표시는 무엇을 뜻합니까?
		疑問符 의문부호(?) 感嘆符 감탄부호(!)
動	印を付ける	彼は英語で95点を取った。 그는 영어에서 95점을 받았다.
		彼は地図にその場所の印を付けた。 그는 지도에 그 장소를 표시했다.
動	分ける, 分離する; 別れる	彼は牛乳からクリームを選り分けた。 그는 우유에서 크림을 분리시켰다.
形	分かれている, 別々の	私たちは別々のテーブルに座った。 우리는 다른 식탁에 앉았다.
副	離れて, 別に, ばらばらに	彼らは離れて歩いた。 그들은 떨어져서 걸었다.
		その少年たちを引き離して。 그 사내아이들을 따로 떼어놓으세요.
動	分ける, 分割する	彼女はケーキを5つに分けた。 그녀는 케이크를 다섯 조각으로 나누었다.
動	選ぶ, 選択する	君が欲しい本を選びなさい。 네가 원하는 책을 골라라.
名	選択	彼女が帽子を選ぶのに時間が長く掛かった。 그녀가 모자를 고르는 데는 오래 걸렸다.
名	分け前, 割り当て	あなたの分け前のケーキを貰いましたか。 당신 몫의 케이크를 받았습니까?
動	① 共にする, 分かち合う	彼は妻と苦楽を共にした。 그는 아내와 고락을 함께 했다.
	② 分配する, 分ける	彼はその金を三人に分配した。 그는 그 돈을 세 사람에게 분배했다.

48 고대국가, 현대국가

government [gʌ́vərnmənt]
명 ① 정부 ② 통치

EX The Korean Government made an official stateme
government of the people, by the people,
for the people.

capital [kǽpitəl]
명 ① 수도 ② 대문자 ③ 자본
형 중요한

EX Washington, D. C. is the capital of the U. S. A.
Write your name in capitals.
The company has a capital of $450,000.
This is the capital point.

international [ìntərnǽʃənəl]
형 국제적인, 국가간의

EX English is an international language.
international peace
an international organization

system [sístəm]
명 ① 조직, 제도 ② 체계

EX a social system / a system of education
The system of his idea is complex.

democracy [dimákrəsi]
명 민주주의

EX He studies democracy in social studies class.
Korea is a democracy.

parliament [páːrləmənt]
명 의회, 국회

EX The British Parliament consists of the House
of Lords and the House of Commons.
the Houses of Parliament

vote [vout]
명 투표, 표결 동 투표하다

EX We put the matter to a vote.
He voted for[against] the proposal.

empire [émpaiər]
명 제국

EX the Roman Empire / the British Empire
The British Empire ruled many colonies.

kingdom [kíŋdəm]
명 왕국

EX He ruled his kingdom justly.
the animal (plant, mineral) kingdom

prince [prins]
명 왕자 ▷여성형은 princess[prinsés]

EX The prince wanted to go out of the castle.
Charles I was a generous and pious prince.

古代国家，現代国家
こだいこっか　げんだいこっか

名 ① 政府
せいふ
② 政治
せいじ

韓国政府は公式声明を発表した。 한국 정부는 공식성명을 발표했다.
かんこくせいふ　こうしきせいめい　はっぴょう

人民の，人民による，人民の為の政治。
じんみん　じんみん　じんみん　ため　せいじ
국민의, 국민에 의한, 국민을 위한 정치(Lincoln의 연설)

名 ① 首都 ② 大文字
しゅと　　おおもじ
③ 資本，資本金
しほん　しほんきん
形 重要な
じゅうような

ワシントンは米国の首都である。 워싱턴은 미국의 수도이다.
べいこく　しゅと

名前は大文字で書きなさい。 이름을 대문자로 쓰세요.
なまえ　おおもじ　か

その会社の資本金は45万ドルである。 그 회사의 자본금은 45만 달러이다.
かいしゃ　しほんきん

これが重要な点である。 이것이 중요한 점이다.
じゅうよう　てん

形 国際的な，国家間の
こくさいてき　こっかかん

英語は国際的な言語だ。 영어는 국제적인 언어이다.
えいご　こくさいてき　げんご

国際平和 국제 평화　国際機構 국제기구
こくさいへいわ　　こくさいきこう

名 ① 組織，制度，システム
そしき　せいど
② 体系；方式
たいけい　ほうしき

社会組織 사회조직　教育制度 교육제도
しゃかいそしき　　きょういくせいど

彼の思想体系は複雑だ。 그의 사상 체계는 복잡하다.
かれ　しそうたいけい　ふくざつ

名 民主主義，
みんしゅしゅぎ
民主主義国
みんしゅしゅぎこく

彼は社会科クラスで民主主義を勉強する。 그는 사회 과목시간에
かれ　しゃかいか　みんしゅしゅぎ　べんきょう　민주주의를 공부한다.

韓国は民主主義国である。 한국은 민주 국가이다.
かんこく　みんしゅしゅぎこく

名 議会，国会
ぎかい　こっかい

英国の議会は上院と下院から成っている。
えいこく　ぎかい　じょういん　かいん　な
영국 의회는 상원과 하원으로 구성되어 있다.

(英国の)国会議事堂 (영국의)국회 의사당
えいこく　こっかいぎじどう

名 投票，票決
とうひょう　ひょうけつ
動 投票する
とうひょう

私たちはその問題を票決に付した。 우리는 그 문제를 투표에 부쳤다.
わたし　もんだい　ひょうけつ　ふ

彼はその提案に賛成(反対)投票した。 그는 그 제안에 찬성(반대) 투표를 했다.
かれ　ていあん　さんせい　はんたい　とうひょう

名 帝国
ていこく

ローマ帝国 로마제국　大英帝国 대영제국
ていこく　　だいえいていこく

大英帝国は多くの植民地を統治した。 대영제국은 많은 식민지를 통치했다.
だいえいていこく　おお　しょくみんち　とうち

名 王国
おうこく

彼は自分の王国を公正に治めた。 그는 자신의 왕국을 공정하게 다스렸다.
かれ　じぶん　おうこく　こうせい　おさ

動物(植物，鉱物)界 동물(식물, 광물)계
どうぶつ　しょくぶつ　こうぶつ　かい

名 王子
おうじ

王子は城の外へ出掛けて見たかった。 왕자는 성 밖으로 나가 보고 싶었다.
おうじ　しろ　そと　でか　み

チャールズ1世は寛大で信心深い王子だった。 찰스 1세는 너그럽고
せい　かんだい　しんじんぶか　おうじ　신앙심이 두터운 왕자였다.

49

전쟁은 인류의 적

영어 강아 강아지 일본어 jie 0515

Japanese in English

도 약 편

army [ɑ́ːrmi]
명 ① 군대 ② 육군

㉠ Many armies fought in a war.
Bill is in the army.

obey [oubéi]
통 복종하다, 따르다 (同) follow

㉠ Soldiers must obey orders.
Children should obey their parents.

enemy [énəmi]
명 적, 적군

㉠ We will win a victory over the enemy.
Birds are a natural enemy of insects.

gun [gʌn]
명 ① 총, 권총 ② 대포

㉠ The thief has a gun.
They fired a gun.

force [fɔːrs]
명 ① 힘 ② 폭력 (同) strength
통 강요하다, 억지로 …하게 하다

㉠ The forces of nature are great.
They took her by force.
She won't do it unless you force her.

terrible [térəbl]
형 ① 무서운 ② 지독한

㉠ I dreamt a terrible dream.
I had a terrible cold last month.

spirit [spírit]
명 ① 정신 ② 영혼
▶spíritual[-tʃuəl] 형 정신적인

㉠ He understood the spirit of Korea.
He drove away evil spirits.
She is our spiritual leader.

fear [fiər]
명 두려움, 공포
통 무서워하다, 두려워하다 (同) be afraid of

㉠ She turned pale with fear.
What do you fear most?
He didn't fear to die.

mad [mæd]
형 ① 미친 ② 열광한

㉠ She must be mad to do such a thing.
He is mad about football.

crazy [kréizi]
형 ① 미친 ② 열광적인 (同) mad

㉠ Are you crazy?
The girls are crazy about jazz music.

戦争は人類の敵
せんそう　じんるい　てき

	名 ① 軍隊, 軍 くんたい　ぐん ② 陸軍 りくぐん	多くの軍隊が戦争で戦った。 많은 군대들이 전쟁에서 싸웠다. おお　くんたい　せんそう　たたか ビルは陸軍にいる。 빌은 육군에 있다. りくぐん

動 従う, 服従する； したが　ふくじゅう 言うことを聞く い　き	軍人は命令に従わなければならない。 군인은 명령에 복종해야 한다. ぐんじん　めいれい　したが 子供は親の言うことを聞くべきだ。 어린이들은 부모님 말씀을 들어야 한다. こども　おや　い　き

名 敵, 敵軍 てき　てきぐん	私たちは敵と戦って勝利を収めるだろう。 우리는 적과 싸워 승리를 거둘 것이다. わたし　てき　たたか　しょうり　おさ 鳥は虫の天敵だ。 새는 곤충의 천적이다. とり　むし　てんてき

名 ① 銃, 拳銃, ピストル じゅう　けんじゅう ② 大砲 たいほう	その泥棒はピストルを持っている。 그 도둑은 권총을 가지고 있다. どろぼう　も 彼らは大砲を発射した。 그들은 대포를 쏘았다. かれ　たいほう　はっしゃ

名 ① 力, 勢い ちから　いきお ② 暴力 ぼうりょく 動 強いる, 強制する し　きょうせい	自然の力は偉大だ。 자연의 힘은 위대하다. しぜん　ちから　いだい 彼らは力ずくで彼女を連れて行った。 그들은 강제로 그녀를 데리고 갔다. かれ　ちから　かのじょ　つ　い 君が強制しない限り彼女はその事をしないだろう。 네가 강요하지 않는 한 그녀는 그 일을 하지 않을 것이다. きみ　きょうせい　かぎ　かのじょ　こと

形 ① 恐ろしい, 怖い おそ　こわ ② ひどい, 激しい はげ	私は恐ろしい夢を見た。 나는 무서운 꿈을 꾸었다. わたし　おそ　ゆめ　み 私は先月ひどい風邪を引いた。 나는 지난달에 지독한 감기에 걸렸다. わたし　せんげつ　かぜ　ひ

名 ① 精神, 気分, 元気 せいしん　きぶん　げんき ② 霊魂, 霊, 幽霊 れいこん　れい　ゆうれい 形 精神的な せいしんてき	彼は韓国の精神を理解していた。 그는 한국의 정신을 이해하고 있었다. かれ　かんこく　せいしん　りかい 彼は悪霊を追い払った。 그는 나쁜 영혼을 쫓아버렸다. かれ　あくりょう　お　はら 彼女は私たちの精神的な指導者だ。 그녀는 우리의 정신적인 지도자이다. かのじょ　わたし　せいしんてき　しどうしゃ

名 恐れ, 恐怖；不安 おそ　きょうふ　ふあん 動 恐れる, 怖がる おそ　こわ	彼女は恐怖で青ざめた。 그녀는 두려움으로 창백해졌다. かのじょ　きょうふ　あお 君は何が一番怖いの？ 너는 뭐가 제일 무섭니? きみ　なに　いちばんこわ 彼は死ぬことを恐れなかった。 그는 죽는 것을 두려워하지 않았다. かれ　し　おそ

動 ① 気が狂った(ふれた) き　くる ② 熱中した, 夢中の ねっちゅう　むちゅう	そんな事をするなんて彼女は気が狂っているに違いない。 그런 일을 하다니 그녀는 미쳤음에 틀림없다. こと　かのじょ　き　くる　ちが 彼はフットボールに熱中している。 그는 축구에 열광한다. かれ　ねっちゅう

形 ① 気が狂った(ふれた) き　くる ② 熱狂している, 夢中だ ねっきょう　むちゅう	気が狂ったの？ 너 미쳤니? き　くる その少女たちはジャズに夢中です。 그 소녀들은 재즈 음악에 미쳐 있다. しょうじょ　むちゅう

영어속의 일본어 jie 0515

Japanese in English

도 약 편

exchange [ikstʃéindʒ]
동 교환하다, 맞바꾸다 명 교환

⑤ I want to exchange this book for another.
I teach him Korean in exchange for English.

offer [ɔ́(:)fər]
동 제공하다, 제의하다 명 제의

⑤ He offered us his help. (=He offered to help us)
She refused his offer.

gain [gein]
동 ① 얻다, 획득하다 ② (체중 · 속도 등이) 늘다
(同) get 반 lose

⑤ How did he gain his great wealth?
I think you're gaining weight.
My watch gains five seconds a day.

gather [gǽðər]
동 모으다, 모이다 (同) collect

⑤ The carpenter gathered his tools.
A crowd gathered to see the movie stars.

add [æd]
동 ① 더하다 ② 덧붙여 말하다.

⑤ If you add three and nine, you'll get twelve.
She said good-by and added that
she'd see us later.

loaf [louf] 명 (빵 · 설탕 등의) 덩어리
▷복수형은 loaves[louvz]

⑤ She bought two loaves of bread.

piece [piːs]
명 조각, 일부분

⑤ Sally is eating a piece of pie.

bit [bit]
명 ① 소량, 조금 ② 작은 조각

⑤ They ate every bit of the food.
Give me a bit of sugar.
I'm sorry I'm a bit late.

tiny [táini]
형 아주 작은 반 huge

⑤ She keeps a tiny little bird.

ちりも積もれば山となる

動	交換する, 取り替える	私はこの本を別の本に取り替えたい。 나는 이 책을 다른 책과 바꾸고 싶다.
名	交換 : 両替	私は彼に英語を教えて貰う代わりに韓国語を教えています。 나는 그에게 영어를 배우는 대신 한국어를 가르치고 있다.

動	提供する, 提案する, 申し出る	彼は私たちに手伝いを申し出た。 그는 우리를 도와주겠다고 제의했다.
名	提案, 申し出	彼女は彼の提案を断った。 그녀는 그의 제의를(제안을) 거절했다.

動	① 得る, 獲得する, 手に入れる	彼はどうやって大きな富を得たんですか? 그는 어떻게 해서 큰 부를 얻었습니까?
	② (体重, 速度など)増える, 増す	君の体重が増えるように思う。 네 몸무게가 느는 것 같구나.
	③ 進む	私の時計は一日に5秒進む。 내 시계는 하루에 5초 빠르다.

動	集める, 集まる	大工は自分の道具を集めた。 목수는 자기 연장을 모았다.
		映画スターを見ようと群集が集まった。 영화배우들을 보려고 군중이 모여 들었다.

動	① 加える, 足す	3と9を足すと12になる。 3과 9를 더하면 12가 된다.
	② 言い足す, 付け加えて言う	彼女は"さようなら"と言いながら"また"と言い足した。 그녀는 작별 인사를 하고 나서 다시 만나자고 덧붙혀 말했다.

名	(パン, 砂糖など)一塊, 一片	彼女は二塊のパンを買った。 그녀는 빵 두 덩어리를 샀다.

名	一つ, 一枚, 一本, 一片 : 部分	サリーは一切れのパイを食べている。 샐리가 파이 한 조각을 먹고 있다.

名	① 少量, 少し ② 小片	彼らはその食べ物を全部食べてしまった。 그들은 그 음식을 모조리 먹어치웠다.
		砂糖を少し下さい。 설탕을 조금 주십시오.
		すみません。ちょっと遅れました。(少し遅れてごめんなさい。) 죄송합니다, 약간 늦었습니다.

形	とても小さい, ちっぽけな ごく小さい, ちっちゃな	彼女はちっちゃな鳥を飼っている。 그녀는 아주 작은 새를 기르고 있다.

51 전쟁과 영웅

officer [ɔ́:fisər]
몡 ① 장교 ② 공무원

> ㉮ The officer retired last year.
> A policeman is a public officer.

hero [hí(:)ərou]
몡 ① 영웅 ② (남자) 주인공

> ㉮ He is a war hero.
> The hero was very smart.

heroine [hérouin]
몡 ① 여걸 ② (여자) 주인공 ▷발음에 유의

> ㉮ The heroine was brave and wise.
> Jane Fonda played the heroine in the film.

destroy [distrɔ́i]
동 파괴하다 ▶destrúction 몡 파괴

> ㉮ The earthquake destroyed the city.
> They worried about the destruction
> of environment.

beat [bi:t]
동 ① 치다, 두드리다 ② 이기다
▷beat–beat–beat(en)

> ㉮ The cruel man beat his dog.
> Children like to beat drums.
> Our team beat yours.

control [kəntróul]
몡 통제, 관리 동 통제하다, 지배하다

> ㉮ The ship was out of control.
> The police control the traffic in large cities.

signal [sígnəl]
몡 신호 동 신호하다 (同) sign

> ㉮ A flashing red light is a signal of danger.
> a traffic signal
> He signaled the driver to go ahead.

peace [pi:s]
몡 평화 반 war ▶péaceful 형 평화로운

> ㉮ They work for the world peace.
> I am looking for a peaceful place.

pacific [pəsífik]
형 평화로운, 태평한
몡 (the P–) 태평양 (同) peaceful

> ㉮ pacific words / pacific acts / a pacific nature
> The Pacific is the widest ocean.

51　戦争と英雄
せんそう　　えいゆう

名 ① 将校
　　　しょうこう
　② 公務員, 役人
　　　こうむいん　やくにん

その将校は去年退役した。 그 장교는 지난해에 은퇴했다。
しょうこう　きょねんたいえき

警察官は公務員である。 경찰관은 공무원이다。
けいさつかん　こうむいん

名 ① 英雄
　　　えいゆう
　② (男の)主人公, ヒーロー
　　　おとこ　しゅじんこう

彼は戦争の英雄だ。 그는 전쟁 영웅이다。
かれ　せんそう　えいゆう

その男の主人公はとても素敵だった。 그 남자 주인공은 매우 멋있었다。
おとこ　しゅじんこう　　　　　　すてき

名 ① 女傑, 女丈夫
　　　じょけつ　じょじょうぶ
　② (女の)主人公, ヒロイン
　　　おんな　しゅじんこう

その女傑は勇ましく賢かった。 그 여걸은 용감하고 현명했다。
じょけつ　いさ　　　　　かしこ

ジェーンフォンダはその映画でヒロインを演じた。
えいが　　　　　　　　　　えん
제인 폰다가 그 영화에서 여주인공을 맡았다。

動 破壊する
　　　はかい
名 破壊
　　　はかい

地震がその都市を破壊した。 지진으로 그 도시가 파괴되었다。
じしん　　　とし　　はかい

彼らは環境の破壊を心配していた。 그들은 환경 파괴를 걱정했다。
かれ　かんきょう　はかい　しんぱい

動 ① 打つ, 叩く, 殴る
　　　う　たた　なぐ
　② 破る, 打ち負かす
　　　やぶ　う　ま

残酷な人が自分の犬を殴った。 잔인한 사람이 자기 개를 때렸다。
ざんこく　ひと　じぶん　いぬ　なぐ

子供たちは太鼓を叩くのが好きだ。 아이들은 북을 치는 것을 좋아한다。
こども　　　たいこ　たた　　　す

うちのチームが君のチームを破った。 우리 팀이 너희 팀을 이겼다。
きみ　　　　　　やぶ

名 統制, 管理, 調整
　　　とうせい　かんり　ちょうせい
動 統制する, 支配する
　　　とうせい　　　しはい

その船は統制出来なかった。 그 배는 통제할 수 없었다。
ふね　とうせいでき

大都市では警察が交通を統制する。 대도시에서는 경찰이 교통을 통제한다。
だいとし　　けいさつ　こうつう　とうせい

名 信号, 合図
　　　しんごう　あいず
動 合図する, 信号を送る
　　　あいず　　　しんごう　おく

閃く赤い光は危険信号である。 번쩍이는 빨간 불빛은 위험 신호이다。
ひらめ　あか　ひかり　きけんしんごう

交通信号 교통신호
こうつうしんごう

彼は運転手に前へ行けと合図した。 그는 운전사에게 앞으로 가라고 신호했다。
かれ　うんてんしゅ　まえ　い　　　あいず

名 平和
　　　へいわ
形 平和な
　　　へいわ

彼らは世界の平和の為に働く。 그들은 세계 평화를 위해 일한다。
かれ　せかい　へいわ　ため　はたら

私は平和な所を探している。 나는 평화로운 곳을 찾고 있다。
わたし　へいわ　ところ　さが

形 平和な, 穏やかな
　　　へいわ　　おだ
名 (the P-)太平洋
　　　たいへいよう

穏やかな言葉, 穏健な行動, 穏やかな性質 화해적인말, 온건한 행위, 온화한 성질
おだ　　　ことば　おんけん　こうどう　おだ　　　せいしつ

太平洋は最も広大な海である。 태평양은 가장 광대한 바다이다。
たいへいよう　もっと　こうだい　うみ

가을이 되면 시골에선

영어속의 일본어 jie 0515

Japanese in English

도
약
편

countryside [kʌ́ntrisàid]
명 지방, 시골 ▷country(시골) + side(측면)

EX The English countryside looks its best in May and June.
The countryside was bright with spring flowers.

dig [dig]
동 (땅을) 파다 ▷dig– dug[dʌg]–dug

EX He is digging a hole.

harvest [há:rvist]
명 수확, 수확물

EX The rice harvest was small last year.
a good(rich) harvest / a bad (poor) harvest

crop [krɑp]
명 농작물

EX They are busy gathering the crops.

wrap [ræp] 동 포장하다, 싸다
▷wrap–wrapped–wrapped

EX Mary is wrapping a present.
Shall I wrap it (up) in paper?

potato [pətétou]
명 감자

EX I like fried potatoes.

corn [kɔ:rn]
명 옥수수

EX We saw a field of corn there.

bean [bi:n]
명 콩

EX The farmer planted beans.

dam [dæm]
명 댐

EX There is a big dam up this river.
The Aswan High Dam is on the River Nile in Egypt.

pour [pɔ:r]
동 ① 붓다, 따르다 ② (비가) 억수같이 내리다

EX She poured the milk into the glass.
The rain poured down last night.
=It rained cats and dogs last night.

秋になると田舎では

名	田舎, 田園地帯, 農村	イギリスの田舎の風景は5月と6月に一番美しい。 영국의 시골(풍경)은 5월과 6월이 가장 보기 좋다. 田舎は春の花で眩しかった。 시골은 봄의 꽃으로 눈부셨다.
動	(地面などを)掘る	彼は穴を掘っている。 그는 구멍을 파고 있다.
名	収穫, 取り入れ, 収穫物	去年は米の収穫が少なかった。 작년에는 쌀 수확이 적었다. 豊作 풍작　凶作 흉작
名	農作物	彼らは農作物の取り入れで忙しい。 그들은 농작물을 수확하느라 바쁘다.
動	包む, 包む, 巻く	メアリーはプレゼントを包んでいる。 메리는 선물을 포장하고 있다. それを紙に包みましょうか? 그것을 종이로 쌀요?
名	ジャガイモ	私はフライドポテトが好きだ。 나는 감자튀김을 좋아한다.
名	トウモロコシ	私たちはそこでトウモロコシの畑を見た。 우리는 그 곳에서 옥수수 밭을 보았다.
名	豆	その農夫は豆を蒔いた。 그 농부는 콩을 심었다.
名	ダム	この川の上流に大きいダムがある。 이 강의 상류에 큰 댐이 있다. アスワンハイダムはエジプトのナイル川にある。 애스원 하이 댐은 이집트의 나일강에 있다.
動	① 注ぐ, 注ぐ ② (雨が)激しく降る	彼女はグラスにミルクを注いだ。 그녀는 유리잔에 우유를 따랐다. ゆうべ雨が激しく降った。 지난밤에 비가 억수같이 내렸다.

영어속의일본어 일본어 jie 0515 Japanese in English ⟶ 도 약 편

elementary [èləméntəri]
형 기본의, 초보의, 초등의 (同) basic

EX My younger brother goes to elementary school.
He is learning elementary English.

university [jùːnəvéːrsəti]
명 (종합) 대학교

EX I attended Oxford University in England.
He was educated at Georgetown University.

college [kálidʒ]
명 (단과) 대학

EX He is a college student.
My uncle is in college.

campus [kǽmpəs]
명 (대학 등의) 교정

EX The campus of this college is very beautiful.

professor [prəfésər]
명 교수

EX He is a professor of history.

attend [əténd]
동 ① 출석하다, 참석하다
② 시중들다, 간호하다

EX I can't attend the club meeting today.
The tall waiter attended our table.
Nurses attend patients.

attention [əténʃən]
명 주의, 주목

EX Attention, please!

graduate 동 [grǽdʒuèit]
명 [grǽdʒuit] 동 졸업하다 명 졸업생
▶graduátion 명 졸업

EX He graduated from Harvard University.
He is a Cambridge graduate.
We went to John's graduation.

serious [sí(ː)əriəs]
형 ① 진지한, 심각한 ② 중대한

EX Are you serious?
It is a serious matter.

wisdom [wízdəm]
명 지혜 ▶wise 형 현명한

EX He is a man of wisdom.
He is wiser than he looks.

ability [əbíləti]
명 능력 ▶able 형 능력있는

EX You have the ability to do the job.
She is an able designer.

学業の道 <ruby>学業<rt>がくぎょう</rt></ruby>の<ruby>道<rt>みち</rt></ruby>

形 <ruby>初歩<rt>しょほ</rt></ruby>の，<ruby>初等<rt>しょとう</rt></ruby>の； <ruby>基本<rt>きほん</rt></ruby>の	<ruby>私<rt>わたし</rt></ruby>の<ruby>弟<rt>おとうと</rt></ruby>は<ruby>小学校<rt>しょうがっこう</rt></ruby>へ<ruby>通<rt>かよ</rt></ruby>っている。 내 남동생은 초등학교에 다닌다. <ruby>彼<rt>かれ</rt></ruby>は<ruby>基礎英語<rt>きそえいご</rt></ruby>を<ruby>習<rt>なら</rt></ruby>っている。 그는 기초 영어를 배우고 있다.
名 <ruby>大学<rt>だいがく</rt></ruby>，<ruby>総合大学<rt>そうごうだいがく</rt></ruby>	<ruby>私<rt>わたし</rt></ruby>は<ruby>英国<rt>えいこく</rt></ruby>のオックスフォード<ruby>大学<rt>だいがく</rt></ruby>に<ruby>通<rt>かよ</rt></ruby>った。 나는 영국의 옥스퍼드 대학을 다녔다. <ruby>彼<rt>かれ</rt></ruby>はジョージタウン<ruby>大学<rt>だいがく</rt></ruby>で<ruby>修学<rt>しゅうがく</rt></ruby>した。 그는 조지타운 대학에서 수학했다.
名 <ruby>単科大学<rt>たんかだいがく</rt></ruby>	<ruby>彼<rt>かれ</rt></ruby>は<ruby>大学生<rt>だいがくせい</rt></ruby>である。 그는 대학생이었다. おじは<ruby>大学<rt>だいがく</rt></ruby>に<ruby>在学中<rt>ざいがくちゅう</rt></ruby>だ。 내 삼촌은 대학에 재학 중이다.
名 (<ruby>大学<rt>だいがく</rt></ruby>などの)<ruby>構内<rt>こうない</rt></ruby>，<ruby>校庭<rt>こうてい</rt></ruby>	この<ruby>大学<rt>だいがく</rt></ruby>の<ruby>構内<rt>こうない</rt></ruby>はとても<ruby>美<rt>うつく</rt></ruby>しい。 이 대학의 교정은 매우 아름답다.
名 <ruby>教授<rt>きょうじゅ</rt></ruby>	<ruby>彼<rt>かれ</rt></ruby>は<ruby>歴史学<rt>れきしがく</rt></ruby>の<ruby>教授<rt>きょうじゅ</rt></ruby>だ。 그는 역사학 교수이다.
動 ① <ruby>出席<rt>しゅっせき</rt></ruby>する，<ruby>参列<rt>さんれつ</rt></ruby>する ② <ruby>仕<rt>つか</rt></ruby>える，<ruby>看護<rt>かんご</rt></ruby>する	<ruby>私<rt>わたし</rt></ruby>はきょうのクラブの<ruby>会合<rt>かいごう</rt></ruby>に<ruby>出席<rt>しゅっせき</rt></ruby>できない。 나는 오늘 클럽 모임에 참석할 수 없다. <ruby>背<rt>せ</rt></ruby>の<ruby>高<rt>たか</rt></ruby>いウェイターがうちのテーブルに<ruby>仕<rt>つか</rt></ruby>えた。 키 큰 웨이터가 우리 테이블 시중을 들었다. <ruby>看護婦<rt>かんごふ</rt></ruby>は<ruby>患者<rt>かんじゃ</rt></ruby>を<ruby>看護<rt>かんご</rt></ruby>する。 간호사는 환자를 돌본다.
名 <ruby>注意<rt>ちゅうい</rt></ruby>，<ruby>注目<rt>ちゅうもく</rt></ruby>；<ruby>世話<rt>せわ</rt></ruby>	お<ruby>知<rt>し</rt></ruby>らせします。 여러분께 알립니다!
動 <ruby>卒業<rt>そつぎょう</rt></ruby>する　名 <ruby>卒業生<rt>そつぎょうせい</rt></ruby> 名 <ruby>卒業<rt>そつぎょう</rt></ruby>(<ruby>式<rt>しき</rt></ruby>)	<ruby>彼<rt>かれ</rt></ruby>はハーバード<ruby>大学<rt>だいがく</rt></ruby>を<ruby>卒業<rt>そつぎょう</rt></ruby>した。 그는 하버드 대학을 졸업했다. <ruby>彼<rt>かれ</rt></ruby>はケンブリッジ<ruby>大学<rt>だいがく</rt></ruby>の<ruby>卒業生<rt>そつぎょうせい</rt></ruby>である。 그는 캠브리지 대학 졸업생이다. <ruby>私<rt>わたし</rt></ruby>たちはジョンの<ruby>卒業式<rt>そつぎょうしき</rt></ruby>に<ruby>行<rt>い</rt></ruby>った。 우리는 존의 졸업식에 갔다.
形 ① <ruby>真面目<rt>まじめ</rt></ruby>な，<ruby>本気<rt>ほんき</rt></ruby>の ② <ruby>重大<rt>じゅうだい</rt></ruby>な	<ruby>本気<rt>ほんき</rt></ruby>ですか? 진정입니까? それは<ruby>重大<rt>じゅうだい</rt></ruby>な<ruby>問題<rt>もんだい</rt></ruby>だ。 그것은 중대한 문제이다.
名 <ruby>知恵<rt>ちえ</rt></ruby> 形 <ruby>賢<rt>かしこ</rt></ruby>い，<ruby>賢明<rt>けんめい</rt></ruby>な	<ruby>彼<rt>かれ</rt></ruby>は<ruby>知恵<rt>ちえ</rt></ruby>のある<ruby>人<rt>ひと</rt></ruby>だ。 그는 지혜로운 사람이다. <ruby>彼<rt>かれ</rt></ruby>は<ruby>見<rt>み</rt></ruby>かけより<ruby>賢<rt>かしこ</rt></ruby>い。 그는 보기보다는 현명하다.
名 <ruby>能力<rt>のうりょく</rt></ruby> 形 <ruby>有能<rt>ゆうのう</rt></ruby>な，~<ruby>出来<rt>でき</rt></ruby>る(to)	<ruby>君<rt>きみ</rt></ruby>にはその<ruby>仕事<rt>しごと</rt></ruby>をする<ruby>能力<rt>のうりょく</rt></ruby>がある。 너는 그 일을 할 수 있는 능력이 있다. <ruby>彼女<rt>かのじょ</rt></ruby>は<ruby>有能<rt>ゆうのう</rt></ruby>なデザイナーだ。 그녀는 유능한 디자이너이다.

cow [kau]
명 암소 (同) bull (수소)

EX Cows give us milk.

sheep [ʃiːp]
명 양 ▷단수 · 복수형이 같음

EX Many sheep are eating grass in the pasture.

pet [pet]
명 애완 동물

EX We have several pets - a dog, a parrot,
and two cats.
a pet shop

feed [fiːd] 동 먹이를 주다, 먹이를 먹다
▷feed–fed[fed]–fed

EX Tommy is feeding the ducks.
Cows feed on hay.

rat [ræt]
명 쥐(big mouse)

EX A rat is bigger than a mouse.

tail [teil]
명 꼬리

EX A tiger has a long tail.

bee [biː]
명 벌, 꿀벌

EX I was stung by a bee.
a queen bee / a working bee

worm [wəːrm]
명 벌레 ▷warm[wɔːrm] 따뜻한

EX The early bird catches the worm.

bite [bait]
동 물다, 물어뜯다 명 ① 묾 ② 한입
▷bite–bit[bit]–bitten[bítən]

EX The dog bit the mailman.
I ate a bite of my apple.
I got several bites but could not catch any fish.

branch [bræntʃ]
명 ① 가지 ② 지점, 지부

EX The birds are sitting on a branch.
They opened a new branch office in Seoul.

root [ruːt]
명 뿌리

EX The plant has long roots.
The love of money is the root of all evil.

名 <ruby>雌牛<rt>めうし</rt></ruby>
反 bull(<ruby>雄牛<rt>おうし</rt></ruby>)

<ruby>雌牛<rt>めうし</rt></ruby>は<ruby>私<rt>わたし</rt></ruby>たちに<ruby>牛乳<rt>ぎゅうにゅう</rt></ruby>を<ruby>与<rt>あた</rt></ruby>える。 암소는 우리에게 우유를 준다.

名 <ruby>羊<rt>ひつじ</rt></ruby>

<ruby>多<rt>おお</rt></ruby>くの<ruby>羊<rt>ひつじ</rt></ruby>が<ruby>牧場<rt>ぼくじょう</rt></ruby>で<ruby>草<rt>くさ</rt></ruby>を<ruby>食<rt>た</rt></ruby>べている。 많은 양들이 목장에서 풀을 뜯어 먹고 있다.

名 ペット, <ruby>愛玩動物<rt>あいがんどうぶつ</rt></ruby>

<ruby>私<rt>わたし</rt></ruby>たちはペットに<ruby>犬一匹<rt>いぬいっぴき</rt></ruby>, オウム<ruby>一羽<rt>いちわ</rt></ruby>, そして<ruby>猫二匹<rt>ねこにひき</rt></ruby>を<ruby>飼<rt>か</rt></ruby>っている。 우리는 애완동물로 개 한 마리, 앵무새 한 마리 그리고 고양이 두 마리를 기른다.

ペットショップ,<ruby>愛玩動物商店<rt>あいがんどうぶつしょうてん</rt></ruby> 애완동물상점

動 <ruby>食<rt>た</rt></ruby>べ<ruby>物<rt>もの</rt></ruby>(えさ)を<ruby>与<rt>あた</rt></ruby>える: <ruby>食<rt>た</rt></ruby>べる

トミーはアヒルにえさをやっている。 토미는 오리에게 먹이를 주고 있다.
<ruby>牛<rt>うし</rt></ruby>は<ruby>干<rt>ほ</rt></ruby>し<ruby>草<rt>くさ</rt></ruby>を<ruby>食<rt>た</rt></ruby>べる。 소는 건초를 먹는다.

名 ねずみ

ねずみはハツカネズミより<ruby>大<rt>おお</rt></ruby>きい。 쥐는 생쥐보다 크다.

名 <ruby>尾<rt>お</rt></ruby>, <ruby>尻尾<rt>しっぽ</rt></ruby>

<ruby>虎<rt>とら</rt></ruby>の<ruby>尻尾<rt>しっぽ</rt></ruby>は<ruby>長<rt>なが</rt></ruby>い。 호랑이의 꼬리는 길다.

名 <ruby>蜂<rt>はち</rt></ruby>, <ruby>蜜蜂<rt>みつばち</rt></ruby>

<ruby>私<rt>わたし</rt></ruby>は<ruby>蜂<rt>はち</rt></ruby>に<ruby>刺<rt>さ</rt></ruby>された。 나는 벌에 쏘였다.
<ruby>女王蜂<rt>じょおうばち</rt></ruby> 여왕벌 <ruby>働<rt>はたら</rt></ruby>き<ruby>蜂<rt>ばち</rt></ruby> 일벌

名 <ruby>虫<rt>むし</rt></ruby>

<ruby>早起<rt>はやお</rt></ruby>きは<ruby>三文<rt>さんもん</rt></ruby>の<ruby>得<rt>とく</rt></ruby>。 일찍 일어나는 새가 벌레를 잡는다.

動 <ruby>噛<rt>か</rt></ruby>む, かじる
名 ① <ruby>噛<rt>か</rt></ruby>み ② <ruby>一口<rt>ひとくち</rt></ruby>, <ruby>一<rt>ひと</rt></ruby>かじり

その<ruby>犬<rt>いぬ</rt></ruby>が<ruby>郵便集配人<rt>ゆうびんしゅうはいにん</rt></ruby>を<ruby>噛<rt>か</rt></ruby>んだ。 그 개가 우체부를 물었다.
<ruby>私<rt>わたし</rt></ruby>はりんごを<ruby>一口<rt>ひとくち</rt></ruby>かじった。 나는 사과를 한 입 베어 먹었다.
<ruby>何回<rt>なんかい</rt></ruby>か<ruby>食<rt>く</rt></ruby>い<ruby>付<rt>つ</rt></ruby>いたが<ruby>魚<rt>さかな</rt></ruby>は<ruby>全<rt>まった</rt></ruby>く<ruby>取<rt>と</rt></ruby>れなかった。 몇 번 입질은 있었지만, 물고기를 전혀 잡지 못했다.

名 ① <ruby>枝<rt>えだ</rt></ruby>
② <ruby>支店<rt>してん</rt></ruby>, <ruby>支部<rt>しぶ</rt></ruby>; <ruby>支流<rt>しりゅう</rt></ruby>

<ruby>鳥<rt>とり</rt></ruby>たちが<ruby>枝<rt>えだ</rt></ruby>の<ruby>上<rt>うえ</rt></ruby>に<ruby>座<rt>すわ</rt></ruby>っている。 새들이 나뭇가지 위에 앉아 있다.
<ruby>彼<rt>かれ</rt></ruby>らはソウルに<ruby>新<rt>あたら</rt></ruby>しい<ruby>支店<rt>してん</rt></ruby>を<ruby>開<rt>ひら</rt></ruby>いた。 그들은 서울에 새 지점을 열었다.

名 <ruby>根<rt>ね</rt></ruby>

その<ruby>植物<rt>しょくぶつ</rt></ruby>の<ruby>根<rt>ね</rt></ruby>は<ruby>長<rt>なが</rt></ruby>い。 그 식물의 뿌리는 길다.
<ruby>金銭欲<rt>きんせんよく</rt></ruby>は<ruby>諸悪<rt>しょあく</rt></ruby>の<ruby>根源<rt>こんげん</rt></ruby>である。 돈에 대한 욕심은 모든 악의 근원이다.

55 발견과 발명

imagine [imǽdʒin]
동 ① 상상하다 ② 생각하다
▶imaginátion 명 상상

EX I can't imagine life without you.
Fred imagines himself a millionaire.
He is a man of remarkable imagination.

search [səːrtʃ]
동 찾다, 수색하다 명 수색, 조사

EX They are searching for their lost dog.
Everybody joined in the search for the lost child.

explore [iksplɔ́ːr]
동 탐험하다 ▶explorátion 명 탐험

EX Amunsen explored the South Pole.
the exploration of the ocean depths

discover [diskʌ́vər]
동 발견하다 ▶discóvery 명 발견

EX Colombus discovered America in 1492.
Let me show you my discovery.

invent [invént]
동 발명하다, 고안하다
▶invéntion 명 발명, 발명품

EX Who invented the airplane?
Necessity is the mother of invention.
Color television is a modern invention.

create [kriéit]
동 창조하다 ▶creation 명 창조
▶creátive 형 창조적인

EX All men are created equal.
Man is the lord of all creation.
She has a creative mind.

project [prádʒekt]
명 계획, 기획 (同) plan

EX I think it's an impossible project.

cooperate [kouápərèit]
동 협력하다, 협동하다

EX They cooperated in the work.

support [səpɔ́ːrt]
동 ① 떠받치다, 지탱하다
② 부양하다 ③ 지지하다

EX Air is necessary to support life.
He has a large family to support.
I support them in their demands.

speed [spiːd] 명 속도, 속력

EX What is the speed limit on this highway?

発見と発明

はっけん　　　　はつめい

動 ① 想像する
そうぞう
② 思う，見当を付ける
おも　　　　けんとう　つ
名 想像(力)
そうぞう りょく

君のいない人生って想像も出来ない。 나는 네가 없는 인생을 상상할 수가 없다.
きみ　　　　　じんせい　　　　そうぞう　　でき

フレッドは自分が百万長者だと思ってる。 프레드는 자신이 백만장자라고 생각한다.
じぶん　ひゃくまんちょうじゃ　　　おも

彼は想像力が豊かだ。 그는 상상력이 풍부한 사람이다.
かれ　そうぞうりょく　ゆた

動 探す，捜す，調べる
さが　　さが　　しら
名 捜索，調査
そうさく　ちょうさ

彼らは失った犬を捜している。 그들은 잃어버린 개를 찾고 있다.
かれ　うしな　いぬ　さが

皆が迷子の捜索に参加した。 모두가 미아 수색에 참여했다.
みんな　まいご　そうさく　さんか

動 探検する，調査する
たんけん　　ちょうさ
名 探検，調査
たんけん　ちょうさ

アムンゼンは南極を探検した。 아문젠은 남극을 탐험했다.
なんきょく　たんけん

大洋の水深探査。 대양 수심의 탐사
たいよう　すいしんたんさ

動 発見する，見つけ出す
はっけん　　　み　　だ
名 発見，発見物
はっけん　はっけんぶつ

コロンブスは1492年にアメリカを発見した。 콜롬버스는 1492년에
ねん　　　　　　　はっけん 미국을 발견했다.

私が発見した物を見せてあげる。 내가 발견한 것을 보여줄께.
わたし　はっけん　もの　み

動 発明する，考案する
こうあん
はつめい　　はつめいひん

誰が飛行機を発明したの？ 누가 비행기를 발명했니?
だれ　ひこうき　はつめい

必要は発明の母である。 필요는 발명의 어머니.
ひつよう　はつめい　はは

カラーテレビは現代の発明品だ。 컬러텔레비전은 현대의 발명품이다.
げんだい　はつめいひん

動 創造する，生み出す
そうぞう　　う　だ
名 創造，創作
そうぞう　そうさく
形 創造的な，独創的な
そうぞうてき　どくそうてき

人は皆平等に創られている。 모든 사람은 평등하게 창조되었다.
ひと　みなびょうどう　つく

人間は万物の霊長である。 인간은 만물의 영장이다.
にんげん　ばんぶつ　れいちょう

彼女は独創的な頭脳の持ち主です。 그녀는 독창적인 두뇌를 갖고 있다.
かのじょ　どくそうてき　ずのう　も　ぬし

名 計画，企画，事業
けいかく　きかく　じぎょう

私はその計画は不可能だと思う。 그것은 불가능한 계획이라고 나는 생각한다.
わたし　　　けいかく　ふかのう　　おも

動 協力する，協同する
きょうりょく　　きょうどう

彼らはその仕事で協力した。 그들은 그 일에서 협력했다.
かれ　　　　しごと　きょうりょく

動 ① 支える
ささ
② 養う，扶養する
やしな　ふよう
③ 支持する，支援する
しじ　　しえん

空気は命を支えるのに必要だ。 공기는 생명을 지탱하는데 필수적이다.
くうき　いのち　ささ　　　ひつよう

彼には養わなければならない大家族がある。 그에게는 부양할 대가족이 있다.
かれ　やしな　　　　　　　　だいかぞく

彼らの要求について，私は彼らを支持する。 그들의 요구에 대해서 나는
かれ　ようきゅう　　　わたし　かれ　しじ 그들을 지지한다.

名 速度，スピード；速力
そくど　　　　　　　そくりょく

この高速道路の制限速度はどのくらいですか？ 이 고속도로의 제한 속도는
こうそくどうろ　せいげんそくど 얼마입니까?

56 생산 현장

company [kʌ́mpəni]
명 ① 회사 ② (집합적) 동료, 친구

Ex He works in a publishing company.
He is a good company.
I enjoyed your company very much.

---

produce [prədjúːs] 동 생산하다
반 consume[kənsjuːm] (소비하다)

Ex This factory produces steel.

---

machine [məʃíːn]
명 기계

Ex This machine doesn't work well.
a sewing machine / a washing machine

---

skill [skil] 명 기술, 숙련
▶skíllful 형 숙련된, 솜씨 있는

Ex She has great skill in painting.
He is a skillful pianist.

---

engineer [èndʒiníər]
명 기술자, 공학자

Ex My father is a famous mechanical engineer.

---

electricity [ilèktrísəti]
명 전기 ▶eléctric 형 전기의

Ex This radio is run by electricity.
an electric current / an electric fan

---

metal [métəl]
명 금속

Ex A car is made of metal.

---

plastic [plǽstik]
형 플라스틱제의 명 플라스틱 제품

Ex a plastic toy / plastic art
Many dishes and containers are made of plastic.

---

coal [koul]
명 석탄

Ex He works in a coal mine.
Grandmother put coal into the stove.

---

pollution [pəljúːʃən]
명 오염, 공해 ▶pollúte 동 오염시키다

Ex Pollution is our enemy.
air pollution / water pollution
This river is polluted.

영어 시험에 잘 나오는 일본어 jie 0515

Japanese in English

도 약 편

生産現場
せいさんげんば

名 ① 会社
かいしゃ
② (集合的) 仲間, 友達
しゅうごうてき なかま ともだち
③ 同席
どうせき

彼は出版社で働いている。 그는 출판사에서 일한다.
かれ しゅっぱんしゃ はたら

彼は良い仲間だ。 그는 좋은 동료이다.
かれ い なかま

あなたと一緒でとても楽しかったです。 당신과 함께 해 대단히 즐거웠습니다.
いっしょ たの

動 生産する
せいさん
反 consume 消費する
しょうひ

この工場は鋼鉄を生産する。 이 공장은 강철을 생산한다.
こうじょう こうてつ せいさん

名 機械
きかい

この機械は調子が悪い(故障している)。 이 기계는 잘 작동하지 않는다(고장이다).
きかい ちょうし わる こしょう

ミシン 재봉틀　洗濯機 세탁기
せんたくき

名 腕前, 技量；技術
うでまえ ぎりょう ぎじゅつ
形 熟練した, 上手な
じゅくれん じょうず

彼女の絵の腕前は大したものだ。 그녀는 그림에 대단한 소질이 있다.
かのじょ え うでまえ たい

彼は熟練したピアニストだ。 그는 노련한 피아노 연주자이다.
かれ じゅくれん

名 技師, 技術者, エンジニア
ぎし ぎじゅつしゃ

父は有名なエンジニアだ。 나의 아버지는 유명한 기술자이다.
ちち ゆうめい

名 電気
でんき
形 電気の
でんき

このラジオは電気で動く。 이 라디오는 전기로 작동된다.
でんき うご

電流 전류　扇風機 선풍기
でんりゅう せんぷうき

名 金属
きんぞく

車は金属で作られている。 차는 금속으로 만들어져 있다.
くるま きんぞく つく

形 プラスチック(製)の
せい
名 プラスチック製品
せいひん

プラスチックのおもちゃ 플라스틱 장난감　造形美術 조형미술
ぞうけいびじゅつ

多くの皿と入れ物がプラスチックで作られる。 많은 접시와 용기들이
おお さら い もの つく 플라스틱으로 만들어진다.

名 石炭
せきたん

彼は炭鉱で働いている。 그는 탄광에서 일한다.
かれ たんこう はたら

おばあさんはストーブに石炭を入れた。 할머니는 난로에 석탄을 넣으셨다.
せきたん い

名 汚染, 公害
おせん こうがい
動 汚す, 汚染する
よご おせん

公害は私たちの敵だ。 공해는 우리의 적이다.
こうがい わたし てき

大気汚染 대기오염　水質汚染 수질오염
たいき おせん すいしつ おせん

この川は汚されている。 이 강은 오염되었다.
かわ よご

편리한 엘리베이터

elevator [éləvèitər]

명 (미) 엘리베이터, 승강기

EX Henry enters the elevator.

I took an elevator to the sixth floor.

= I went up to the sixth floor by elevator.

connect [kənékt]

동 연결하다, 잇다

▶connéction 명 연결, 관계

EX Please connect me with extension 205.

Buses run in connection with trains.

I have no connection with that.

raise [reiz] 동 ① 올리다, 들다

② 기르다, 키우다 ▷rise(오르다)와 혼동하지 말 것

EX Raise your hand.

The store raised the price of fruit.

This farmer raises crops and cattle.

lift [lift] 동 들어올리다

명 (영) 승강기 (同) raise (올리다)

EX Can you lift this box?

I took the lift to the top floor.

clerk [kləːrk]

명 ① 사무원 ② 점원

EX He has a job as an office clerk.

His father is a bank clerk.

handle [hǽndl] 명 손잡이, 핸들

동 다루다 (同) deal with (다루다)

EX Doors and hammers have handles.

He handled the children kindly.

empty [émpti]

형 빈, 텅빈 (반) full

EX The bag is empty.

rapid [rǽpid]

형 빠른, 신속한 (同) quick (반) slow

EX He is a rapid speaker.

crash [kræʃ]

동 충돌하다, 추락하다

명 ① 충돌음 ② 충돌, 추락

EX A car crashed into the fence.

The airplane crashed into a mountainside.

The dishes fell with a crash.

Things on the table fell with a crash.

57　便利なエレベーター

图 エレベーター	ヘンリーはエレベーターの中に入る。 헨리는 엘리베이터 안으로 들어간다. 私は6階までエレベーターで上がった。 나는 6층까지 엘리베이터로 올라갔다.
動 結ぶ, 繋ぐ 图 つながり, 関係	内線205番に繋いで下さい。 구내 205번에 연결해 주십시오. バスは列車と連係して運行される。 버스는 기차와 연계 운행된다. 私はそれと全く関係ない。 나는 그것과 아무 관계가 없다.
動 ① 上げる 　② 飼育する, 育てる	手を上げなさい。 손을 들어라. その店は果物の値段を上げた。 그 가게는 과일값을 올렸다. この農夫は農作物と牛を飼育している。 이 농부는 농작물과 소를 기르고 있다.
動 持ち上げる, 上げる 图 (英国) 昇降機	この箱を持ち上げられますか? 이 상자를 들어 올릴 수 있습니까? 私は昇降機で最上階へ上がった。 나는 꼭대기 층까지 승강기를 타고 올라갔다.
图 ① 事務員 　② 店員	彼は事務員として働く。 그는 사무원으로 일한다. 彼のお父さんは銀行員だ。 그의 아버지는 은행원이시다.
图 取っ手, ハンドル 動 扱う	ドアとハンマーには取っ手がある。 문과 망치에는 손잡이가 있다. 彼は子供たちを親切に扱った。 그는 아이들을 친절하게 다루었다.
形 空の, 空っぽな 反 full(一杯の)	そのカバンは空っぽだ。 그 가방은 텅 비어 있다.
形 速い, 急速な	彼は速く言う。 그는 말을 빨리 한다.
動 衝突する, 墜落する 图 ① すさまじい音 　② 衝突, 墜落	車が垣に衝突した。 자동차가 담장에 충돌했다. 飛行機が山腹に墜落した。 비행기가 산중턱에 추락했다. 皿がすさまじい音を立てて落ちた。 접시들이 쨍그랑 소리를 내며 떨어졌다. テーブルの上の物ががらがらと崩れ落ちた。 식탁 위의 물건들이 와르르 소리를 내며 떨어졌다.

58 인간은 경제적인 동물?

economy [ikánəmi]
명 ① 경제 ② 절약
▶económic 형 경제(학의), económical
형 절약하는

EX Is the Korean economy strong?
You have to practice economy.
an economic policy / economic growth
Traveling by train is economical.

industry [índəstri]
명 ① 산업, 공업 ② 근면 (同) diligence (근면)
▶indústrial 형 산업의

EX Agriculture is an important industry.
Success comes with industry.
Canada is an industrial nation.

market [má:rkit]
명 시장

EX She goes to the market twice a week.

trade [treid]
명 ① 매매, 장사 ② 무역 동 거래하다

EX Is this a good trade?
Trade between Korea and China is growing.
Our company trades with America.

cost [kɔ(:)st]
명 ① 비용 ② 가격 동 (시간·비용이) 들다
▷cost-cost-cost

EX The cost of living here is very low.
What is the cost of this book?
It will cost you a lot of money.

cheap [tʃi:p]
형 값이 싼 반 expensive

EX The car is cheap.

quality [kwáləti]
명 ① 질, 품질 ② 속성 반 quantity(양)

EX Quality is more important than quantity.
One quality of iron is hardness.

earn [ə:rn]
동 (돈을) 벌다

EX She earned money by washing cars.

owe [ou]
동 ① 빚지고 있다 ② …의 덕택이다

EX I owe you 200 dollars.
I owe what I am to my father.

wealthy [wélθi]
형 부유한 반 poor ▶wealth 명 부

EX Switzerland is a wealthy nation.
He is a man of wealth.

58 人間は経済的な動物?

（にんげん　けいざいてき　どうぶつ）

名 ① 経済 ② 節約 形 経済(学)の 形 経済的な, 節約する	韓国の経済は丈夫ですか? 한국 경제는 튼튼합니까? 君は節約を実践しなければならない。 너는 절약을 실천해야 한다. 経済政策 경제정책　経済成長 경제성장 列車の旅行は経済的である。 기차여행은 경제적이다.
名 ① 産業, 工業 ② 勤勉 形 産業の, 工業の	農業は重要な産業である。 농업은 중요한 산업이다. 成功は勤勉と共にやって来る。 성공은 근면과 더불어 온다. カナダは工業国です。 캐나다는 공업국입니다.
名 市場, 市, マーケット	彼女は一週間に2回市場に行く。 그녀는 일주일에 두 번 시장에 간다.
名 ① 取り引き, 商売 ② 貿易, 通商 動 取り引きする, 貿易をする	これが妥当な取り引きなんですか? 이것이 타당한 거래입니까? 韓国と中国の貿易は増加している。 한·중간의 무역은 증가하고 있다. 我が社はアメリカと取り引きしている。 우리 회사는 미국과 거래하고 있다.
名 ① 費用, コスト ② 値段, 代価 動 (時間, 費用など)掛かる	ここは生活費が安い。 이 곳은 생활비가 적게 든다. この本の値段はいくらですか? 이 책의 가격은 얼마입니까? それは費用が沢山掛かるだろう。 그것은 많은 비용이 들 것이다.
形 安い, 安価な	その車は値段が安い。 그 차는 값이 싸다.
名 ① 質, 品質 ② 特性, 特質	量より質が重要だ。 양보다 질이 중요하다. 鋼鉄の特性の一つは硬い事だ。 철의 한 가지 속성은 단단하다는 것이다.
動 (金を)稼ぐ	彼女は車を洗ってお金を稼いだ。 그녀는 세차를 해서 돈을 벌었다.
動 ① 借りがある, 借りる ② お陰だ, 負う	私は君に200ドル借りがある。 나는 너에게 200달러 빚지고 있다. 今の私はお父さんのお陰です。 지금의 나는 아버지의 덕택이다.
形 豊かな 名 富	スイスは豊かな国だ。 스위스는 부유한 나라이다. 彼は財産家(金持ち)である。 그는 재산가이다.

58. 인간은 경제적인 동물 ••• 317

영어 와 함께하는 일본어

jie 0515

쉽다! 빠르다! 정확하다!

색인

Japanese in English

영어 색인

3 climate	35	3 connect	57	3 cry	39	2 dial	12
2 climb	35	3 consider	42	3 culture	13	2 dialog	25
1 clock	7	3 contest	13	1 cup	40	2 diary	33
1 close	46	3 continent	44	3 curious	29	3 dictionary	30
2 cloth	31	3 continue	25	3 custom	29	2 die	19
2 clothes	31	3 control	51	2 cut	38	2 difference	47
2 cloud	45	3 conversation	43	**[D]**		1 different	22
2 club	23	2 cook	32	1 dad	39	2 difficult	28
3 coal	56	1 cool	24	3 dam	52	3 dig	52
3 coast	18	3 cooperate	55	2 dance	44	3 diligent	25
1 coat	24	3 copy	30	3 danger	44	2 dining room	25
1 coffee	43	3 corn	52	1 dark	11	1 dinner	34
1 coin	13	3 corner	3	3 data	9	2 direct	29
1 cold	24	3 correct	27	1 daughter	8	3 direction	26
2 collect	33	3 cost	58	1 day	39	2 dirty	43
2 collection	33	2 cough	21	3 dead	2	3 disappear	34
3 college	53	2 could	14	3 deaf	16	3 discover	55
1 color	26	2 count	10	3 deal	7	3 discuss	43
3 colorful	46	1 country	29	1 dear	25	1 dish	40
2 comb	31	3 countryside	52	3 death	2	3 distance	29
1 come	14	2 couple	10	3 decide	3	3 divide	47
3 comfortable	15	3 courage	40	3 declare	43	1 do	44
3 common	12	1 course	42	2 deep	6	1 doctor	41
3 communication	36	1 cousin	8	3 degree	33	1 dog	29
3 community	37	3 cow	54	2 delicious	9	1 doll	4
3 company	56	3 crash	57	3 democracy	48	1 dollar	22
3 compare	47	3 crazy	49	2 department store	36	1 door	33
3 complain	11	2 cream	32	3 depend	20	3 double	33
3 complete	12	3 create	55	3 design	45	3 doubt	27
1 computer	33	3 crop	52	1 desk	20	1 down	16
3 concert	13	2 cross	42	3 despite	14	1 downstairs	31
3 condition	5	2 crowd	37	3 destroy	51	2 downtown	36
3 congratulation	34	2 crowded	37	3 develop	25	2 dozen	10

2 following	23	1 garden	31	1 grandparent	39	3 harvest	52
1 food	40	2 gas	11	2 grandson	48	1 hat	46
3 fool	23	3 gate	8	2 grass	36	3 hate	39
2 foolish	17	3 gather	50	3 grave	2	1 have	25
1 foot	28	3 general	12	1 gray	26	1 head	28
1 football	37	3 gentle	7	1 great	5	2 headache	21
1 for	3	2 gentleman	25	1 green	26	2 health	21
3 force	49	3 gesture	5	3 greeting	6	1 hear	2
3 foreign	46	1 get	25	2 ground	37	2 heart	46
2 foreigner	34	2 giant	47	2 group	23	3 heat	19
2 forest	38	2 gift	17	2 grow	5	3 heaven	46
2 forget	4	1 girl	4	3 guard	40	2 heavy	6
2 forgive	11	1 give	25	2 guess	4	1 hello	44
1 fork	40	1 glad	27	2 guest	25	1 help	15
2 form	38	1 glass	40	3 guide	29	1 here	19
3 fortunate	22	3 glory	34	2 guitar	44	3 hero	51
3 fortune	22	1 glove	37	3 gun	49	3 heroine	51
3 forward	28	1 go	14	**[H]**		1 hi	44
2 fox	39	2 goal	5	3 habit	17	3 hide	40
2 free	34	1 god	24	1 hair	28	1 high	21
3 freedom	20	1 goddess	21	2 half	27	2 hiking	33
2 fresh	43	2 gold	24	2 hall	22	2 hill	35
1 friend	34	1 good	1	1 hamburger	43	3 hint	42
2 friendly	46	1 goodby(e)	27	1 hand	28	2 historic	30
1 from	3	3 government	48	3 handle	57	2 historical	30
1 front	35	3 grace	45	3 handsome	10	2 history	28
1 fruit	29	3 grade	33	2 hang	24	2 hit	42
1 full	23	3 graduate	53	2 happen	30	2 hobby	33
1 funny	12	3 grammar	30	2 happiness	3	2 hold	18
2 future	5	3 grand	46	1 happy	1	3 hole	21
[G]		2 grandchild	48	1 hard	36	1 holiday	36
3 gain	50	1 grandfather	8	3 hardly	28	1 home	44
1 game	32	1 grandmother	8	3 harm	4	2 homeroom	41

1 lot	23	2 may	14	1 money	22	2 neither	27
2 loud	39	1 maybe	6	2 monkey	39	2 nephew	48
1 love	5	2 meal	9	1 moon	21	3 net	32
2 lovely	17	2 mean	41	1 more	23	2 never	14
2 low	6	2 meat	9	1 morning	7	1 new	42
2 lucky	3	2 medal	37	3 mostly	28	1 news	7
3 lunar	6	3 medicine	4	1 mother	8	1 newspaper	7
1 lunch	11	2 medium	6	1 mountain	30	1 next	38
[M]		1 meet	27	2 mouse	47	1 nice	5
3 machine	56	2 meeting	23	1 mouth	28	1 night	11
3 mad	49	3 melt	19	2 move	18	3 nobody	35
3 magazine	9	2 member	23	3 movement	37	2 nod	41
3 magic	12	3 memorize	30	1 movie	36	3 noisy	17
2 mail	34	3 memory	30	1 much	23	3 none	35
3 mailman	36	3 mention	43	1 mug	40	1 noon	11
3 main	43	2 merry	3	2 museum	40	3 nor	24
1 make	41	3 message	36	1 music	2	3 north	26
3 male	7	3 metal	56	2 musician	40	1 nose	28
1 man	4	3 method	22	2 must	14	3 note	40
3 manner	7	1 middle	35	**[N]**		1 notebook	13
1 many	23	3 midnight	3	3 nail	16	2 nothing	1
2 map	33	2 might	14	1 name	18	2 notice	12
3 marathon	32	3 mild	38	3 narrow	31	1 now	38
2 march	19	2 mile	33	2 nation	29	1 number	23
3 mark	47	1 milk	43	2 natural	43	3 nurse	4
3 market	58	2 million	10	2 nature	43	**[O]**	
3 marry	2	1 mind	15	1 near	27	3 obey	49
1 Mars	21	1 minute	46	2 nearby	22	3 ocean	18
3 mask	45	3 mistake	27	3 nearly	28	2 o'clock	24
3 master	25	2 model	15	3 necessary	20	1 of	3
3 match	32	3 modern	36	1 neck	28	1 off	3
2 mathematics	28	1 mom	39	1 need	13	3 offer	50
2 matter	7	2 moment	42	2 neighbor	46	2 office	7

3 officer	51	1 parent	39	3 planet	44	3 pour	52
1 often	27	1 park	36	1 plant	30	3 power	40
2 oil	11	3 parliament	48	3 plastic	56	1 practice	32
1 Olympic	32	2 part	27	3 plate	41	2 prefer	13
1 on	16	1 party	34	1 play	37	3 prepare	6
1 once	38	1 pass	25	1 player	32	1 present	34
1 only	9	3 passenger	44	1 playground	37	2 president	29
1 open	46	2 past	8	3 pleasant	39	3 press	9
3 opinion	9	3 patient	4	1 please	15	1 pretty	1
1 or	10	2 pay	13	2 pleased	3	2 price	13
1 orange	26	3 peace	51	3 pleasure	39	2 pride	5
2 order	9	1 pen	13	3 plenty	33	3 prince	48
1 other	9	1 pencil	13	2 pocket	31	2 principal	41
3 otherwise	24	1 people	4	2 poem	40	2 print	28
2 ought	14	3 perfect	12	2 poet	40	3 prison	3
1 out	16	3 perhaps	28	2 point	41	3 prize	34
3 outdoor	15	3 period	44	3 pole	46	2 probably	26
1 outside	36	2 person	1	2 police	29	2 problem	7
1 over	16	3 pet	54	1 policeman	41	3 produce	56
3 owe	58	2 phone	12	3 polite	7	3 professor	53
2 own	1	3 physical	16	3 pollution	56	2 program	7
[P]		1 piano	33	3 pond	31	3 progress	25
3 pacific	51	1 pick	22	1 pool	17	3 project	55
1 page	13	1 picnic	17	2 poor	1	3 promise	11
3 pain	4	1 picture	33	1 pop	2	3 protect	40
3 painful	4	3 piece	50	2 popular	15	2 proud	5
2 paint	40	2 pig	48	3 population	37	3 prove	3
2 pair	10	3 pilot	44	3 port	18	3 proverb	43
3 pal	36	3 pity	39	3 possible	20	2 public	29
2 palace	47	1 pizza	43	2 post	34	2 pull	18
3 pants	45	1 place	42	3 postcard	36	3 purpose	22
2 paper	28	2 plan	7	2 poster	23	2 push	18
2 pardon	41	1 plane	21	3 potato	52	1 put	33

3 shower	35	1 sky	21	3 sort	36	2 step	22
3 shut	8	1 sleep	11	2 sound	12	3 stick	29
2 shy	17	3 sleepy	17	2 soup	9	2 still	26
2 sick	21	3 slip	23	3 source	9	3 stomach	5
1 side	35	2 slow	30	3 south	26	2 stone	38
3 sigh	39	1 small	35	2 space	30	1 stop	14
3 sight	16	2 smart	17	3 spaceship	44	1 store	22
3 sightseeing	1	2 smell	9	1 speak	12	3 storm	35
3 sign	37	1 smile	5	2 special	47	1 story	12
3 signal	51	2 smoke	38	3 speech	43	3 stove	19
3 silent	17	3 smooth	38	3 speed	55	3 straight	21
1 silk	46	1 snow	24	3 spell	30	2 strange	35
3 silly	23	1 so	19	1 spend	22	2 stranger	35
2 silver	24	1 soccer	37	3 spirit	49	3 straw	41
3 similar	47	3 social	37	1 spoon	40	3 stream	31
3 simple	15	3 society	37	1 sport	32	1 street	45
2 since	20	3 sock	45	3 spot	29	3 strike	32
1 sing	41	2 soft	32	1 spring	17	2 strong	21
1 singer	41	3 solar	6	3 square	21	1 student	20
3 single	33	2 soldier	19	3 stadium	32	1 study	36
3 sink	1	3 solve	42	2 stair	24	2 stupid	17
2 sir	15	1 some	23	2 stamp	33	2 style	31
1 sister	8	3 somebody	35	1 stand	14	2 subject	28
1 sit	14	2 someday	5	1 star	21	1 subway	45
3 situation	40	2 someone	12	3 stare	16	3 succeed	22
2 size	6	1 something	19	1 start	42	3 successful	22
2 skate	33	2 sometime	26	2 state	29	2 such	27
3 sketch	18	2 sometimes	14	1 station	29	2 suddenly	42
1 sketchbook	13	3 somewhere	35	2 statue	15	2 sugar	32
2 ski	33	1 son	8	1 stay	42	1 summer	17
3 skill	56	1 song	41	3 steak	41	1 sun	21
3 skin	5	1 soon	38	3 steal	3	2 sunlight	45
2 skirt	31	1 sorry	15	3 steam	19	2 sunny	45

3 sunrise 23

3 sunset 29

3 sunshine 35

1 supermarket 22

1 supper 11

3 support 55

3 suppose 27

1 sure 6

3 surface 21

2 surprise 22

3 survive 2

2 sweater 31

2 sweet 32

1 swim 17

1 swimmer 32

3 switch 17

3 symbol 23

3 system 48

[T]

1 table 40

3 tail 54

1 take 25

3 talent 22

1 talk 12

1 tall 1

3 tap 8

1 tape 44

3 taste 41

1 taxi 45

2 tea 32

1 teach 18

1 teacher 20

1 team 32

3 tear 39

1 telephone 44

1 television 44

1 tell 12

3 temperature 19

3 temple 1

1 tennis 37

2 tent 35

3 terrible 49

2 test 28

2 textbook 28

2 than 20

1 thank] 15

3 Thanksgiving Day 6

1 that 19

3 theater 13

1 then 19

1 there 19

3 therefore 24

3 thick 38

2 thief 12

2 thin 6

1 thing 13

1 think 6

3 thirsty 16

1 this 19

3 though 24

2 thousand 10

3 throat 16

2 through 2

3 throughout 14

2 throw 18

1 ticket 42

2 the 18

2 tiger 39

3 tight 45

3 till 14

1 time 6

3 tiny 50

3 tire 1

1 tired 42

3 title 37

1 to 3

1 toast 43

1 today 38

3 toe 16

1 together 12

2 tomato 32

3 tomb 2

1 tomorrow 38

2 tonight 20

1 too 9

1 top 35

3 total 33

2 touch 47

3 tough 38

3 tour 1

3 tourist 1

2 toward 2

2 tower 22

1 town 29

2 toy 44

3 trade 58

2 traffic 36

2 train 34

3 trash 8

2 travel 16

2 traveler 16

3 treasure 23

3 treat 7

1 tree 30

2 trick 4

2 trip 35

2 trouble 7

2 truck 42

2 true 4

3 trust 27

3 truth 27

1 try 41

3 tube 21

2 turkey 25

1 turn 14

3 turtle 18

2 twice 10

2 twin 10

3 type 38

[U]

3 ugly 10

2 umbrella 45

1 uncle 8

1 under 16

2 understand 41

3 unfortunately 26

2 unfriendly 46

2 unhappy 3

3 unification 20

2 uniform 19

3 unite 20

3 universe 44

일본어 색인

발가락 足(あし)の指(ゆび) 3-16

발걸음 歩(あゆ)み, 一歩(いっぽ) 2-22

빨대 ストロー 3-41

밤 夜(よる) 1-11

밧줄 縄(なわ), ロープ 2-35

방 部屋(へや) 1-33

빵 パン 2-9

빵 굽는 사람 パン屋(や) 1-41

방문객 訪問客(ほうもんきゃく) 2-46

방법 方法(ほうほう) 3-22

방식 やり方(かた), 3-7

방학 休(やす)み 1-17

방향 方向(ほうこう) 3-26

배 船(ふね) 2-34

배구 バレーボール 2-37

백만 百万(ひゃくまん) 2-10

백화점 百貨店(ひゃっかてん), デパート 2-36

버스 バス 1-45

버터 バター 1-43

벌 蜂(はち) 3-54

벌레 虫(むし) 3-54

법률 法律(ほうりつ) 2-29

뼈 骨(ほね) 3-5

벽 壁(かべ) 1-31

별 星(ほし) 1-21

병 瓶(びん) 2-32

병아리 鶏(にわとり), ひよこ 1-29

병원 病院(びょういん) 2-21

보물 宝物(たからもの) 3-23

보석 宝石(ほうせき) 3-29

보트 ボート 2-44

봄 春(はる) 1-17

봉사 奉仕(ほうし), サービス 3-7

부끄러움 恥(は)ずかしさ 3-39

뿌리 根(ね) 3-54

부모 親(おや)(父(ちち)または母(はは)) 1-39

부분 部分(ぶぶん) 2-27

부엌 台所(だいどころ) 1-31

북 北(きた) 3-26

분 分(ふん) 1-46

분필 チョーク 1-20

불 火(ひ) 2-38

불꽃 炎(ほのお) 3-19

블라우스 ブラウス 3-45

비 雨(あめ) 1-17

비단 絹(きぬ) 1-46

비밀 秘密(ひみつ) 2-46

비용 費用(ひよう) 3-58

비율 割合(わりあい), 比率(ひりつ) 3-33

비행 飛行(ひこう) 2-16

비행기 飛行機(ひこうき)2-16

비행기 飛行機(ひこうき) 1-21

빗 櫛(くし) 2-31

빛 光(ひかり) 1-11

사고 事故(じこ) 2-42

사과 りんご 1-24

사람 人(ひと), 男(おとこ) 1-4

사람 人(ひと) 2-1

사람들 人々(ひとびと), 家族(かぞく) 2-35

사람들 人々(ひとびと) 1-4

사무실 事務所(じむしょ) 2-7

사무원 事務員(じむいん) 3-57

4분의 1 四分(よんぶん)の一(いち) 3-33

쇠사슬 鎖(くさり) 3-29

사실 事実(じじつ) 2-4

사업 仕事(しごと), 用事(ようじ) 2-34

수도 首都(しゅと) 3-48

수영선수 水泳選手(すいえいせんしゅ) 1-32

수준 水準(すいじゅん) 3-33

수증기 水蒸気(すいじょうき) 3-19

수집 収集(しゅうしゅう) 2-33

수프 スープ 2-9

수학 数学(すうがく) 2-28

수확 収穫(しゅうかく) 3-52

숙녀 婦人(ふじん) 2-25

숙제 宿題(しゅくだい) 1-44

순간 瞬間(しゅんかん) 2-42

숟가락 匙(さじ) 1-40

숫자 数(かず) 1-23

숲 森(もり) 2-38

슈퍼마켓 スーパーマーケット 1-22

쓰레기 屑(くず) 3-8

스웨터 セーター 2-31

스위치 スイッチ 3-17

스커트 スカート 2-31

스케이트 スケート靴(ぐつ) 2-33

스케치 スケッチ 3-18

스케치북 スケッチブック 1-13

스크린 スクリーン 3-13

스키 スキー 2-33

스테이크 ステーキ 3-41

습관 習慣(しゅうかん) 3-17

승객 乗客(じょうきゃく) 3-44

승리 勝利(しょうり) 3-34

승리자 勝利者(しょうりしゃ) 1-32

시 市(し) 1-45

시 時(じ) 2-24

시각 視覚(しかく) 3-16

시간 時間(じかん), 時刻(じこく) 1-46

시간 時間(じかん), 時(とき) 1-6

시내 小川(おがわ) 3-31

시민 市民(しみん) 3-37

시인 詩人(しじん) 2-40

시장 市場(いちば) 3-58

시트 シーツ 3-4

시험 テスト 2-28

식당 食堂(しょくどう) 2-25

식물 植物(しょくぶつ) 1-30

식사 食事(しょくじ) 2-9

식탁 食卓(しょくたく), テーブル 1-40

신 神(かみ) 1-21

신문 新聞(しんぶん) 1-7

신사 紳士(しんし) 2-25

신호 合図(あいず) 3-37

신호 信号(しんごう) 3-51

실수 間違(まちが)い 3-27

심장 心臓(しんぞう) 2-46

10억 10億(おく) 3-33

아기 赤(あか)ん坊(ぼう) 1-4

아내 妻(つま) 1-39

아들 息子(むすこ) 1-8

아빠 お父(とう)さん 1-39

아버지 父(ちち) 1-8

아이 子供(こども) 2-25

아저씨 おじ 1-8

아주머니 おば 1-8

아침 朝(あさ) 1-7

아침밥 朝食(ちょうしょく) 1-7

아파트 アパート 2-36

아픔 痛(いた)み 3-4

악단 楽団(がくだん) 3-13

악센트 アクセント 3-30

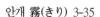

안개 霧(きり) 3-35

안전 安全(あんぜん) 3-40

알파벳 アルファベット 2-28

암소 雌牛(めうし) 3-54

앞 前(まえ) 1-35

애완동물 ペット 3-54

야구 野球(やきゅう) 1-37

야영지 野営地(やえいち), キャンプ 2-35

약 薬(くすり) 3-4

양 羊(ひつじ) 3-54

양말 靴下(くつした) 3-45

양식 様式(ようしき), スタイル 2-31

양초 蝋燭(ろうそく) 1-34

어깨 肩(かた) 3-5

어린이 子供(こども) 1-4

어머니 母(はは) 1-8

어제 昨日(きのう) 1-38

언덕 丘(おか) 2-35

언어 言語(げんご) 2-16

얼굴 顔(かお) 1-28

얼음 氷(こおり) 1-24

엄마 お母(かあ)さん 1-39

엔진 エンジン 2-11

엘리베이터 エレベーター 3-57

여걸 女傑(じょけつ) 3-51

여름 夏(なつ) 1-17

여성 女性(じょせい) 3-7

여신 女神(めがみ) 1-21

여왕 女王(じょおう) 2-47

여우 狐(きつね) 2-39

여자 女(おんな) 1-4

여행 旅行(りょこう) 3-1

여행 旅行(りょこう) 2-35

여행자 旅行者(りょこうしゃ), 観光客(かんこうきゃく) 3-1

여행자 旅行者(りょこうしゃ), 旅人(たびびと) 2-16

역 駅(えき) 1-29

역사 歴史(れきし) 2-28

연기 煙(けむり) 2-38

연못 池(いけ) 3-31

연습 練習(れんしゅう), 運動(うんどう) 2-21

연습 練習(れんしゅう) 1-32

연주회 演奏会(えんそうかい), コンサート 3-13

연필 鉛筆(えんぴつ) 1-13

열 熱(ねつ) 3-19

열쇠 鍵(かぎ) 1-42

영광 栄光(えいこう) 3-34

영웅 英雄(えいゆう) 3-51

영화 映画(えいが) 1-36

예 例(れい) 2-7

예 例(れい) 3-37

예술 芸術(げいじゅつ) 2-40

오늘 今日(きょう) 1-38

오늘밤 今夜(こんや) 2-20

오렌지 オレンジ 1-26

오염 汚染(おせん) 3-56

오후 午後(ごご) 1-11

옥수수 トウモロコシ 3-52

옷 着物(きもの) 2-31

왕 王(おう) 1-4

왕국 王国(おうこく) 3-48

왕자 王子(おうじ) 3-48

외국인 外国人(がいこくじん) 2-34

외투 外套(がいとう) 1-24

왼쪽 左(ひだり) 1-35

요소 要素(ようそ) 3-42

욕실 浴室(よくしつ) 1-31

동사중심단어

먹다 食(た)べる 1-40

먹이를 주다 食(た)べ物(もの)(えさ)を与(あた)える 3-54

멈추다 止(と)まる 1-14

모으다 集(あつ)める, 収集(しゅうしゅう)する 2-33

모으다 集(あつ)める 3-50

문지르다 こする 3-29

묻다 尋(たず)ねる 1-18

물다 姑(か)む 3-54

미끄러지다 滑(すべ)る 3-23

미소짓다 微笑(ほほえ)む 1-5

미워하다 憎(にく)む 3-39

믿다 信(しん)じる 2-4

밀다 押(お)す 2-18

바꾸다 変(か)える 2-11

바라다 祈(いの)る 2-5

받다 受(う)け取(と)る 3-36

받아들이다 受(う)け取(と)る 3-11

발견하다 発見(はっけん)する 3-55

발달시키다 発達(はったつ)させる 3-25

발명하다 発明(はつめい)する 3-55

방문하다 訪問(ほうもん)する 1-34

배우다 学(まな)ぶ 1-18

벌다 稼(かせ)ぐ 3-58

보고하다 報告(ほうこく)する 2-7

보내다 送る(おく) 1-25

보다 見(み)る 1-2

보다 見(み)る 1-2

보여주다 見(み)せる 1-2

…처럼 보이다 ~のように見(み)える 2-7

보호하다 保護(ほご)する 3-40

복사하다 コピーを取(と)る 3-30

복종하다 従(したが)う, 服従(ふくじゅう)する 3-49

봉사하다 仕(つか)える 3-7

부르다 呼(よ)ぶ 1-18

분리시키다 分(わ)ける, 分離(ぶんり)する 3-47

불다 吹(ふ)く 2-45

불평하다 不平(ふへい)を言(い)う 3-11

붓다 注(そそ)ぐ 3-52

붙잡다 捕(つか)まえる 2-18

비교하다 比較(ひかく)する 3-47

빌려주다 貸(か)す 2-46

빌리다 借(か)りる 2-46

빚지고 있다 借(か)りがある 3-58

빛나다 輝(かがや)く 2-45

사냥하다 狩(か)る 3-31

사다 買(か)う 1-22

사라지다 見(み)えなくなる 3-34

사랑하다 愛(あい)する 1-5

사용하다 使(つか)う 2-11

싸우다 戦(たたか)う 2-19

살다 住(す)む 1-31

살아남다 生(い)き残(のこ)る 3-2

상상하다 想像(そうぞう)する 3-55

생각나게 하다 思(おも)い出(だ)させる 3-30

생각하다 思(おも)う 1-6

생산하다 生産(せいさん)する 3-56

서다 立(た)つ 1-14

서두르다 急(いそ)ぐ 1-7

선언하다 宣言(せんげん)する 3-43

선택하다 選(えら)ぶ, 選択(せんたく)する 3-47

설명하다 説明(せつめい)する 3-11

성가시게 하다 悩(なや)ます 3-11

성공하다 成功(せいこう)する 3-22

세다 数(かぞ)える 2-10

소개하다 紹介(しょうかい)する 2-25

쏘다 撃(う)つ 3-32

주다 与(あた)える 1-25

죽다 死(し)ぬ 2-19

죽이다 殺(ころ)す 2-19

준비하다 準備(じゅんび)する 3-6

즐기다 楽(たの)しむ 1-12

증가하다 増加(ぞうか)する 3-37

증명하다 証明(しょうめい)する 3-3

지나가다 通(とお)る 1-25

지배하다 支配(しはい)する 3-25

지불하다 支払(しはら)う 2-13

지시하다 指示(しじ)する 2-29

지켜보다 見守(みまも)る 2-29

짓다 建(た)てる 2-22

차다 蹴(け)る 1-37

참여하다 加(くわ)わる, 参加(さんか)する 2-23

창조하다 創造(そうぞう)する 3-55

찾다 見(み)つける 1-25

찾다 探(さが)す 3-55

채우다 満(み)たす 2-27

철자하다 綴(つづ)る 3-30

청구하다 請求(せいきゅう)する 3-3

초대하다 招待(しょうたい)する 2-25

추측하다 推測(すいそく)する 2-4

출발하다 出発(しゅっぱつ)する 1-42

출석하다 出席(しゅっせき)する 3-53

춤추다 踊(おど)る 2-44

충고하다 ~に忠告(ちゅうこく), 助言(じょげん)する 2-17

충돌하다 衝突(しょうとつ)する 3-57

치다 打(う)つ, 殴(なぐ)る 3-51

치다 手(て)を叩(たた)く 3-13

치다 打(う)つ 2-42

타다 燃(も)える 3-19

타다 ~に乗(の)る 1-45

탐험하다 探検(たんけん)する 3-55

토론하다 話(はな)し合(あ)う 3-43

파괴하다 破壊(はかい)する 3-51

파다 掘(ほ)る 3-52

팔다 売(う)る 1-22

포옹하다 抱(だ)きしめる 3-6

포장하다 包(つつ)む 3-52

급행의 急行(きゅうこう)の 3-43

타이어 タイヤ 3-1

필요로하다 必要(ひつよう)だ 1-13

…하게 하다 ~させる 1-15

하다 する 1-44

한숨쉬다 ため息(いき)をつく 3-39

항해하다 帆(ほ)で走(はし)る, 航海(こうかい)する 3-1

해결하다 解(と)く, 解決(かいけつ)する 3-42

행동하다 行動(こうどう)する 2-44

행진하다 行進(こうしん)する 2-19

허용하다 許(ゆる)す 3-11

협력하다 協力(きょうりょく)する 3-55

호흡하다 呼吸(こきゅう)する 3-2

환영하다 歓迎(かんげい)する 1-15

훔치다 盗(ぬす)む 3-3

흐르다 流(なが)れる 3-1

흔들다 振(ふ)る 2-22

흥분시키다 興奮(こうふん)させる 2-37

희망하다 望(のぞ)む 2-5

형용사중심단어

가까운 近(ちか)くの 2-22

가난한 貧乏(びんぼう)な 2-1

가능한 可能(かのう)な 3-20

가득 찬 一杯(いっぱい)の 1-23

가운데의 真(ま)ん中(なか)の 1-35

두려워하여 恐(おそ)れて 3-40

두배의 2倍(にばい)の 3-33

둥근 丸(まる)い 2-6

뛰어난 優(すぐ)れた 3-12

마른 乾(かわ)いた 2-45

많은 沢山(たくさん)の 1-23

많은 多量(たりょう)の 1-23

맑은 晴(は)れた 2-43

맑은 晴(は)れた, 公平(こうへい)な 3-34

맛있는 美味(おい)しい 2-9

매끄러운 滑(なめ)らかな 3-38

매일의 毎日(まいにち)の 2-20

멋진 良(よ)い, 素晴(すば)らしい 1-5

몇개의 幾(いく)つかの 2-10

모든 全(すべ)ての 1-23

모든 どの~も皆(みな) 1-23

목마른 喉(のど)が渇(かわ)いた 3-16

못생긴 醜(みにく)い 3-10

무거운 重(おも)い 2-6

무딘 鈍(にぶ)い 3-38

무서운 恐(おそ)ろしい 3-49

미안하게 여기는 済(す)まなく思(おも)って 1-15

미친 気(き)が狂(くる)った 3-49

미친 気(き)が狂(くる)った 3-49

빠른 速(はや)い 1-38

빠른 速(はや)い 2-30

빠른 速(はや)い 3-57

바쁜 忙(いそが)しい 1-41

반가운 嬉(うれ)しい 1-27

빨간 赤(あか)い 1-26

밝은 明(あか)るい 1-7

배고픈 空腹(くうふく)の 1-11

병든 病気(びょうき)の 3-4

보통의 いつもの, 普通(ふつう)の 3-12

보통이 아닌 普通(ふつう)でない 3-26

부드러운 柔(やわ)らかい 2-32

부유한 金持(かねも)ちの 2-1

부유한 豊(ゆた)かな 3-58

부지런한 勤勉(きんべん)な 3-25

불가능한 不可能(ふかのう)な 3-20

불친절한 不親切(ふしんせつ)な 2-46

불행한 不幸(ふこう)な 2-3

비가 오는 雨(あめ)の 2-45

비슷한 同(おな)じような, 似(に)ている 3-47

빈 空(から)の 3-57

사랑스러운 美(うつく)しい 2-17

사회의 社会(しゃかい)の 3-37

살아있는 生(い)きている 3-2

살찐 太(ふと)った 3-16

새로운 新(あたら)しい 1-42

색채가 다양한 カラフルな, 多彩(たさい)な 3-46

서로 같은 似(に)ている 3-47

성공적인 成功(せいこう)した 3-22

손위의 年上(としうえ)の 2-48

수줍어하는 恥(は)ずかしがり屋(や)の 2-17

쉬운 易(やさ)しい 1-6

쓸모없는 役(やく)に立(た)たない 3-20

슬픈 悲(かな)しい 1-1

시끄러운 喧(やかま)しい 3-17

시원한 涼(すず)しい 1-24

신선한 新鮮(しんせん)な 2-43

신체의 身体(しんたい)の 3-16

실내의 室内(しつない)の 3-15

실외의 屋外(おくがい)の, 野外(やがい)の 3-15

아름다운 美(うつく)しい 1-1

아무것도 少(すこ)しも, 何(なに)も 1-23

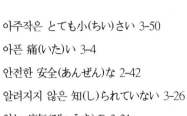

부사중심단어

대명사 중심